Kunstverein Braunschweig

Verlag der Buchhandlung Walther König

Tue Greenfort
Linear Deflection

5 Ausstellung / Exhibition

6 Ausstellungsansichten / Exhibiton views

65 Übersichtspläne / Floor plans

73 Texte / Texts

75 Vorwort / Foreword *Hilke Wagner*, 85 Meere / Seas *Catrin Lorch*,

91 Beobachtungen / Observance *Ludwig Seyfarth*

105 Biografie / Biography, 110 Impressum / Imprint

113 Recherche / Research

114 Hollandtsgarten und / and Bürgerpark,
130 Dræbergoble Mnemiopsis Leidyi, 142 Brücke /
Bridge, 154 Pestizidspur / Pesticide trace,
160 Fassadenbeleuchtung / Facade illumination –
Public Private Partnership, 168 Mother of all Poisons,
170 Incineration

Inhalt / Content

Ausstellung / Exhibition

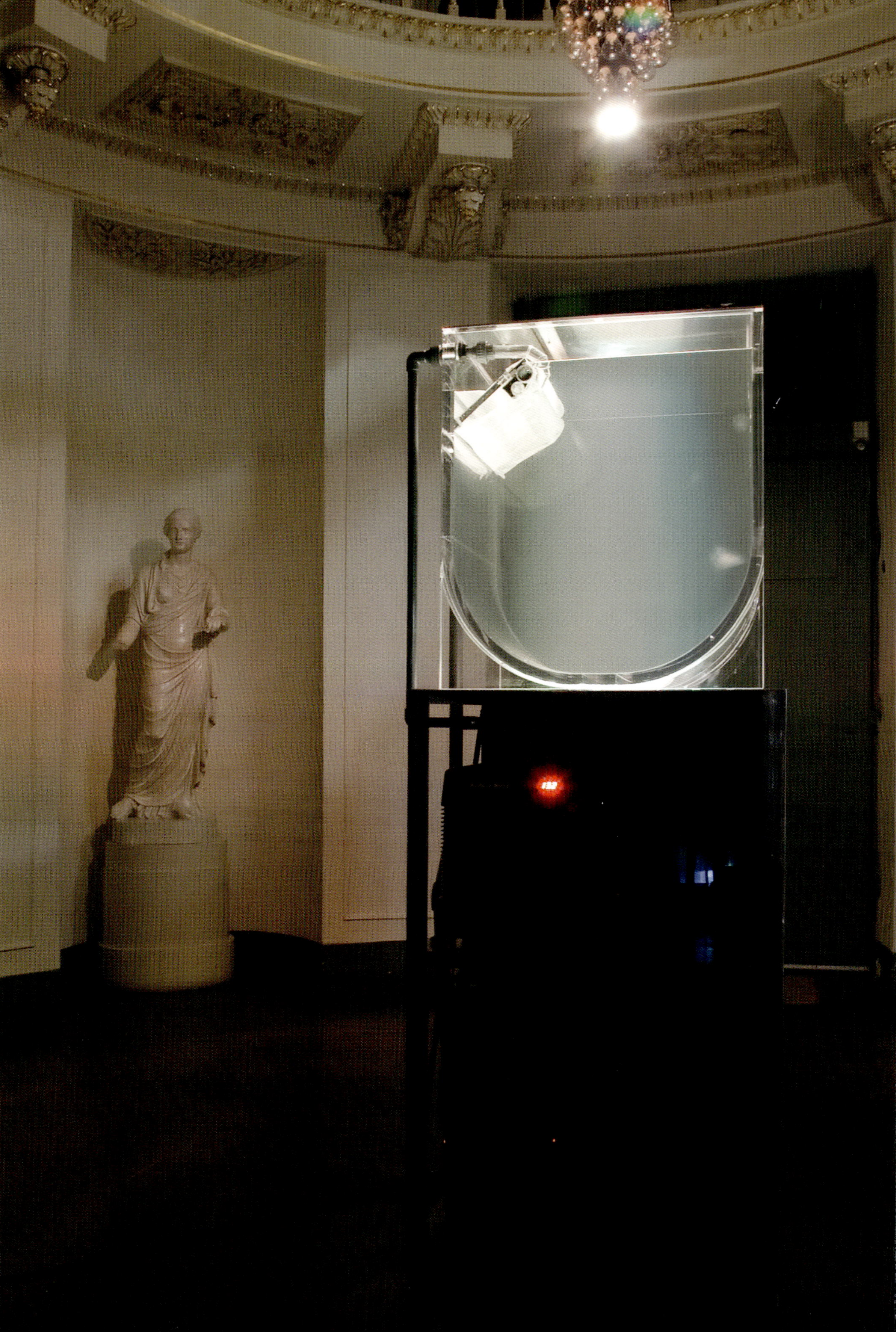

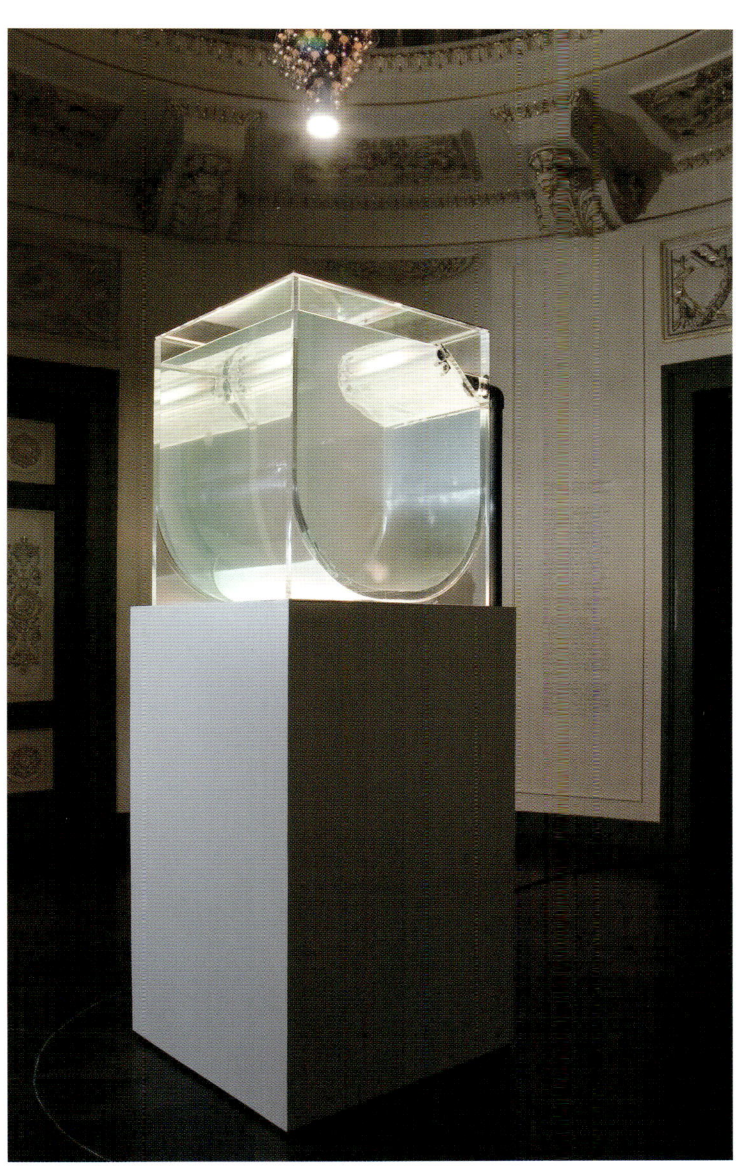

Dræbergoble (Mnemiopsis leidyi), 2008
Aquarium (Acrylglas), Rippenquallen und technisches Zubehör /
Aquarium (acrylic glass), comb jellies and technical equipment

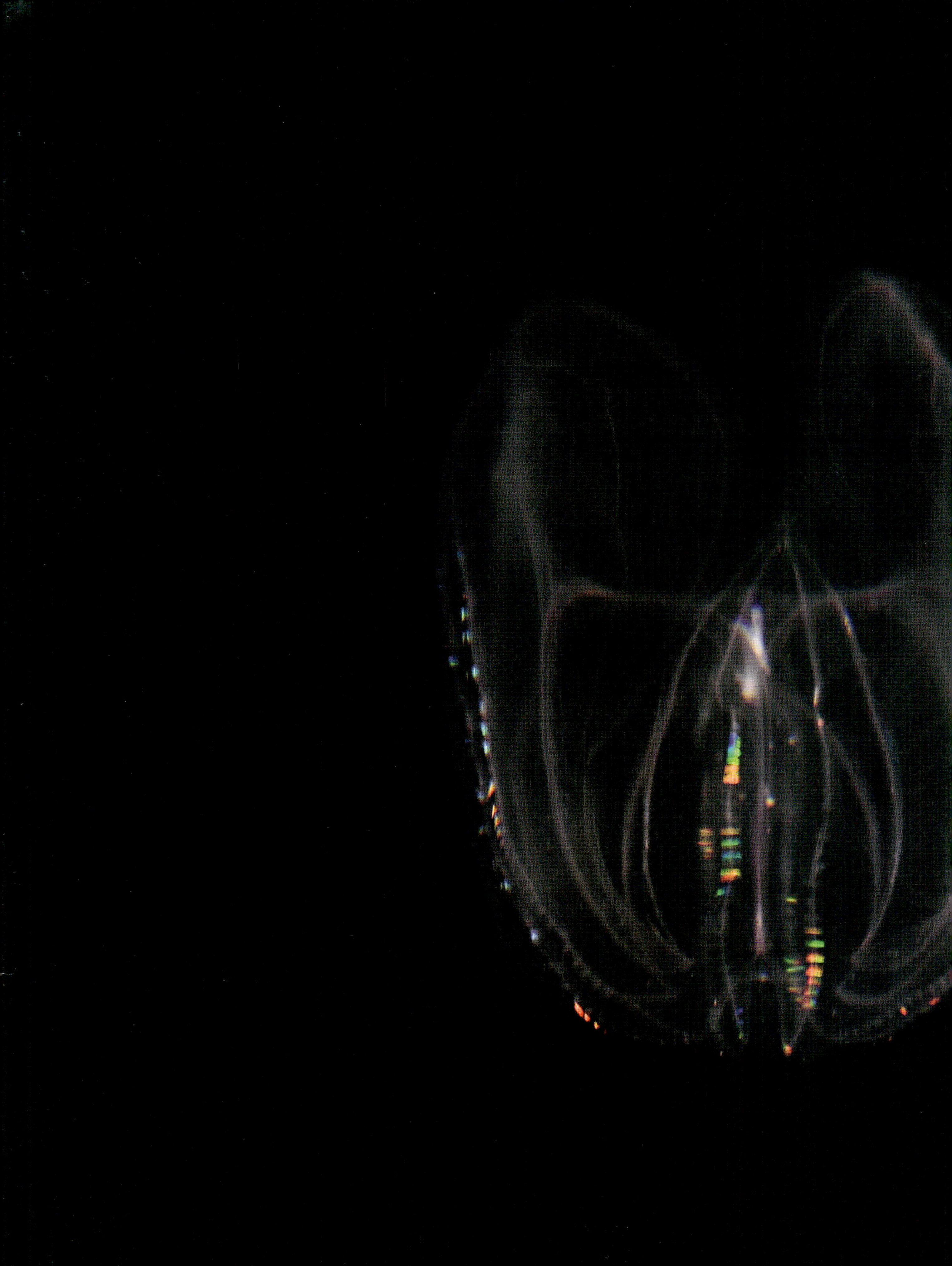

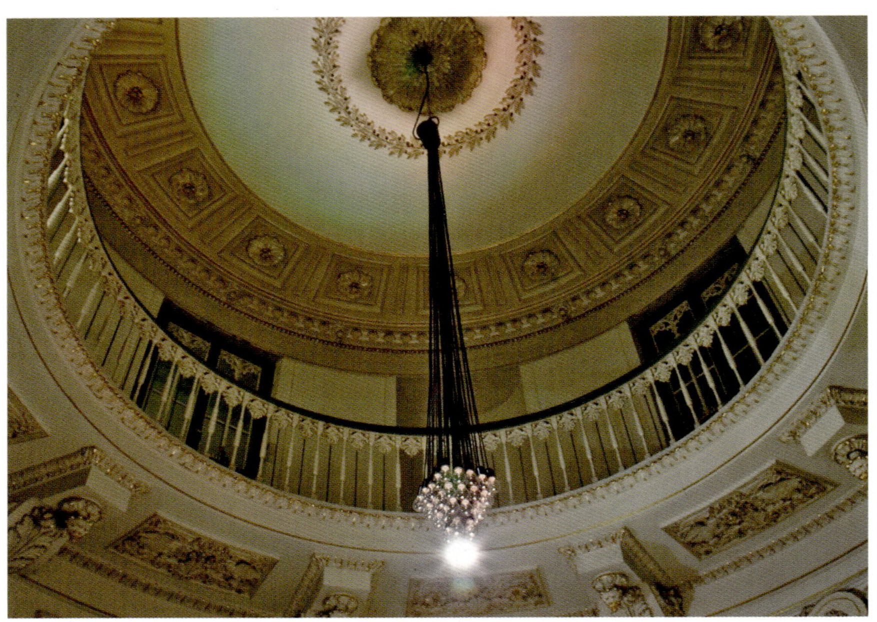

RGB Leuchte / Lamp – Joseph Zehrer appropriated, 2008
8,1 Watt, Joseph Zehrer Lampe / Joseph Zehrer Lamp

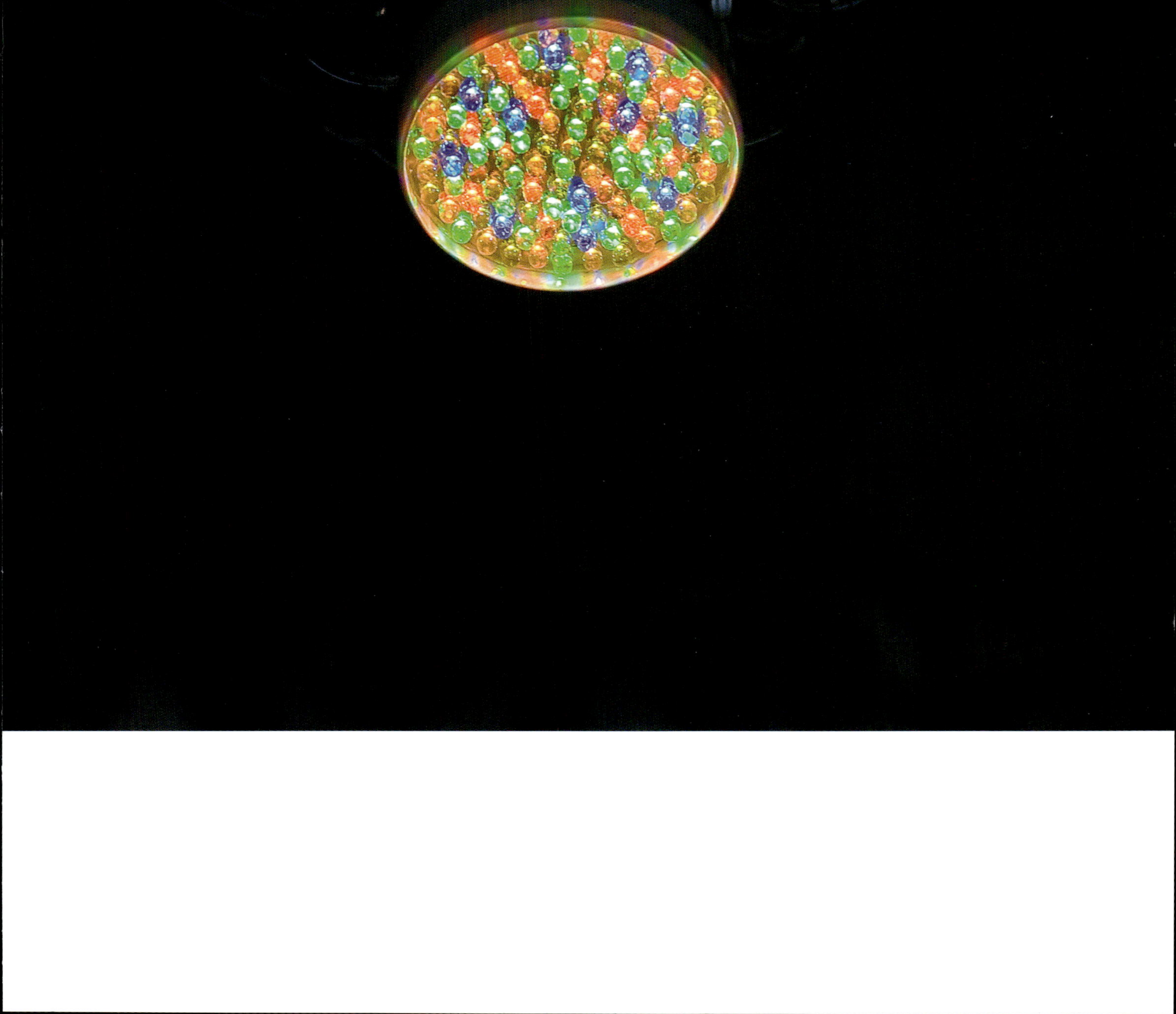

Fassadenbeleuchtung / Facade illumination – Public Private Partnership, 2008
6 Scheinwerfer à 1500 Watt, verzinkte Stahlstative, Gerüstrohre, Kabel,
Zeitschaltuhr / 6 spotlights each 1500 Watt, galvanised steel stands,
scaffolding poles, cable, timer switch

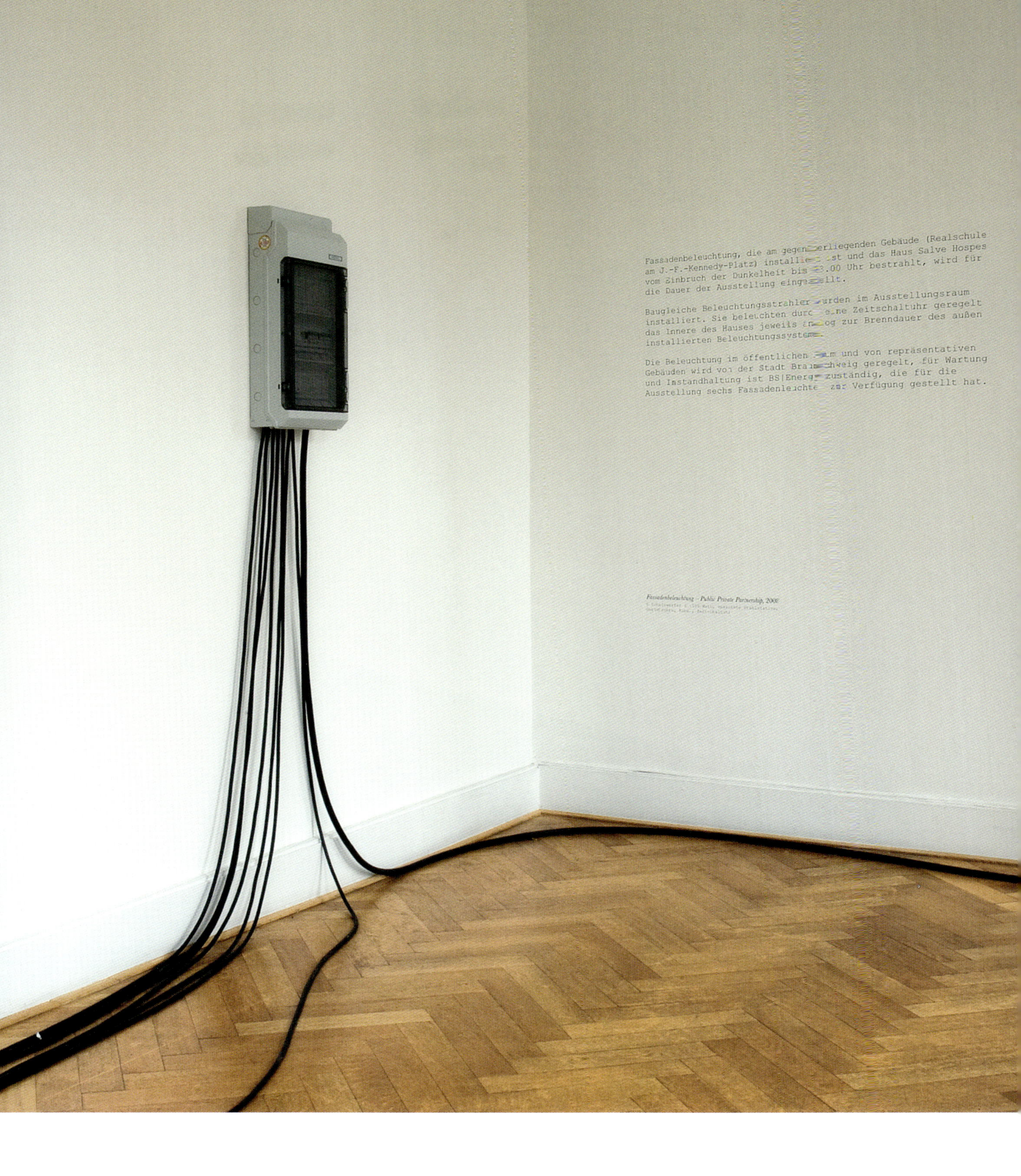

Fassadenbeleuchtung, die am gegenüberliegenden Gebäude (Realschule
am J.-F.-Kennedy-Platz) installiert ist und das Haus Salve Hospes
vom Einbruch der Dunkelheit bis 3.00 Uhr bestrahlt, wird für
die Dauer der Ausstellung eingestellt.

Baugleiche Beleuchtungsstrahler wurden im Ausstellungsraum
installiert. Sie beleuchten durch eine Zeitschaltuhr geregelt
das Innere des Hauses jeweils analog zur Brenndauer des außen
installierten Beleuchtungssystems.

Die Beleuchtung im öffentlichen Raum und von repräsentativen
Gebäuden wird von der Stadt Braunschweig geregelt, für Wartung
und Instandhaltung ist BS|Energy zuständig, die für die
Ausstellung sechs Fassadenleuchten zur Verfügung gestellt hat.

Fassadenbeleuchtung – Public Private Partnership, 2008

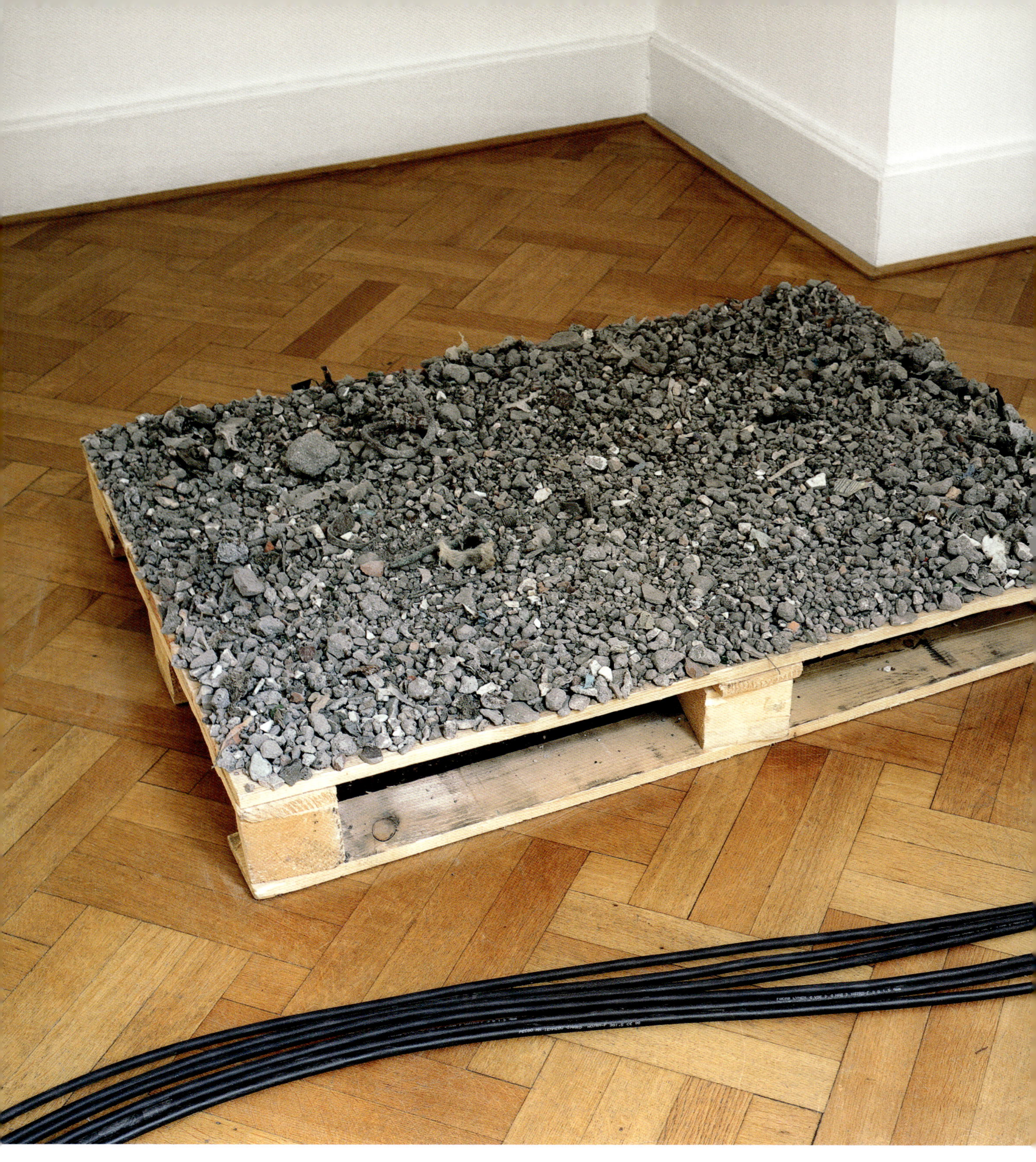

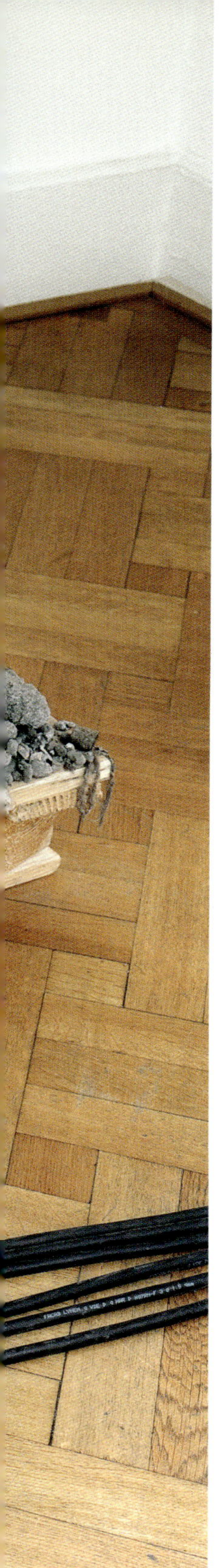

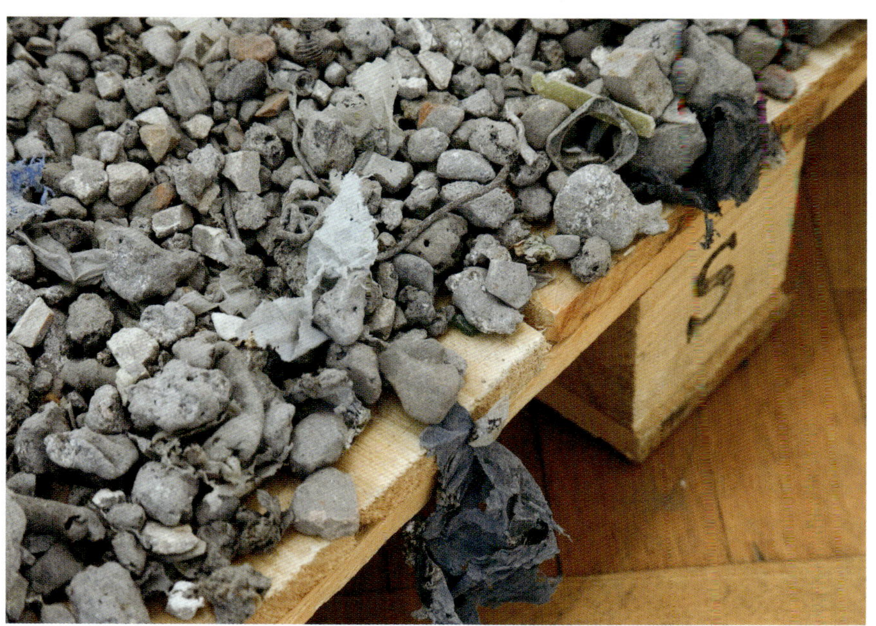

MVA-Schlacke (Entsorgung) / MVA Slag (Disposal), 2008
MVA-Schlacke, Einwegpalette / MVA slag, disposable pallet

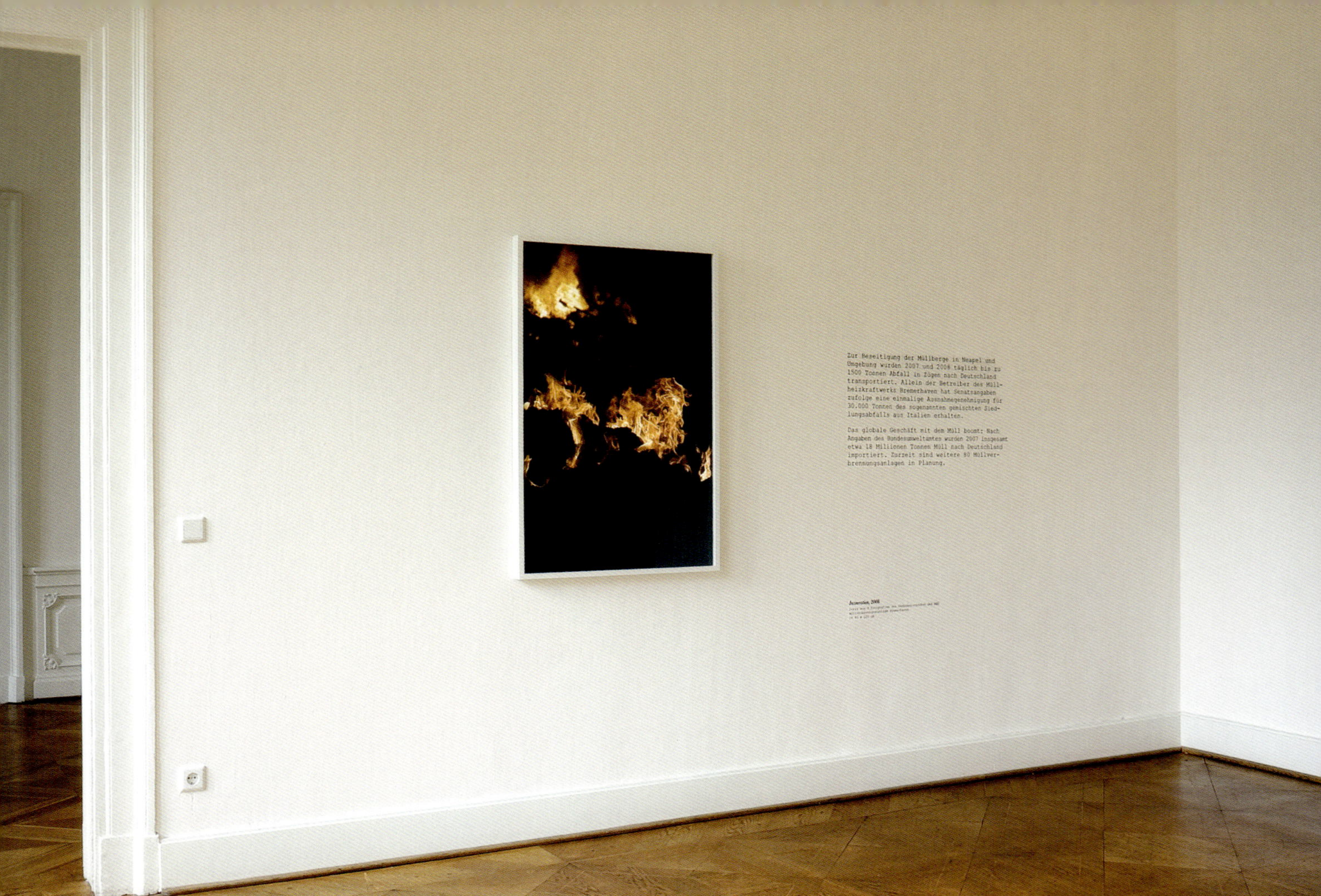

Incineration, 2008
Serie von 9 Fotografien von Verbrennungsöfen der BEG Müllverbrennungsanlage
Bremerhaven / Series of 9 photographs of incineration furnaces belonging
to the BEG Waste Incineration Plant Bremerhaven
je / each 120 x 80 cm

Fassadenbeleuchtung / Facade illumination – Public Private Partnership, 2008
6 Scheinwerfer à 1500 Watt, verzinkte Stahlstative, Gerüstrohre, Kabel,
Zeitschaltuhr / 6 spotlights each 1500 Watt, galvanised steel stands,
scaffolding poles, cable, timer switch

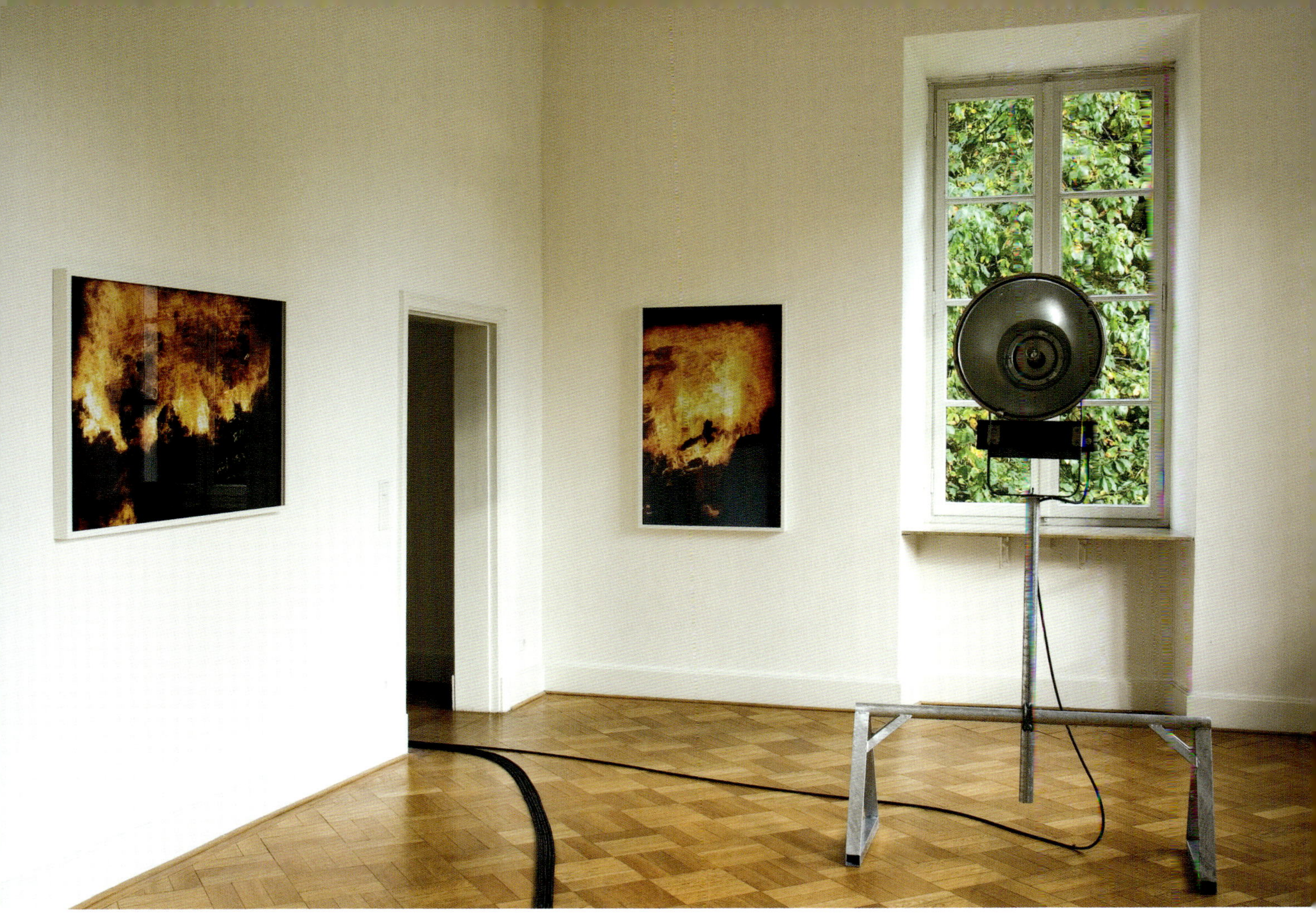

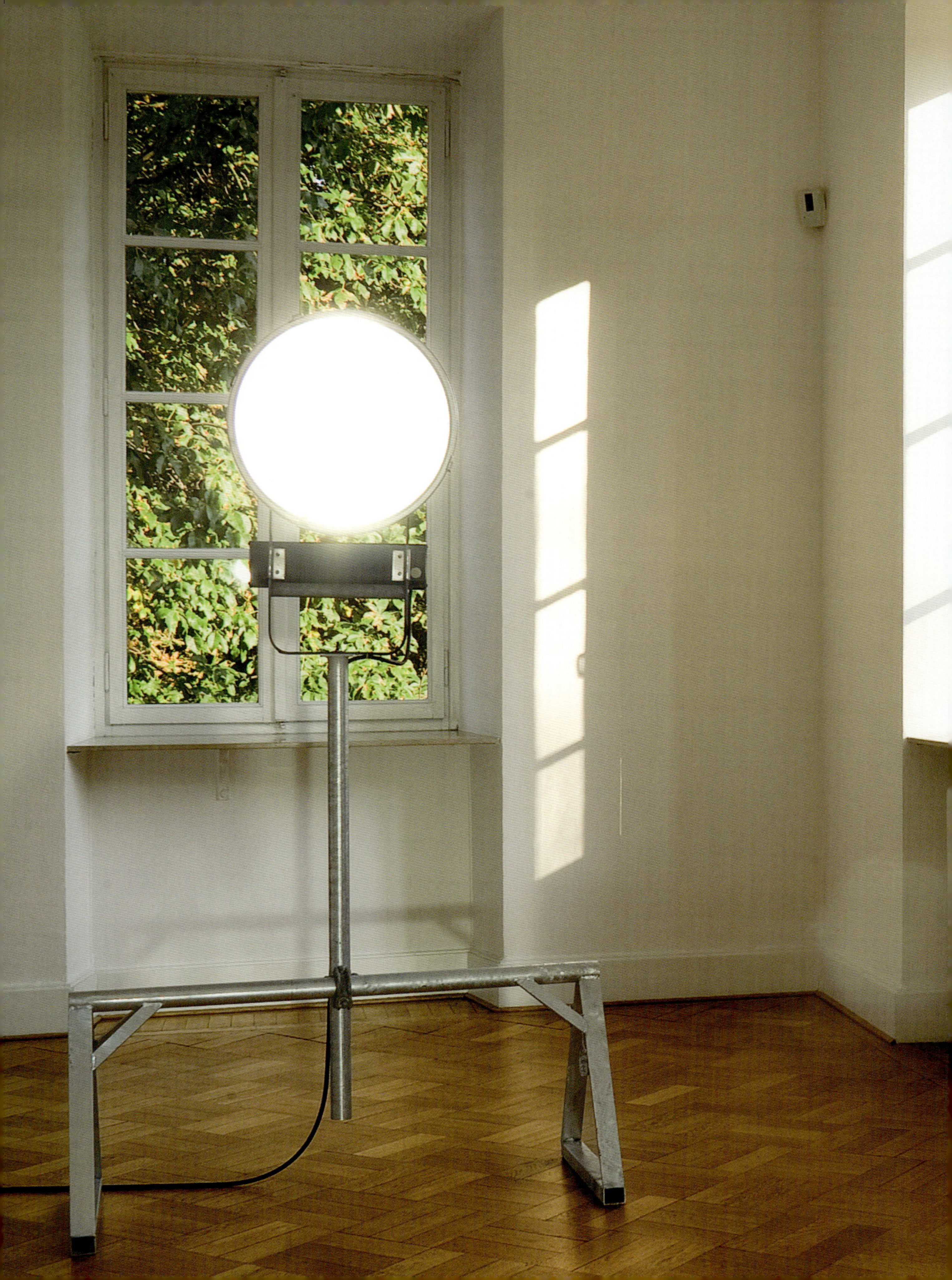

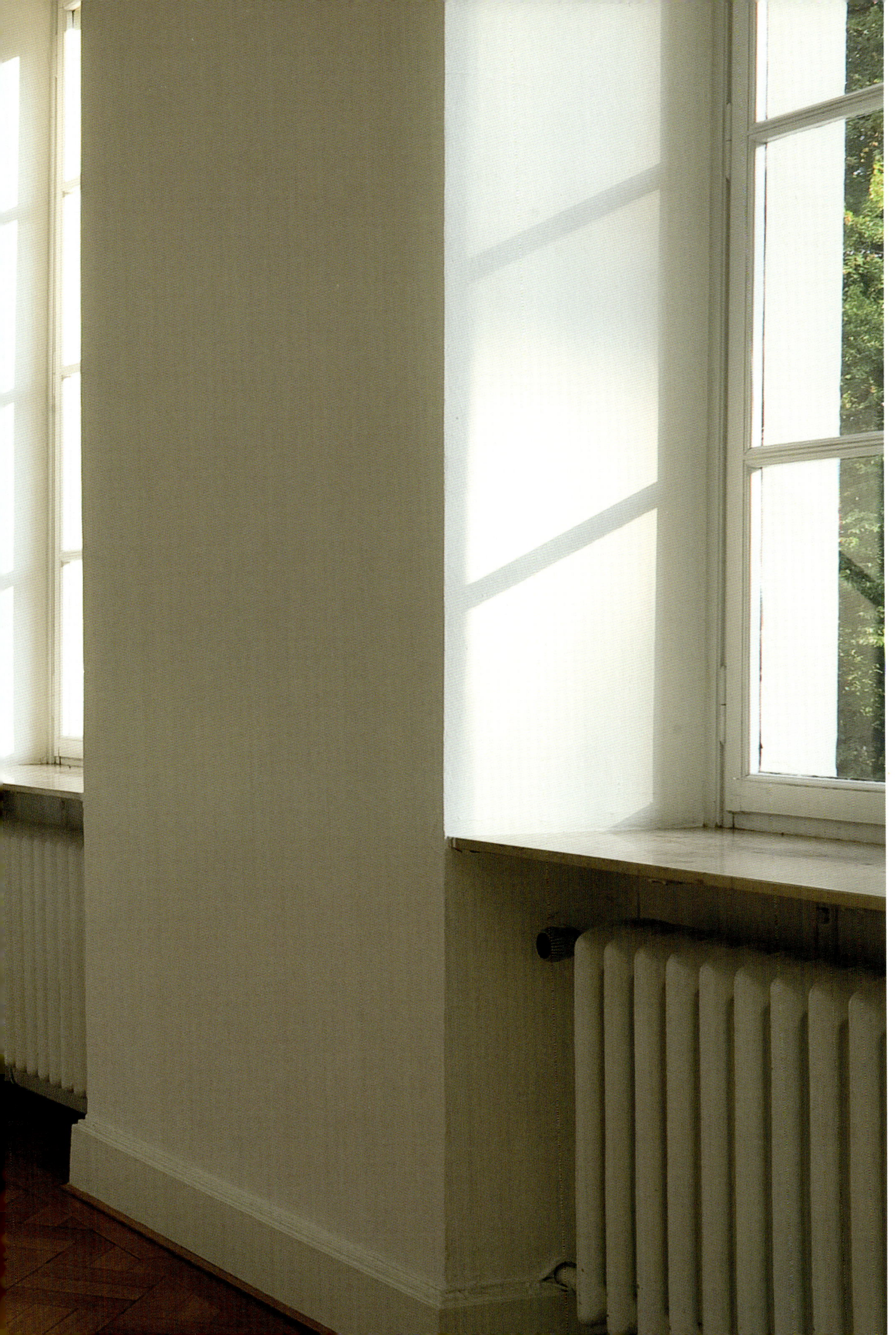

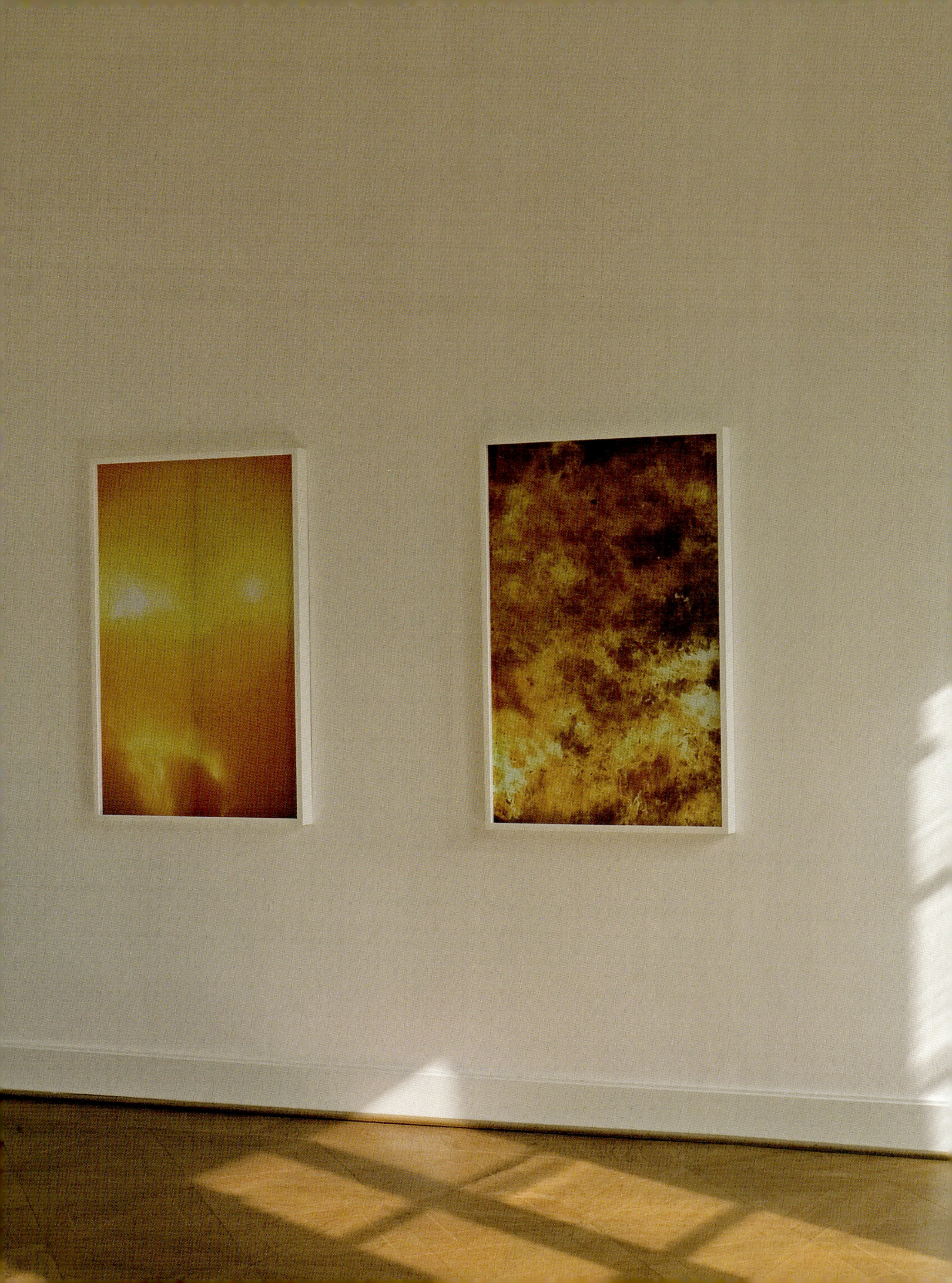

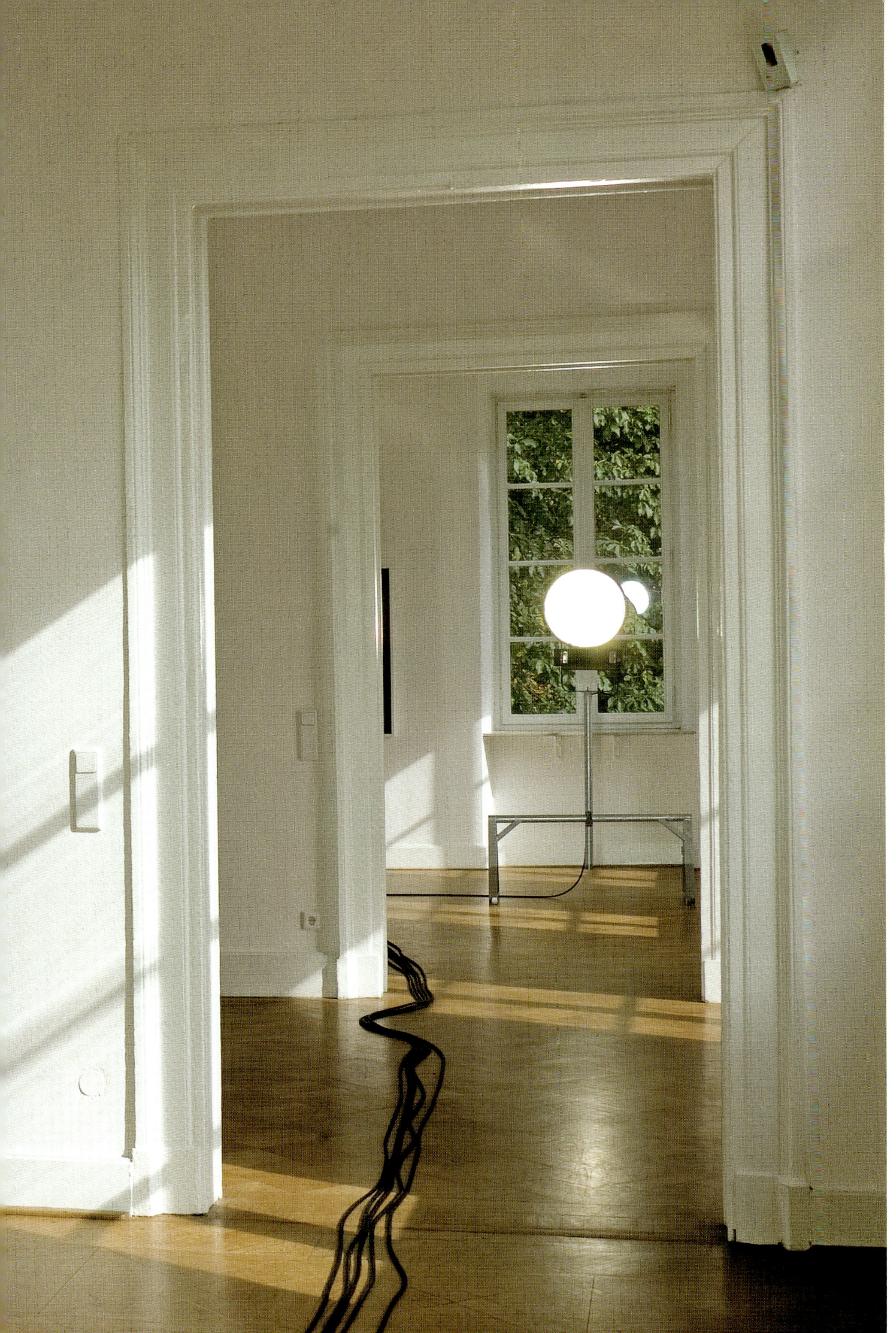

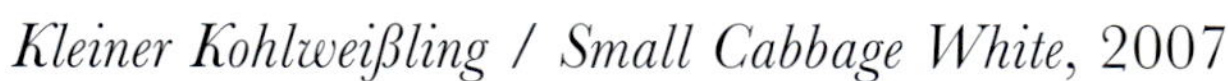

Kleiner Kohlweißling / Small Cabbage White, 2007
3 Spezies der Pieris rapae, Pappe, entomologischer Schaukasten / 3 Species
of pieris rapae, card, entomological display case
30 x 25 cm

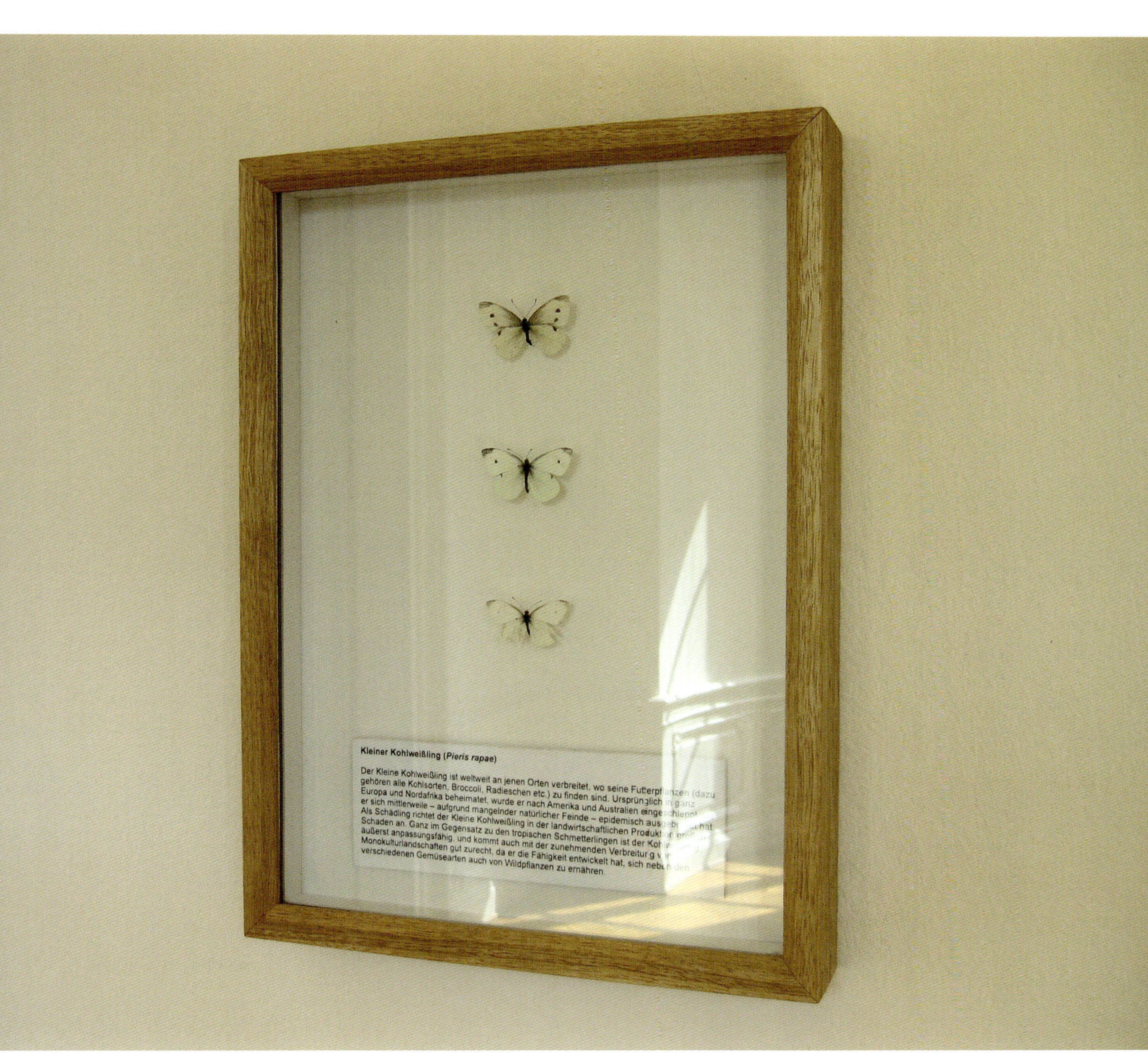

Kleiner Kohlweißling (*Pieris rapae*)

Der Kleine Kohlweißling ist weltweit an jenen Orten verbreitet, wo seine Futterpflanzen (dazu gehören alle Kohlsorten, Broccoli, Radieschen etc.) zu finden sind. Ursprünglich in ganz Europa und Nordafrika beheimatet, wurde er nach Amerika und Australien eingeschleppt, wo er sich mittlerweile – aufgrund mangelnder natürlicher Feinde – epidemisch ausgebreitet hat. Als Schädling richtet der Kleine Kohlweißling in der landwirtschaftlichen Produktion großen Schaden an. Ganz im Gegensatz zu den tropischen Schmetterlingen ist der Kohlweißling äußerst anpassungsfähig, und kommt auch mit der zunehmenden Verbreitung von Monokulturlandschaften gut zurecht, da er die Fähigkeit entwickelt hat, sich neben den verschiedenen Gemüsearten auch von Wildpflanzen zu ernähren.

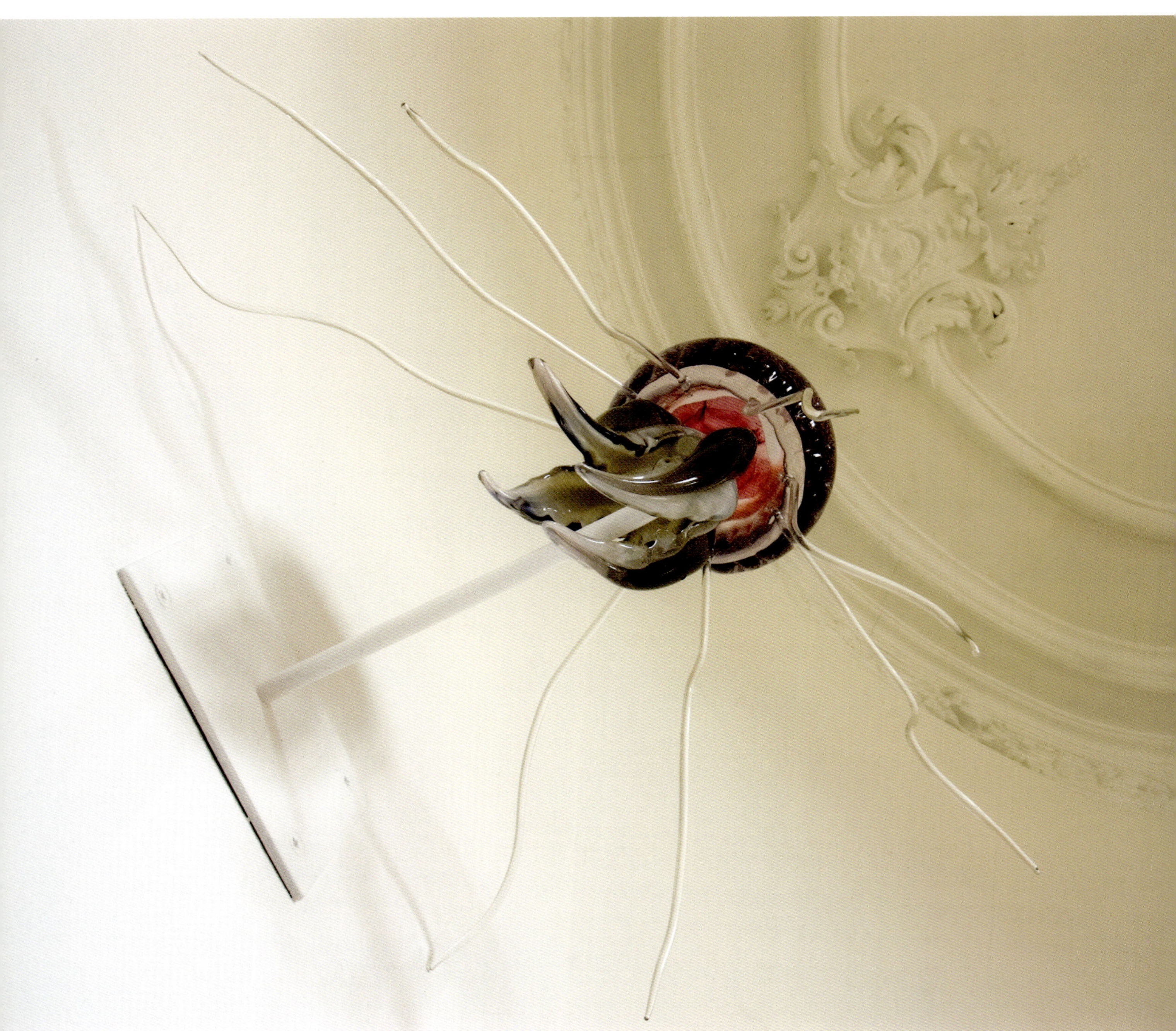

Medusa (Pelagia noctiluca), 2007
Murano-Glas, Metall / Murano glass, metal
Privatsammlung / Private collection, Frankfurt am Main
20 x 12,5 cm

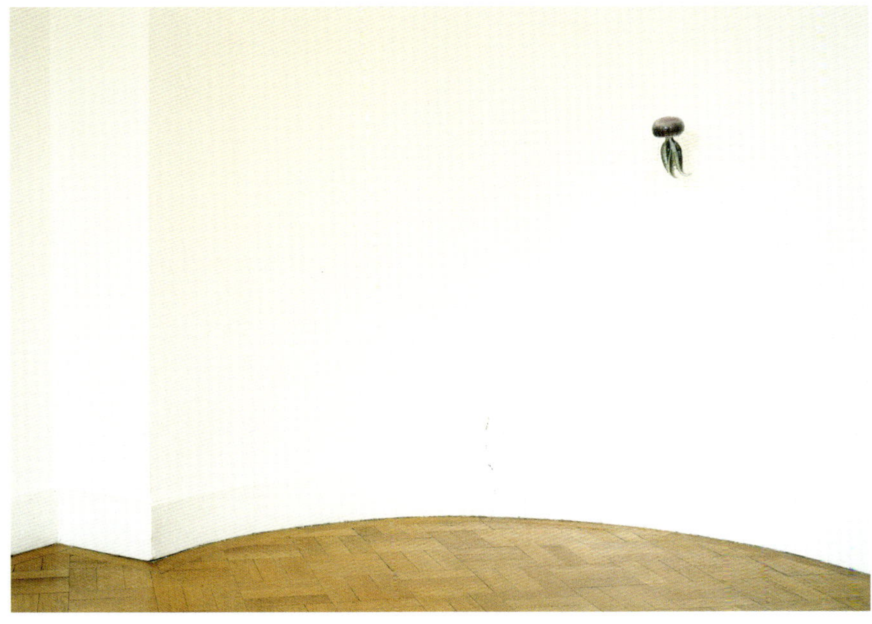

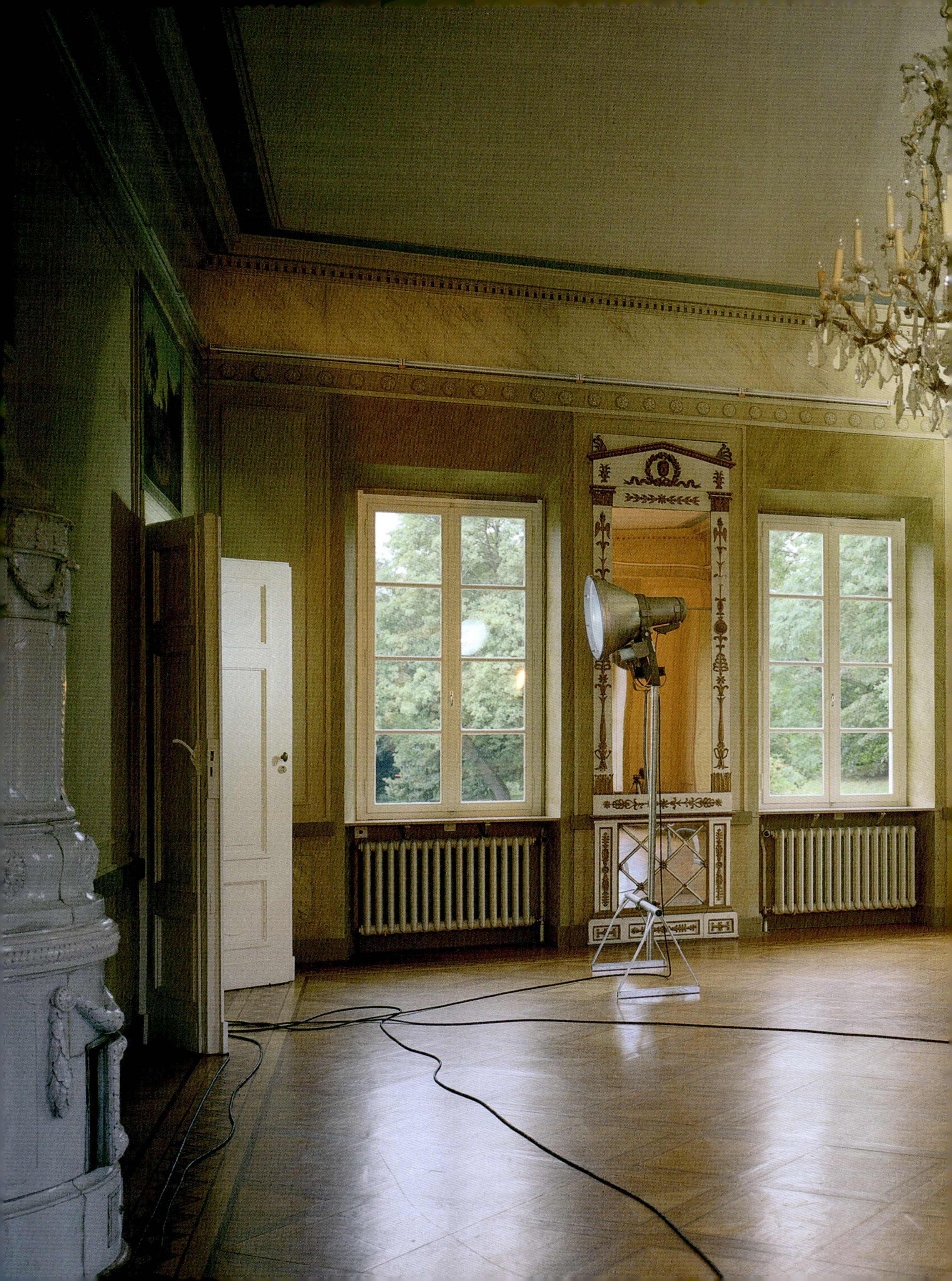

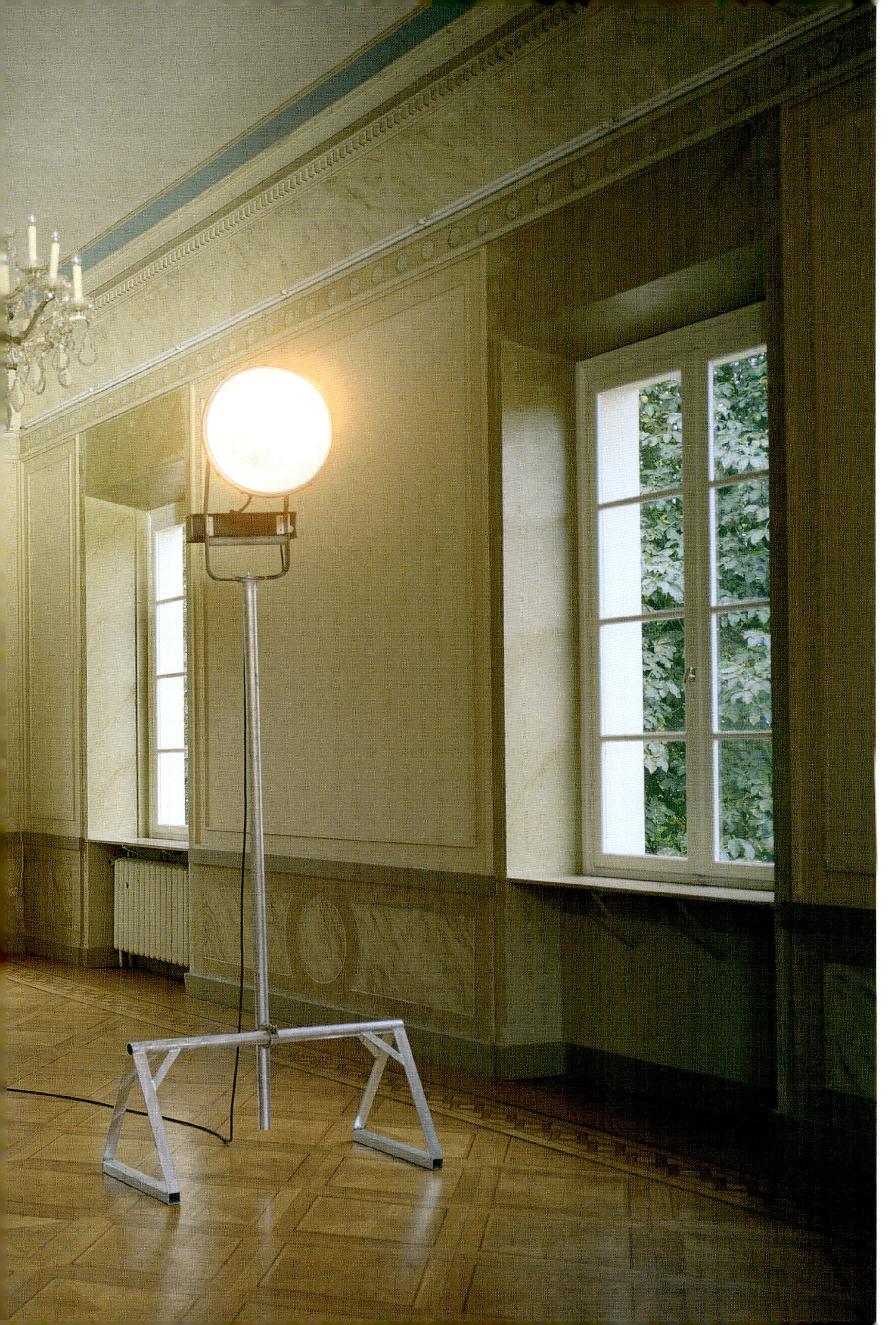

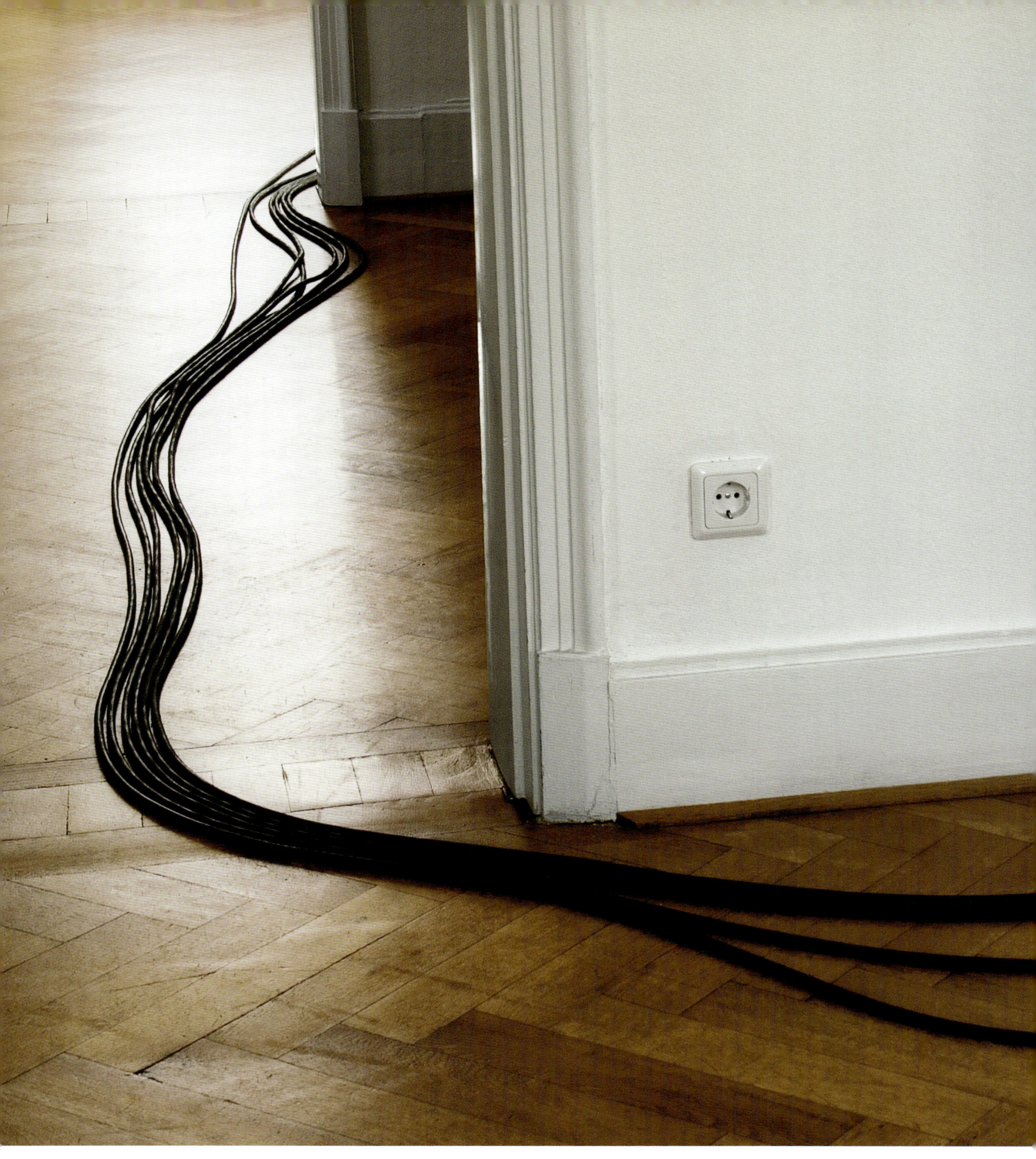

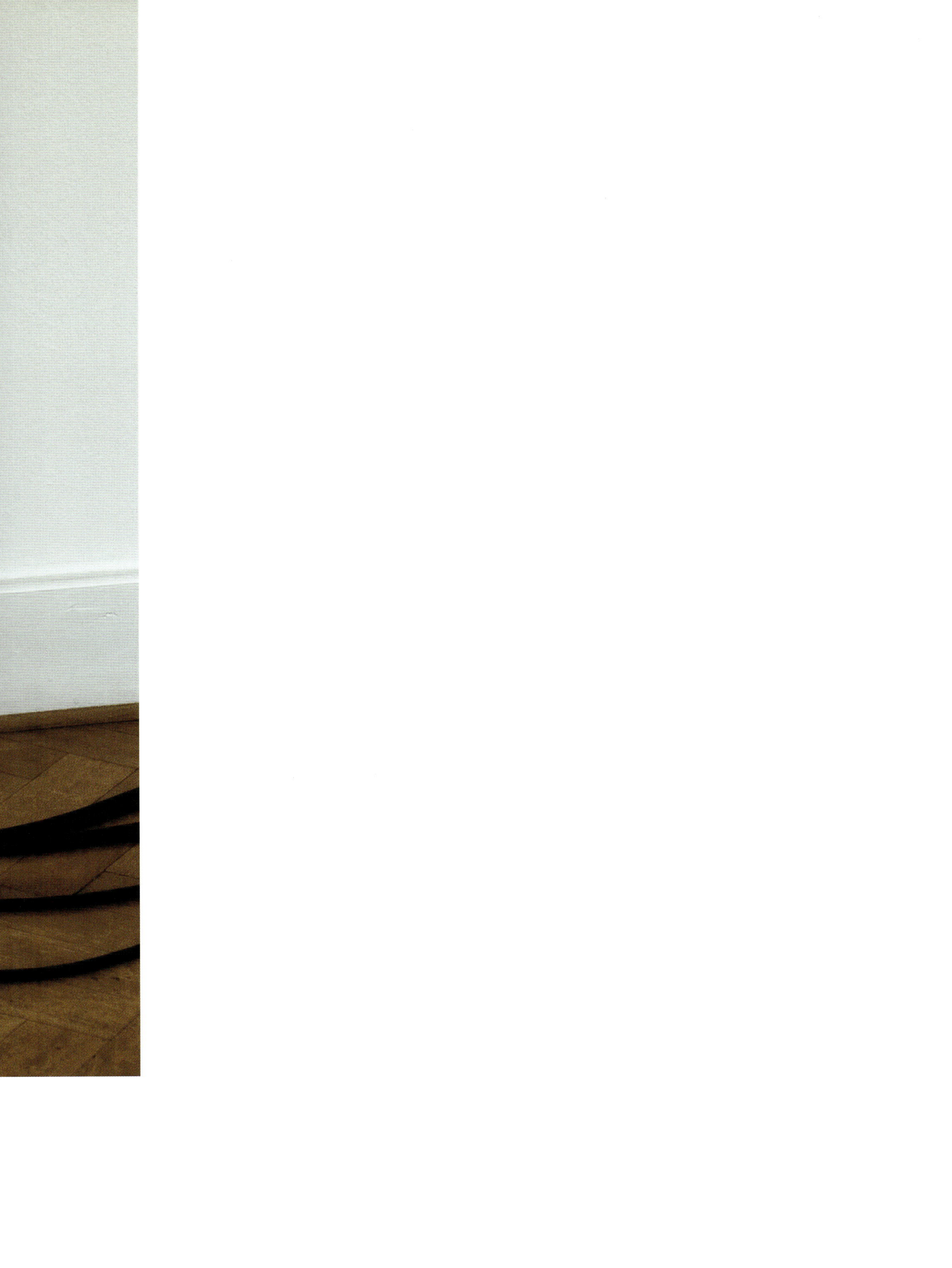

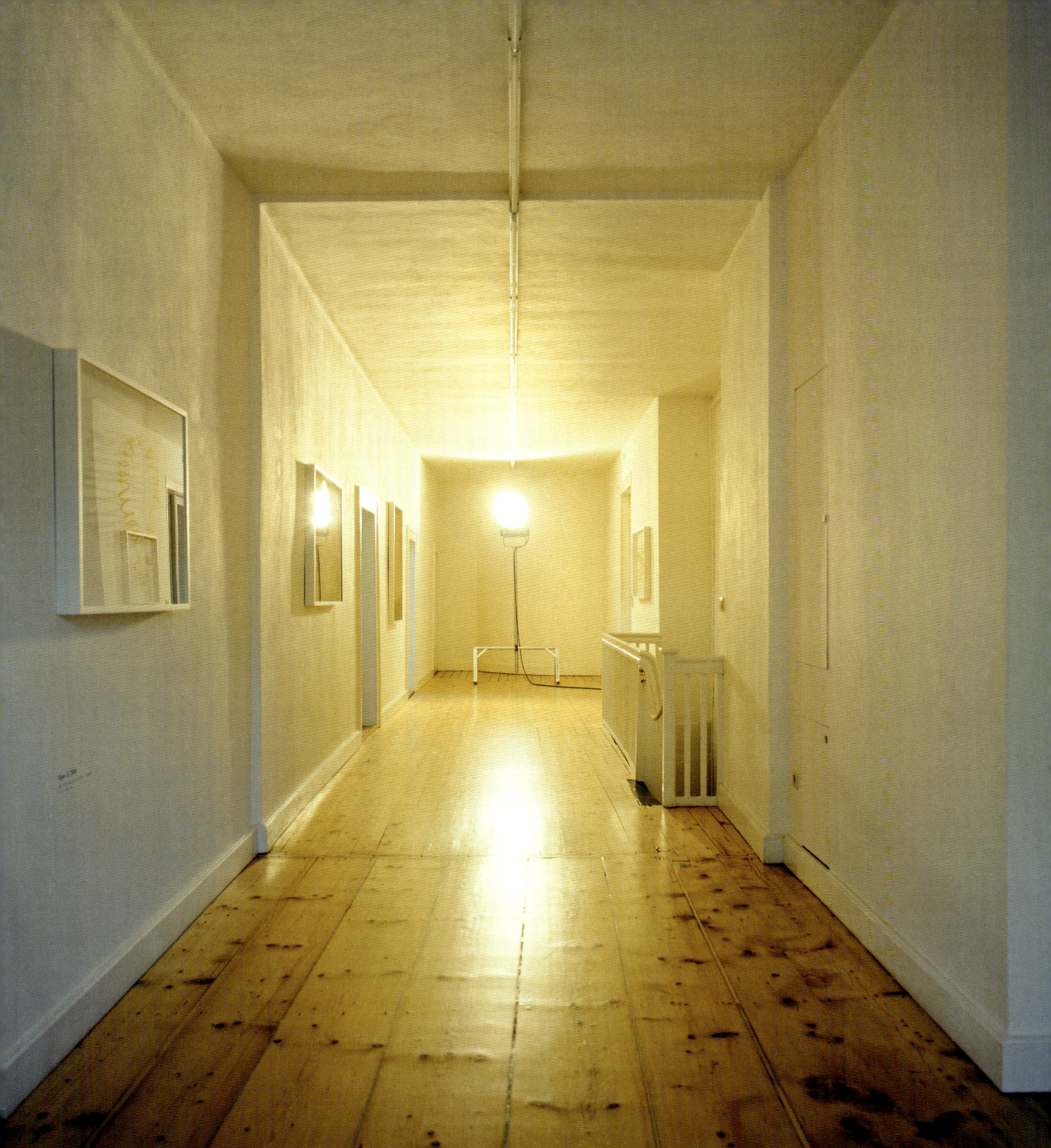

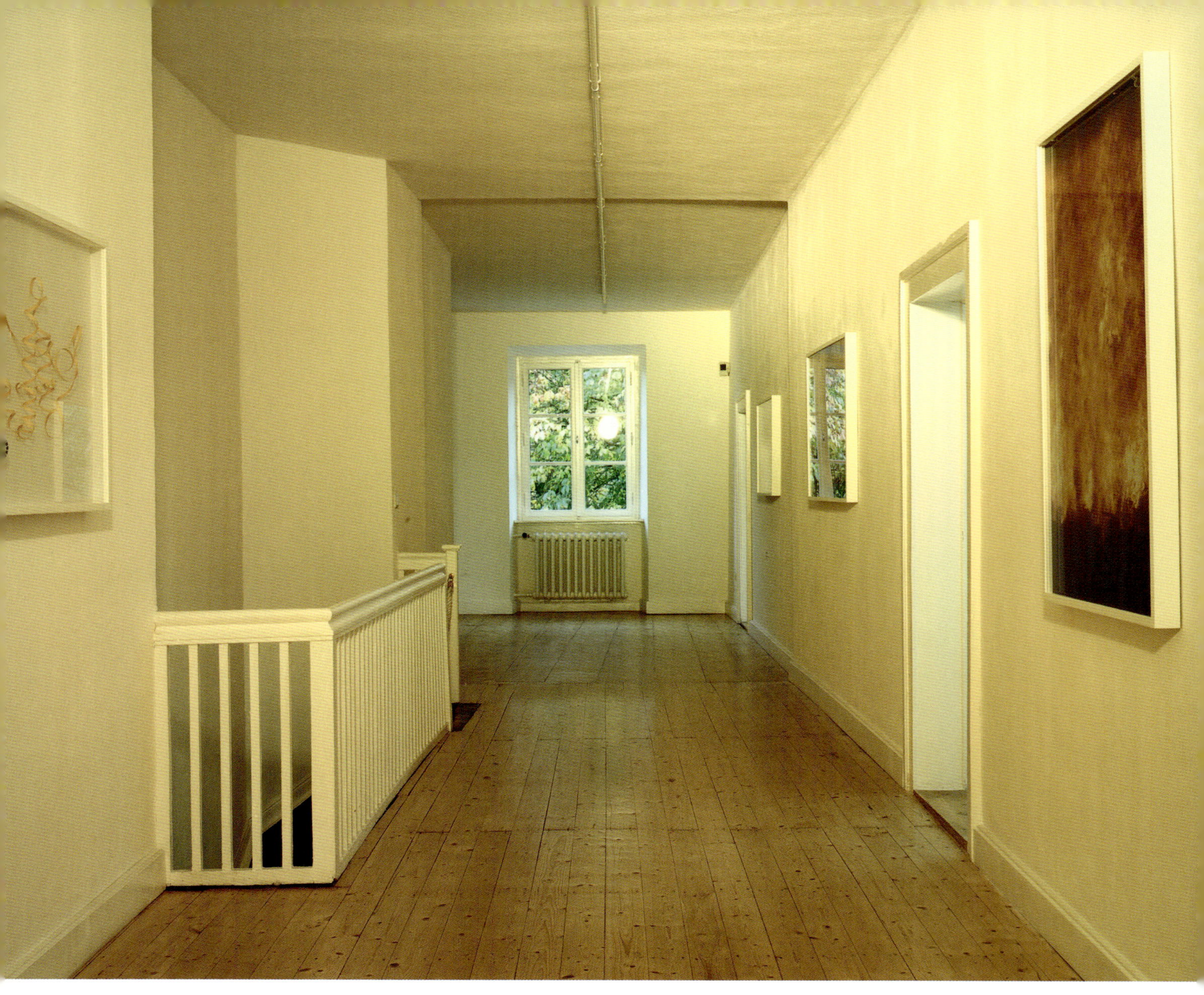

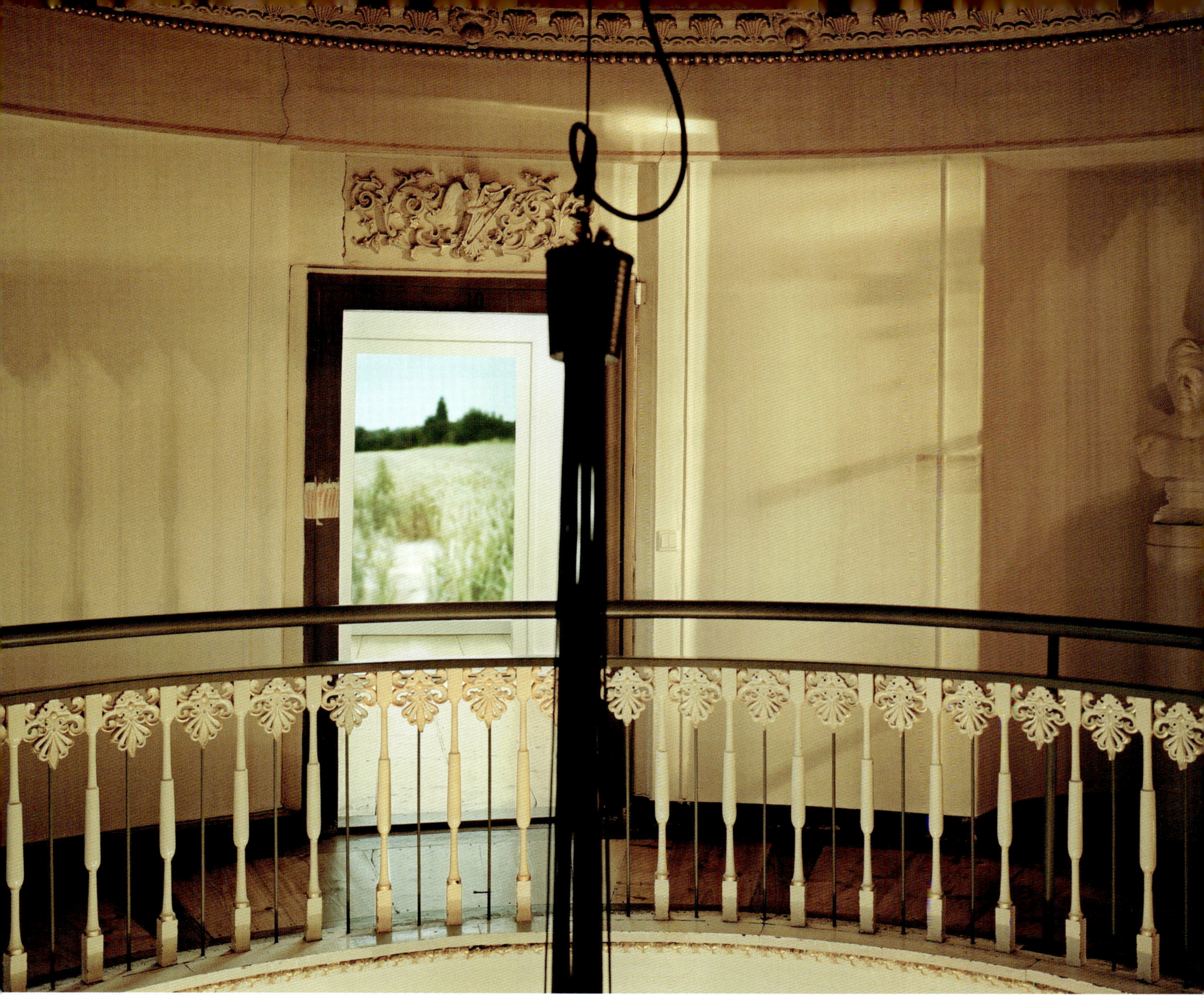

Videoinstallation (Pestizidspur) / Video installation (Pesticide trace), 2008
40 min

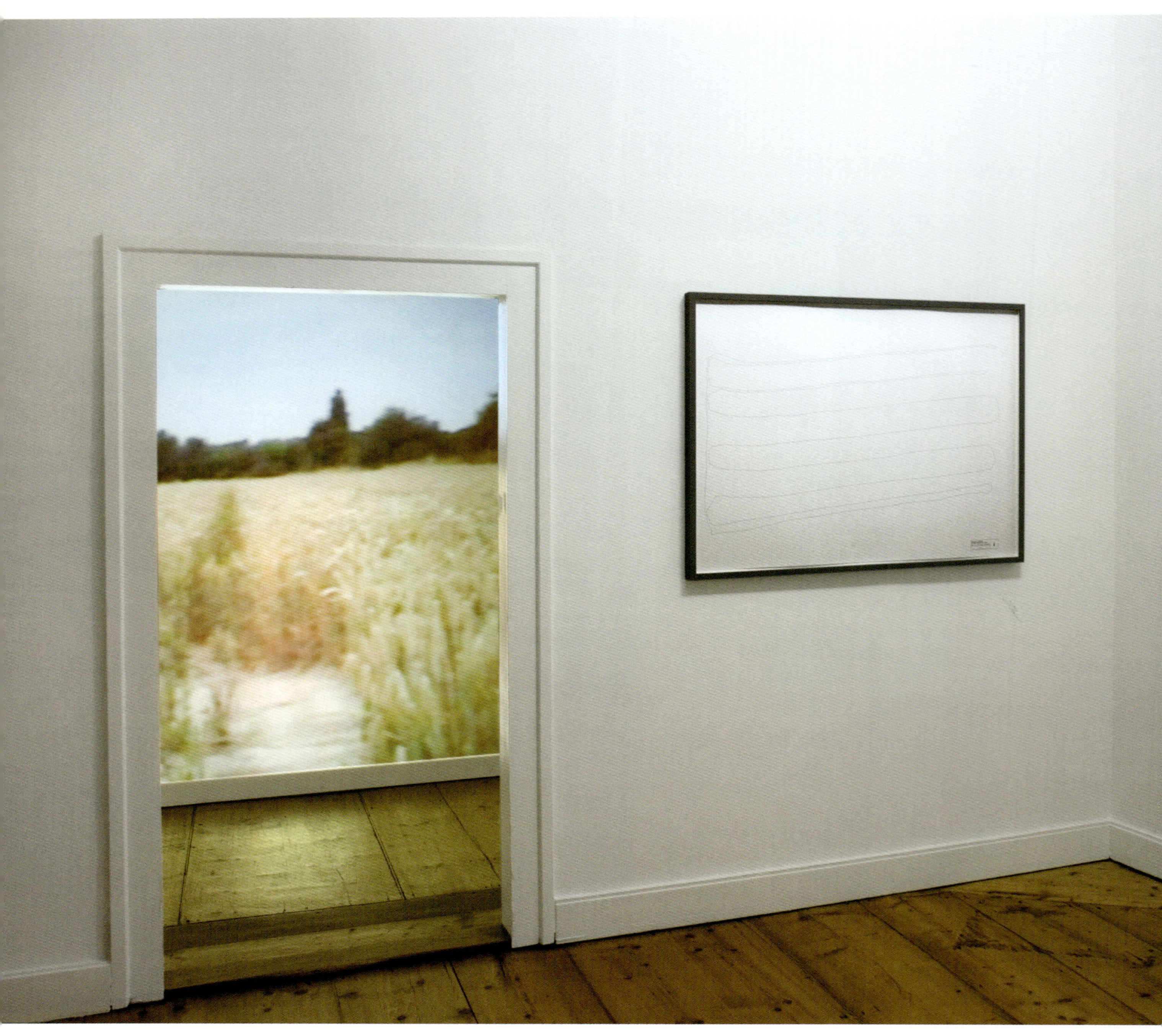

Videoinstallation (Pestizidspur) / Video installation (Pesticide trace), 2008
40 min

Pestizidspur I, II, / Pesticide trace I, II, 2008
Zeichnungen auf Papier / Drawing on paper
je / each 84 x 118 cm

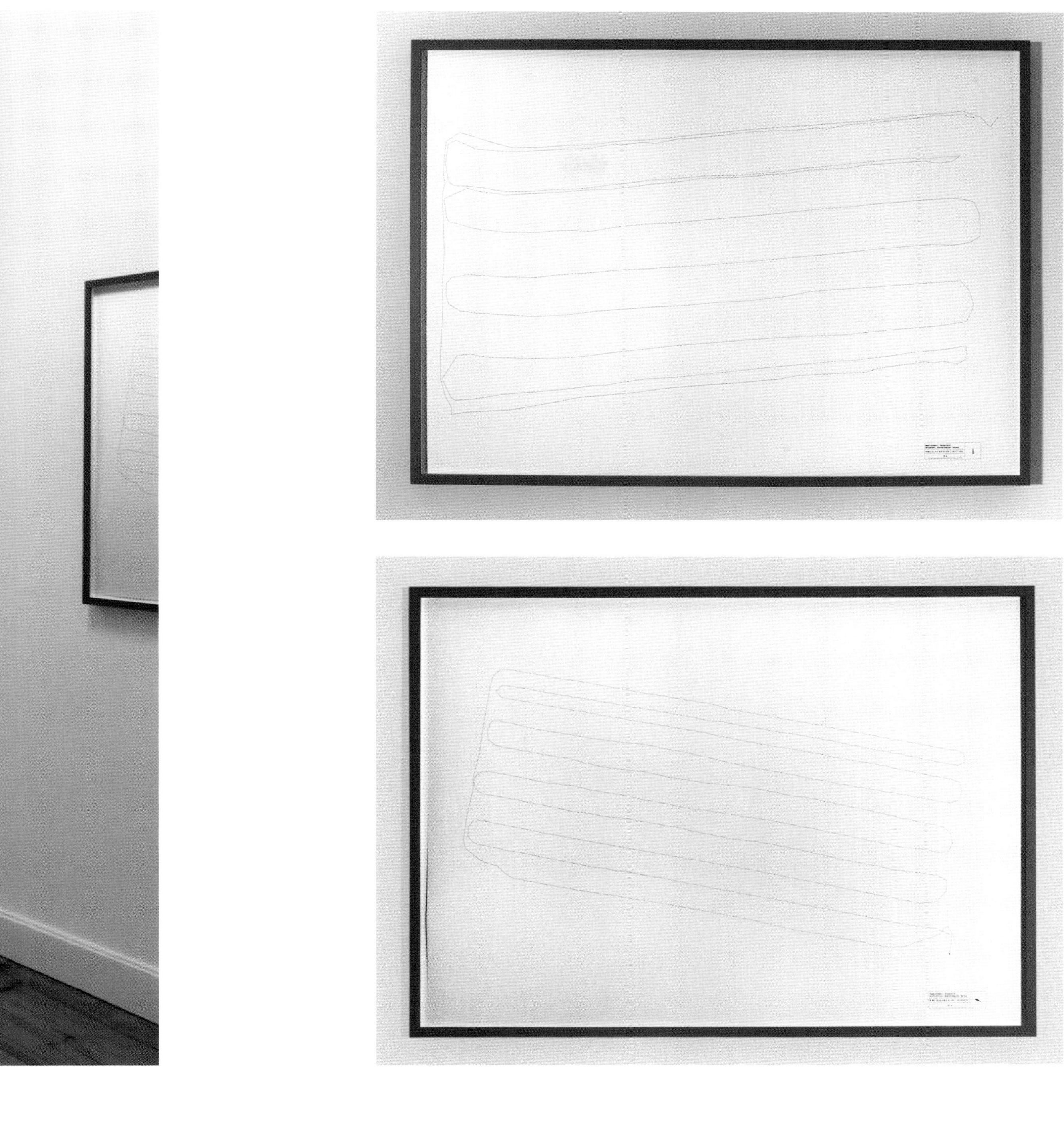

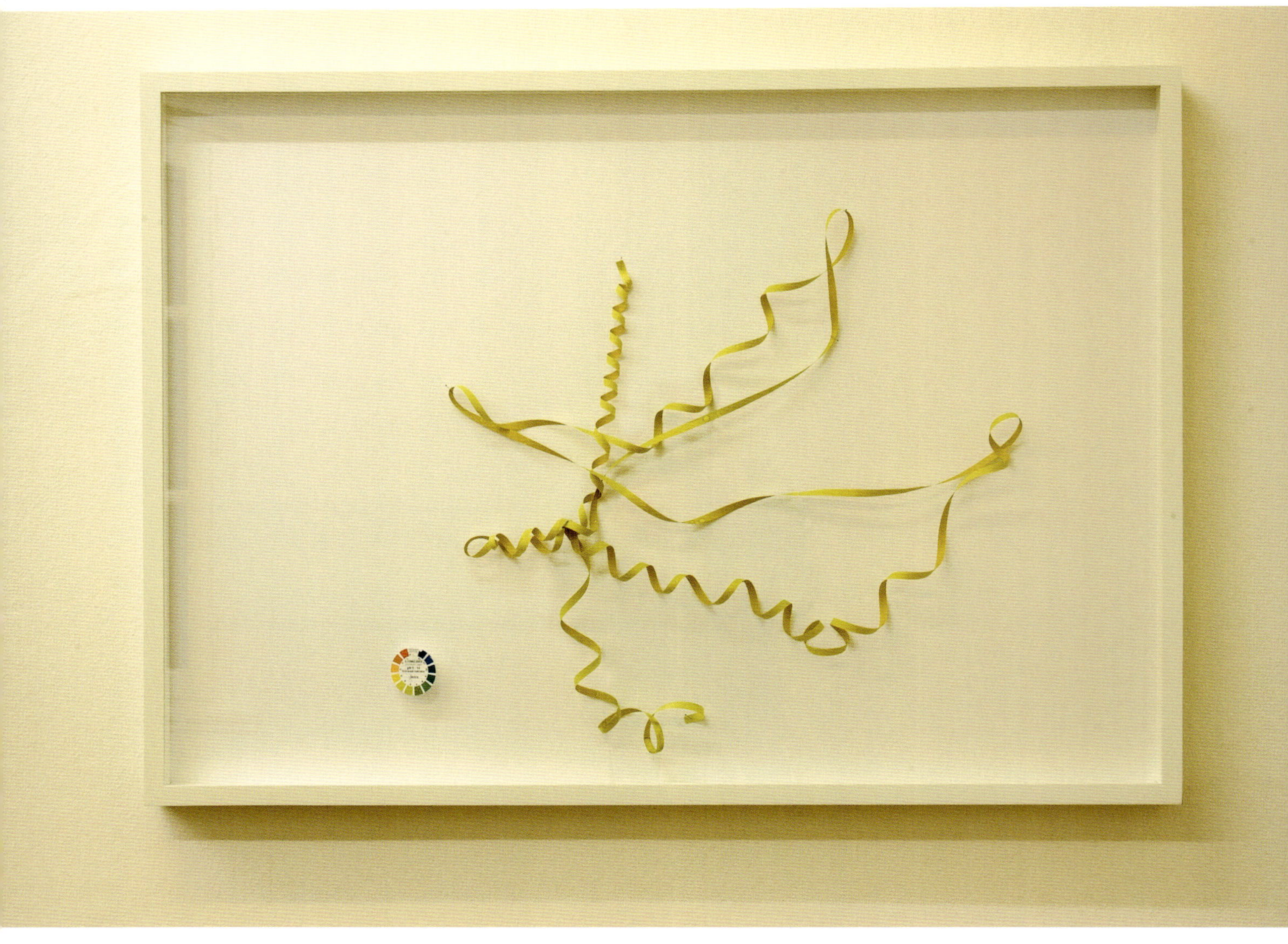

Regen I, II / Rain I, II, 2008
pH-Indikatorstreifen, Regen / pH test strips, rainwater
70 x 100 cm

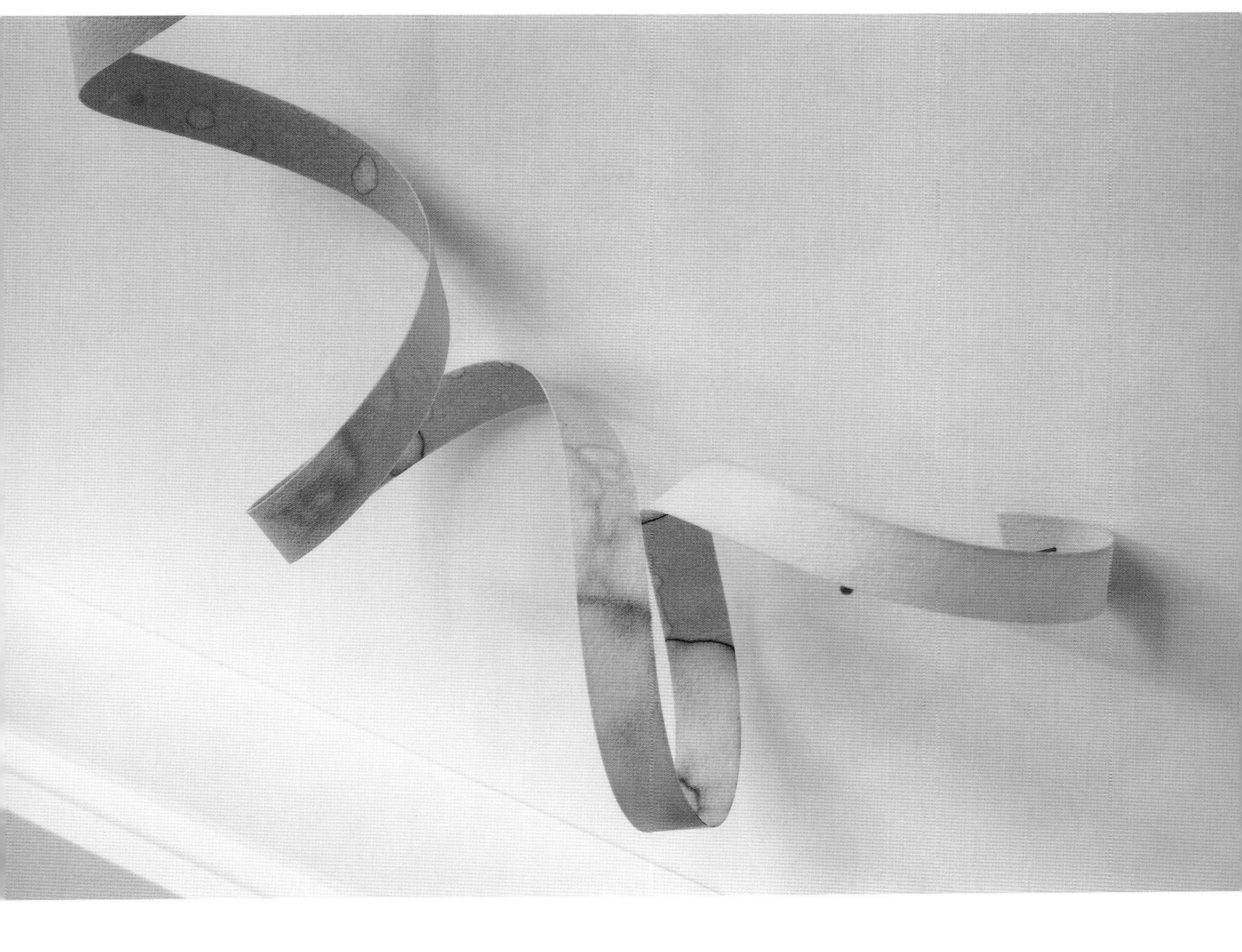

Peter Fend, *Mother of all Poisons*, 2008
Landkartencollage und Zeichnung auf Papier / Map collage and
drawing on paper
101 x 81 cm

WHY ARTISTS SHOULD TAKE ACTION IN THE
"MOTHER OF ALL POISONS"
(THE UMM AS SAMIM)

FOLLOWING YEARS OF SCRUTINY OF THE ARABIAN GULF... STARTING WITH SATELLITES IN 1984

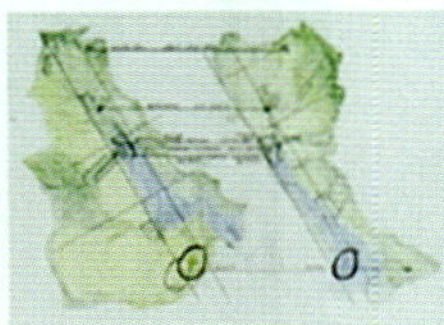

DRAWING PART OF TWELVE PARALLEL PROJECTS FOR U.S. STATE DEPARTMENT, GALERIE CHRISTIAN NAGEL, BERLIN

SOURCE OF THE IDEA: A 2005 DRAWING IN WHICH I NOTICED A DEEP "SINK"

ZEROING IN ON AN AREA NOW COVETED BY "BIG OIL" AS SOME ULTIMATE HYDROCARBON DEPOSIT / APPEARED AS A LARGE "BRIGHT TRANSECT" IN SHARJAH.

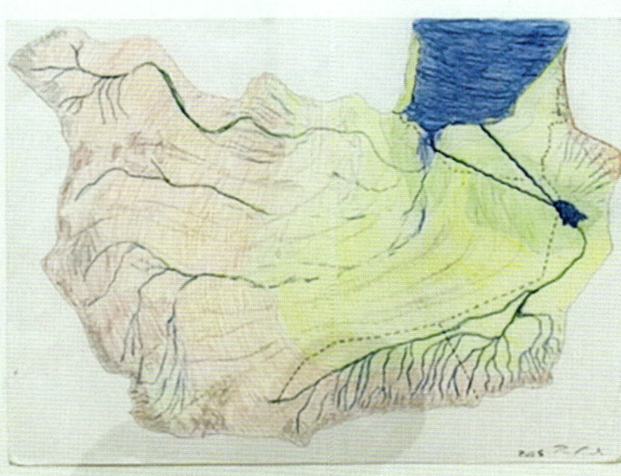

DRAWING SELECTED BY CURATOR EVA SCHARRER FOR THE SHARJAH BIENNIAL 7 CATALOG, BUT REJECTED AS TO MUCH IN THE 'UNKNOWN'

AS THE 'SINK' WAS CALLED "THE MOTHER OF ALL POISONS," WITH NO DRAINAGE AND QUICKSAND CONDITIONS, IT WAS DETERMINED TO BE, DESPITE 60 METERS OF ALLUVIA ON TOP FROM THE LARGEST BASIN IN THE GULF, TO BE BELOW SEALEVEL.

THEN APPLYING THE SAME PRACTICE ALONG THE MIGRATORY PATHWAYS OF EURAFRICA AND ARABIA / NOW ON DISPLAY IN HEIDELBERG

ENLARGING SALT WATER BODIES – FOR BIRDS

WEST SAHARAN SABKHAS
CHATT EL DJERID
CASPIAN SEA
ARAL SEA
QATTARA DEPRESSION
DEAD SEA
LAKE CHAD
DANAKIL DEPRESSION
LAKE ?
RANN OF KUTCH
FROM THE MOTHER OF ALL POISONS TO EITHER OR BOTH THE GULF AND THE ARABIAN SEA

OUT OF FRUSTRATION WITH THE "NEED" TO DO NOTHING, I CALLED ON MY FELLOW ARTISTS TO CONVERGE ON SITES SUCH AS "THE MOTHER OF ALL POISONS", AND OTHER SALT BASINS, TO REALIZE AT LAST THE SMITHSON INTENTIONS.

ARTISTS CAN TEAM UP TO TAKE ACTION IN SUCH SITES
2008

AS THE 'SINK' WAS CALLED "THE MOTHER OF ALL POISONS,"
WITH NO DRAINAGE AND QUICKSAND CONDITIONS, IT WAS
DETERMINED TO BE, DESPITE 60 METERS OF ALLUVIA ON TOP
FROM THE LARGEST BASIN IN THE GULF, TO BE BELOW SEALEVE

N
YING
SAME
TICE
G THE
ATORY
WAYS
EURAFRICA
ARABIA
/
OW ON
DISPLAY
N HEIDELBERG

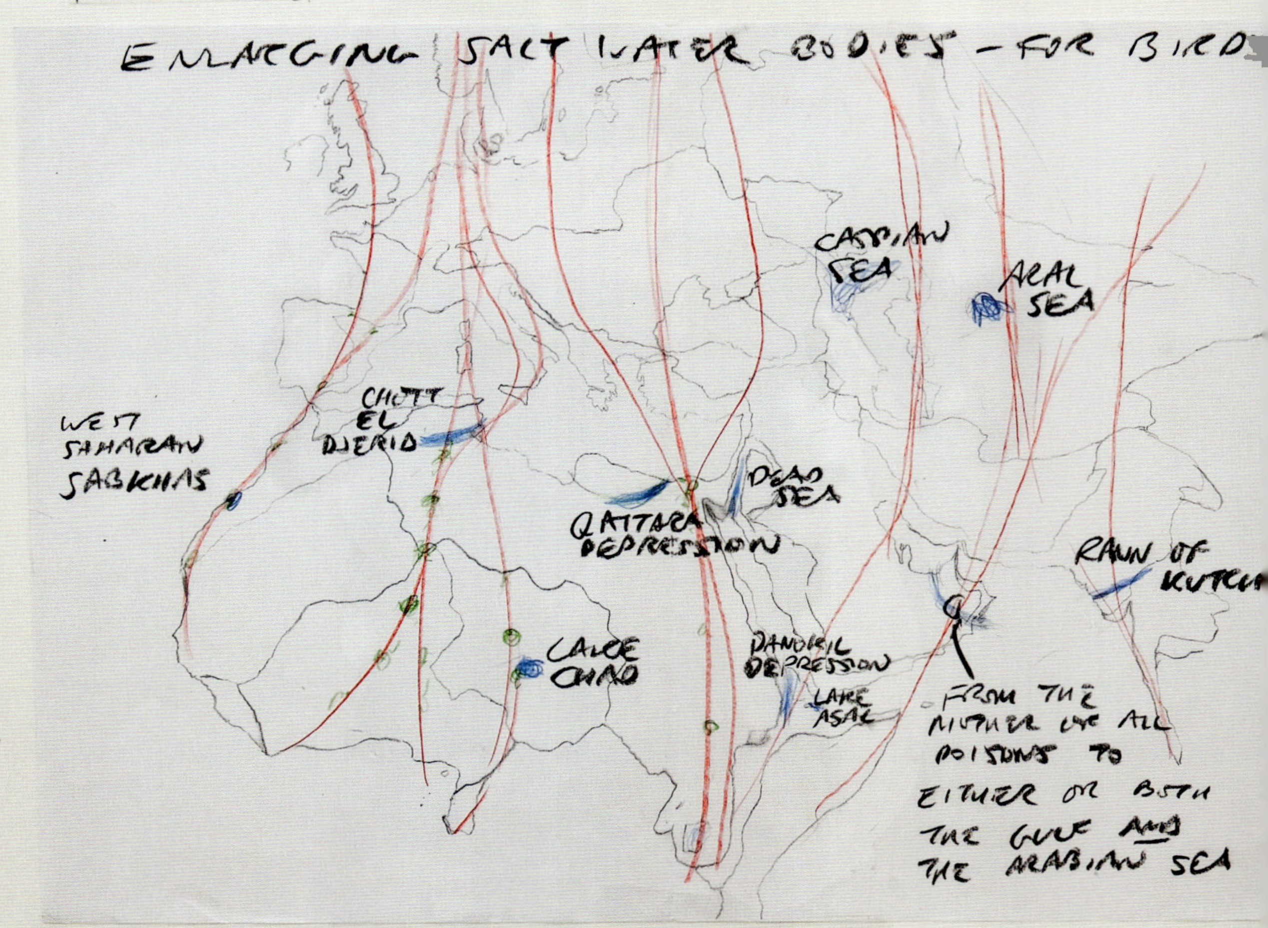

ARTISTS CAN TEAM UP TO TAKE ACTION IN SUCH SITES
2003

— OUT
FRUSTRA
WITH TH
"NEES" T
NOTHING,
CALLED ON
FELLOW A
TO CONVE
ON SITES
AS "THE
OF ALL P
AND OTHER
BASINS, T
REALIZE
LAST THE
SMITHSON
INTENTION

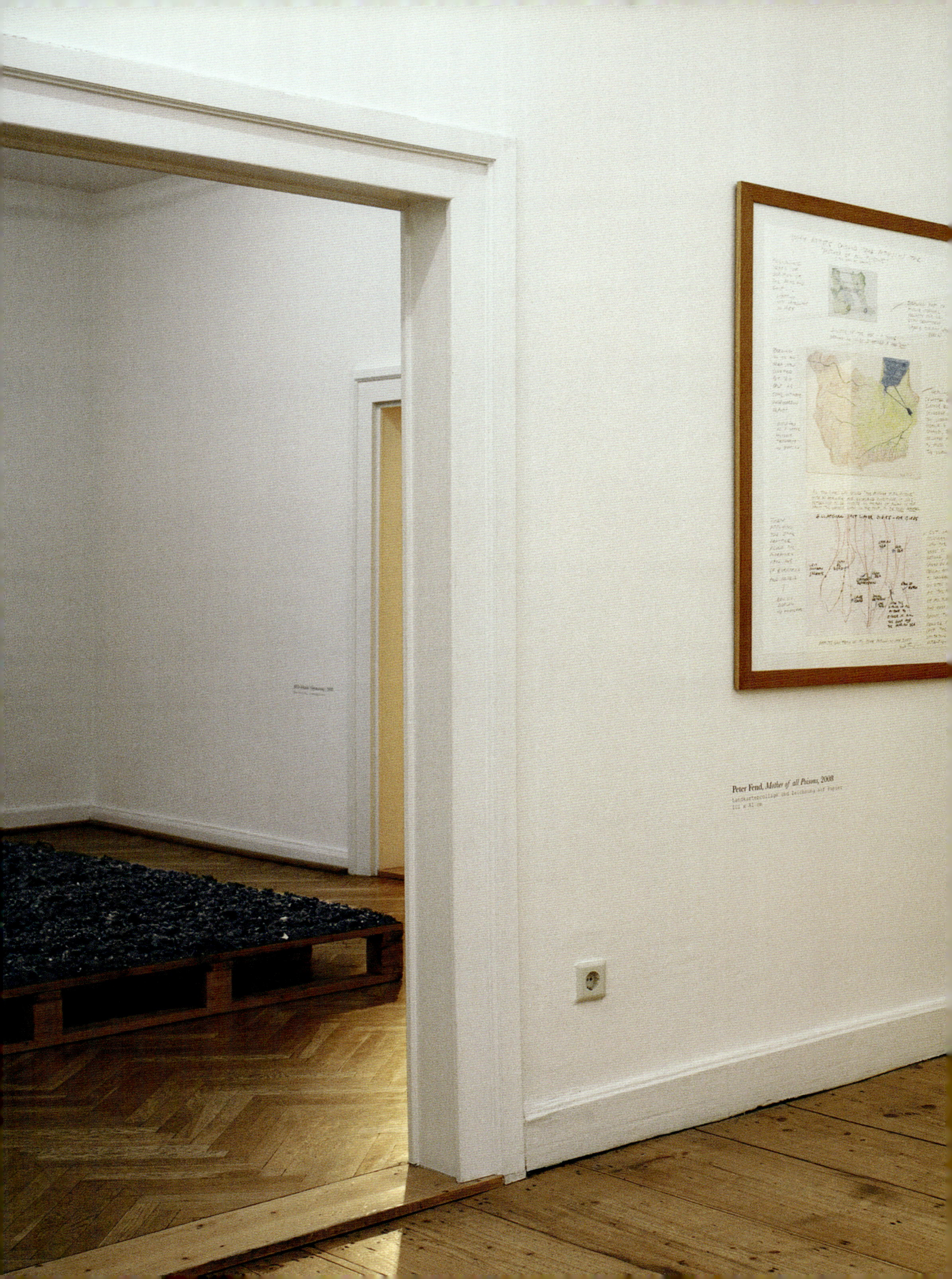

Peter Fend, *Mother of all Poisons*, 2008
Landkartencollage und Zeichnung auf Papier
111 x 81 cm

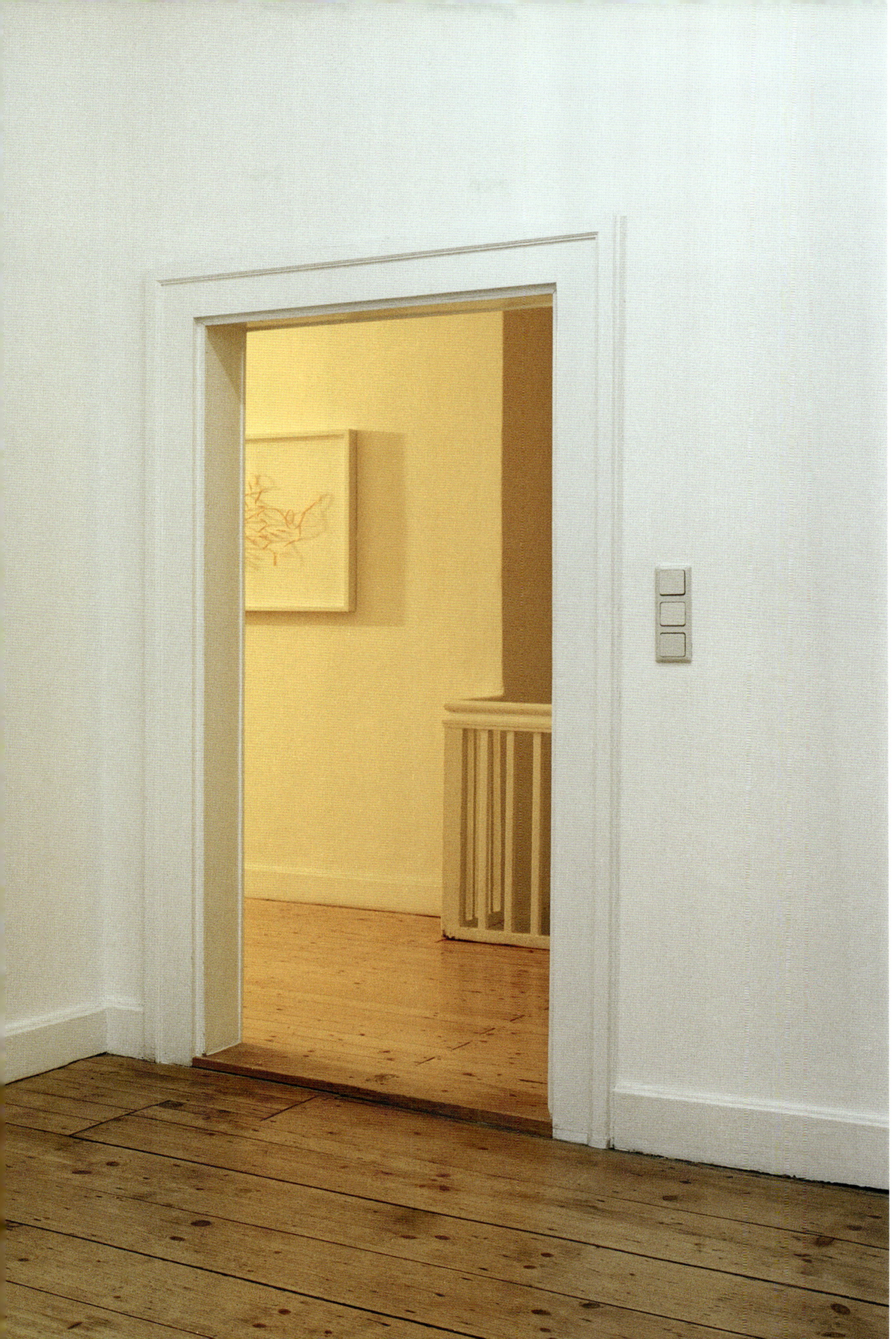

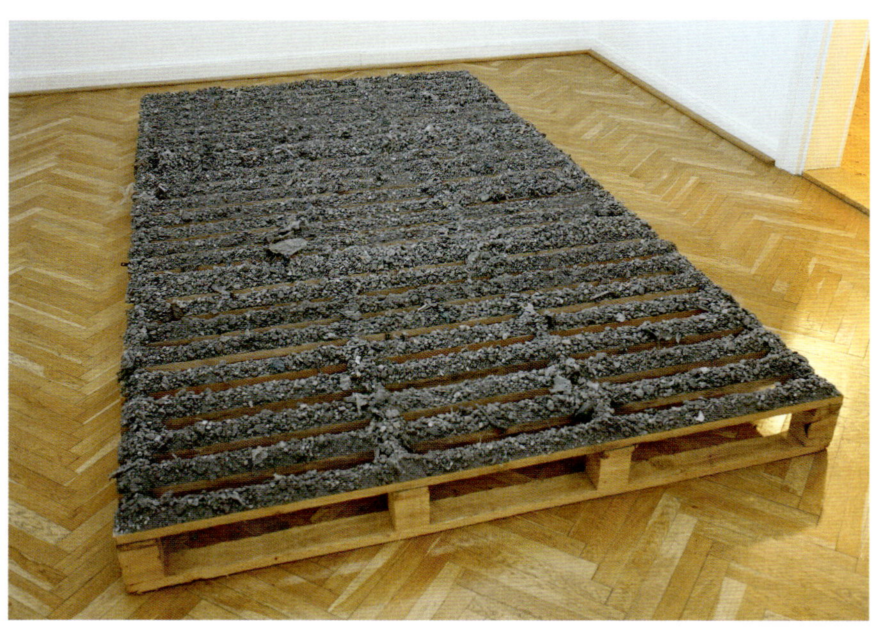

MVA-Schlacke (Optimierung) / MVA Slag (Optimisation), 2008
MVA-Schlacke, Einwegpaletten / MVA slag, disposable pallet

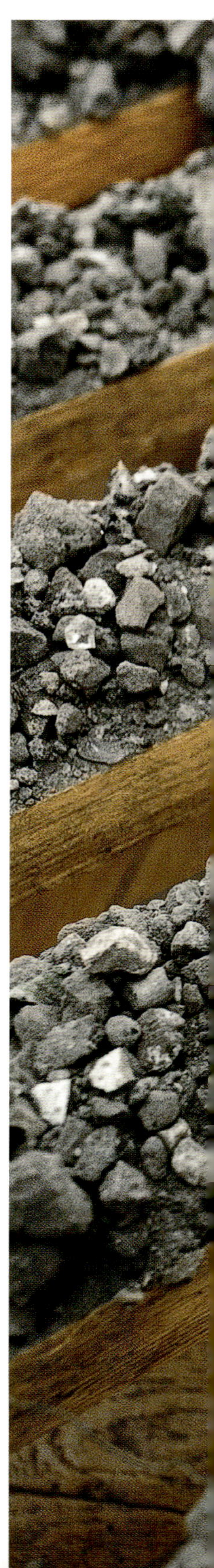

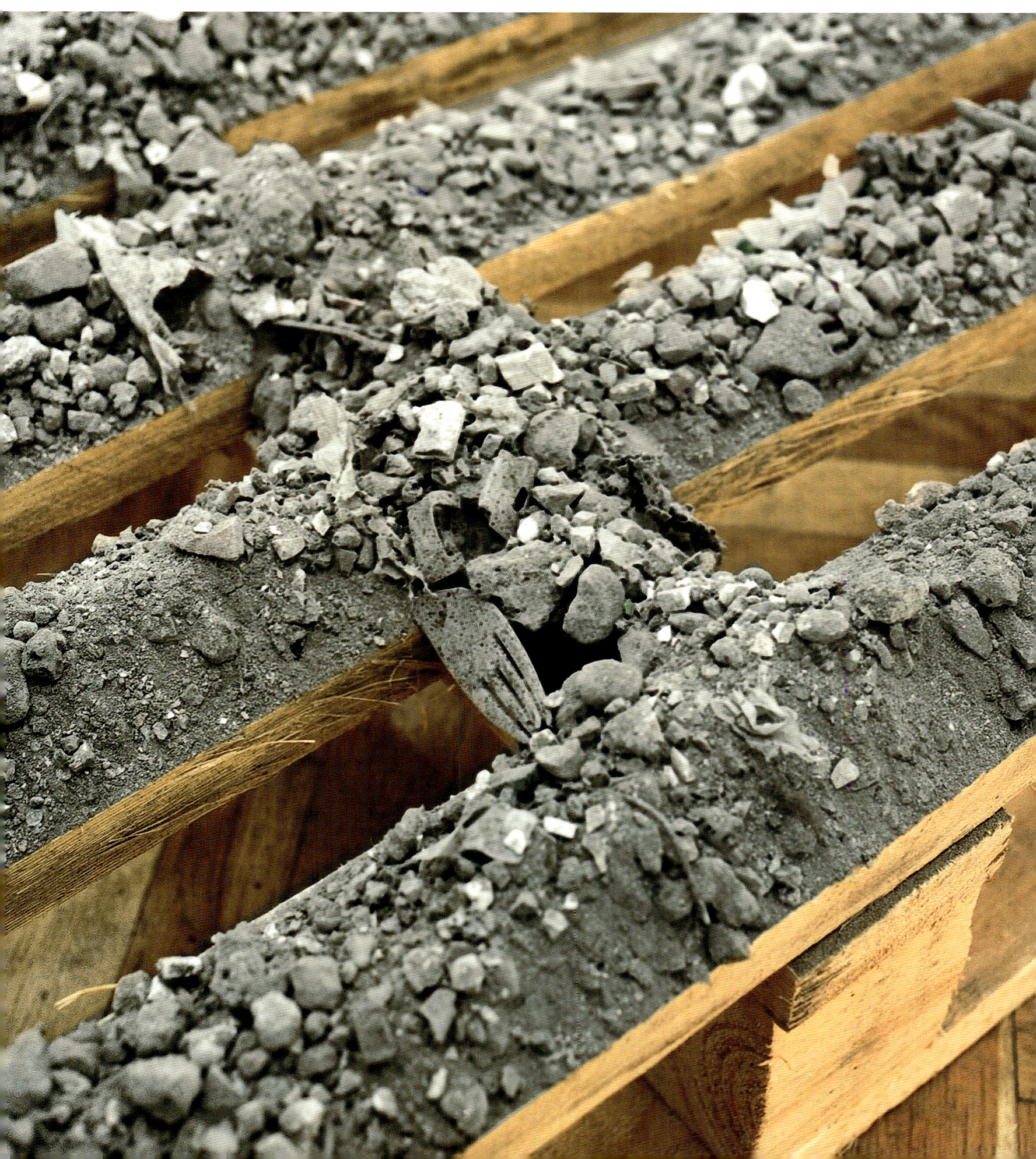

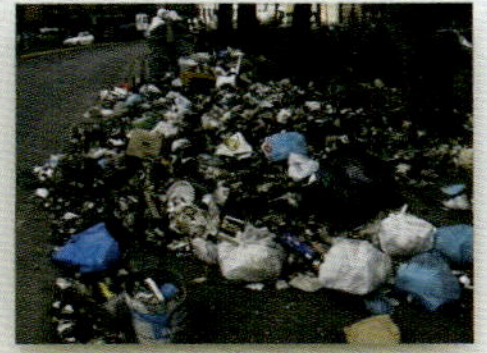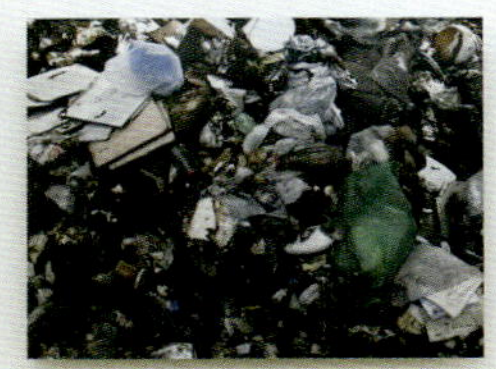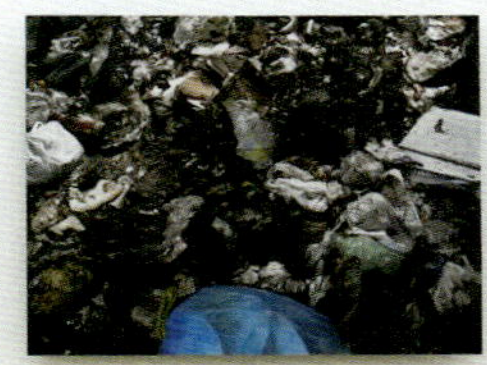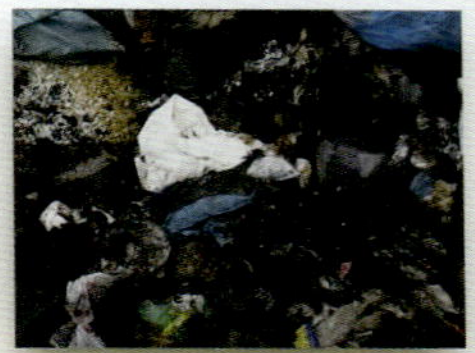

Monnezza, 2008
Serie von 9 Fotografien
kaschiert auf Alu-Dibond
je 40 x 25 cm

Der Begriff „Monnezza" wird im süditalienischen Dialekt synonym für "immondizia" (dt. Abfall, Hausmüll) gebraucht.

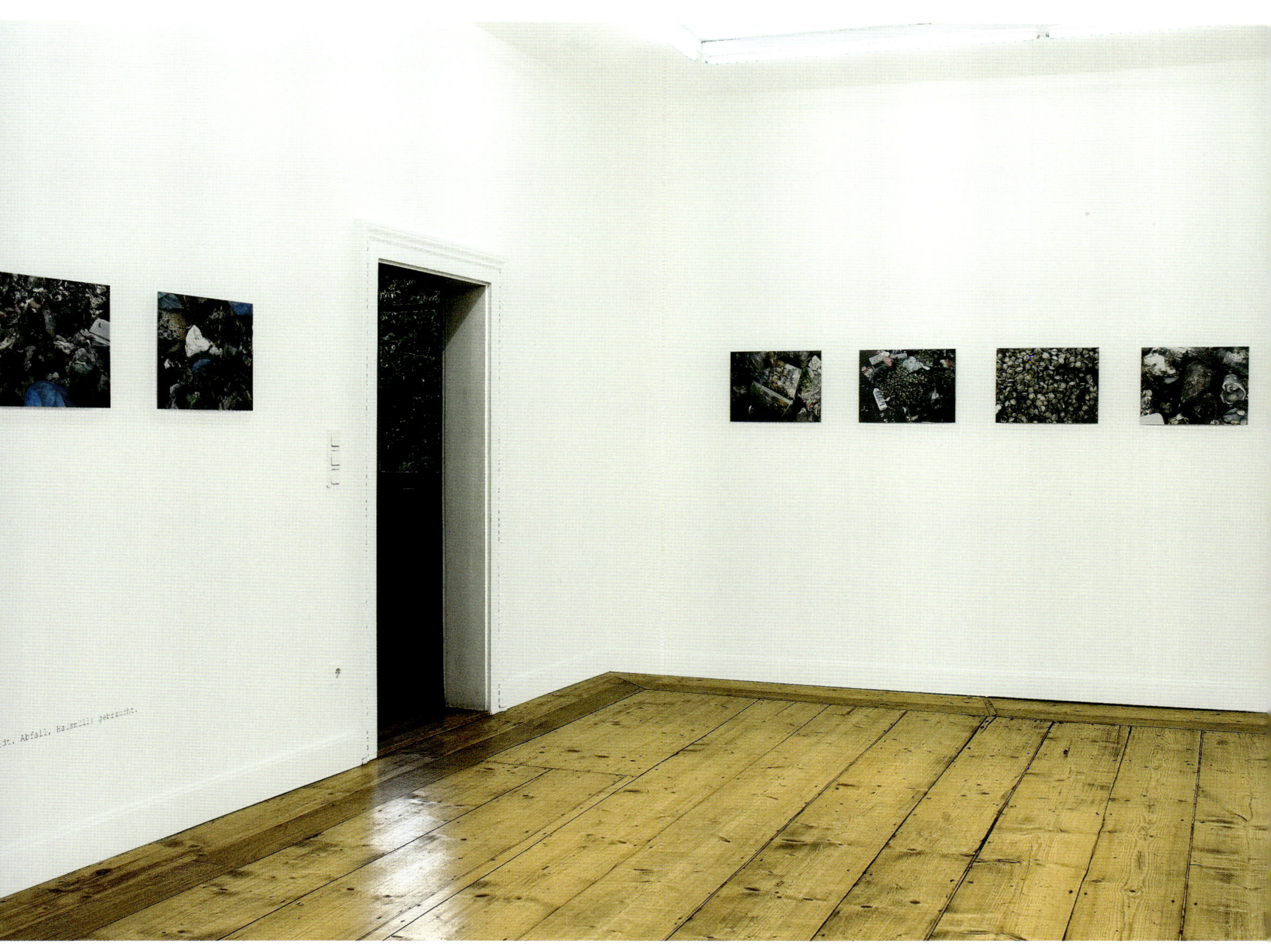

Monnezza, 2008
Serie von 9 Fotografien kaschiert auf Alu-Dibond / Series of 9 photographs
laminated on alu-dibond
je / each 37,5 x 50 cm

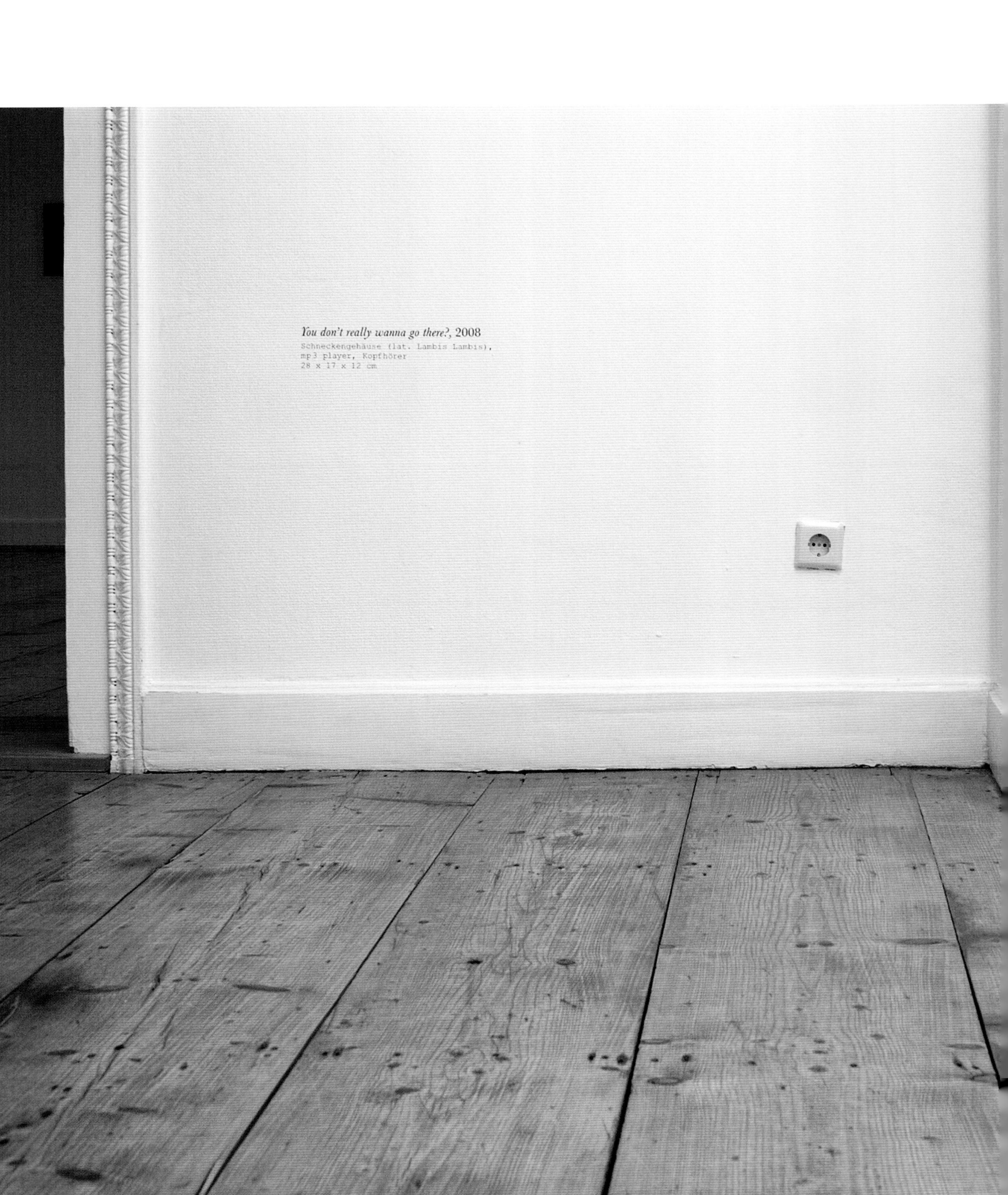
You don't really wanna go there?, 2008
Schneckengehäuse (lat. Lambis Lambis),
mp3 player, Kopfhörer
28 x 17 x 12 cm

You don't really wanna go there?, 2008
Schneckengehäuse (lat. Lambis lambis), MP3-Player, Kopfhörer /
Snail shell (lat. Lambis lambis), MP3 player, headphones
28 x 17 x 12 cm

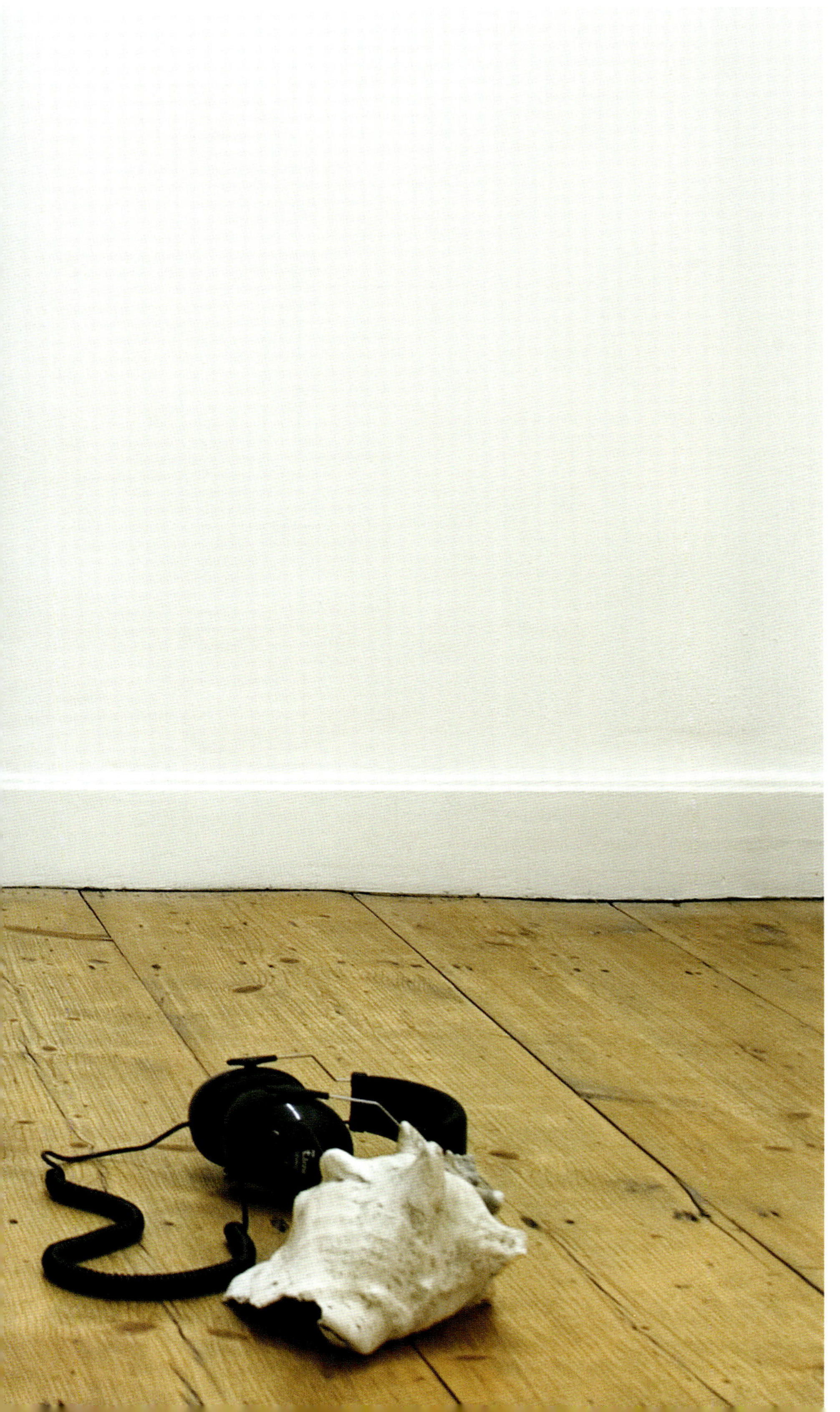

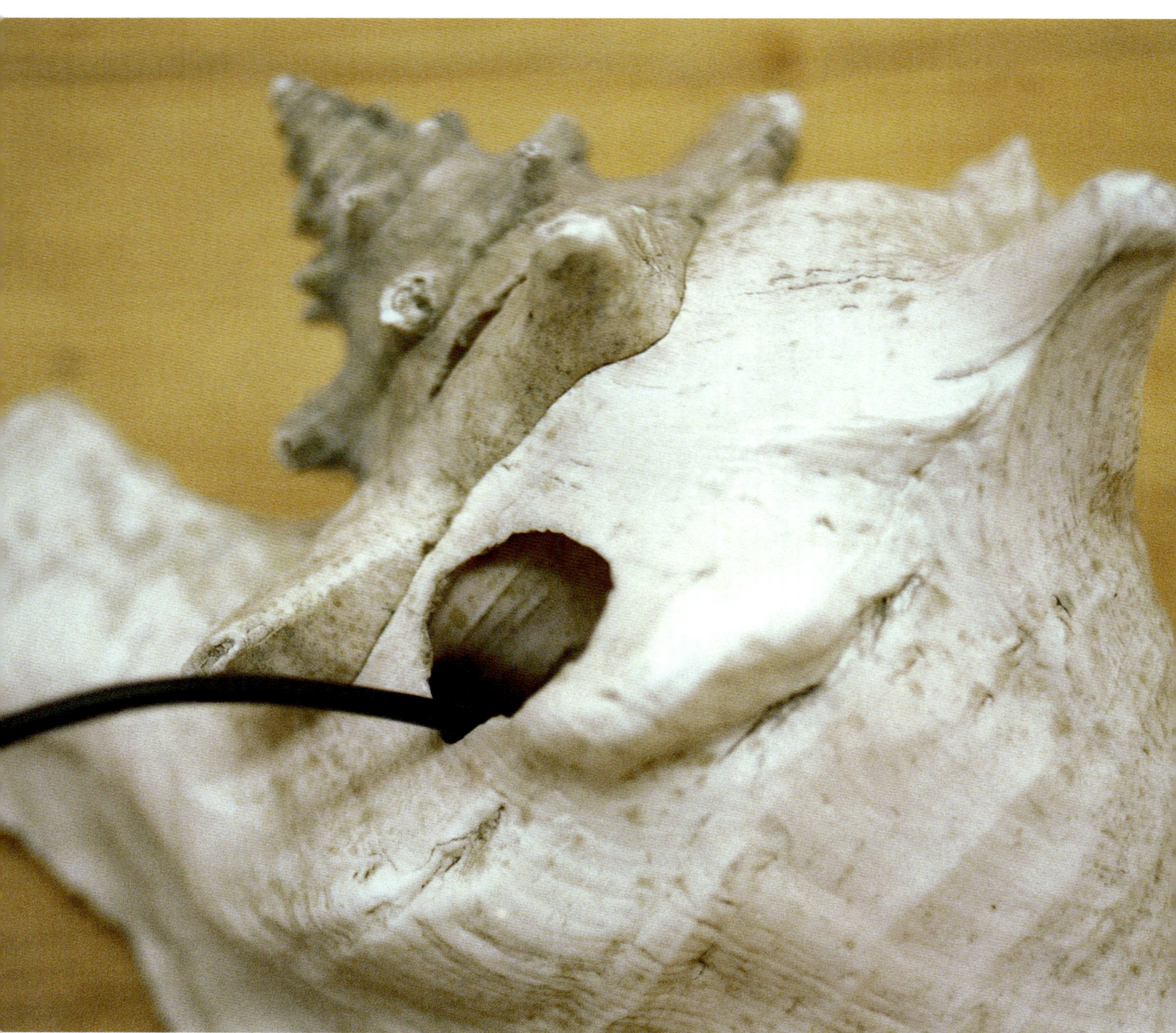

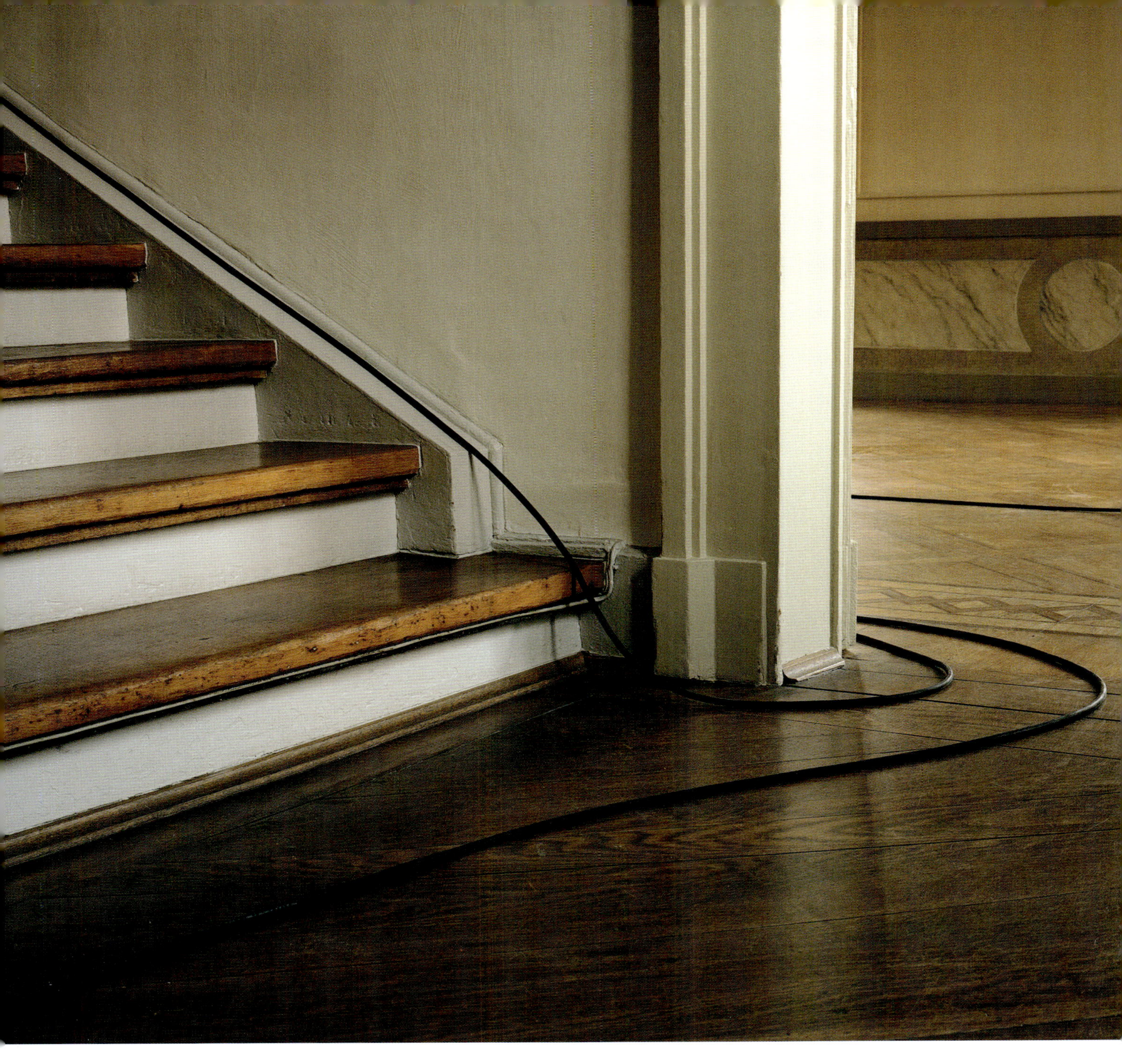

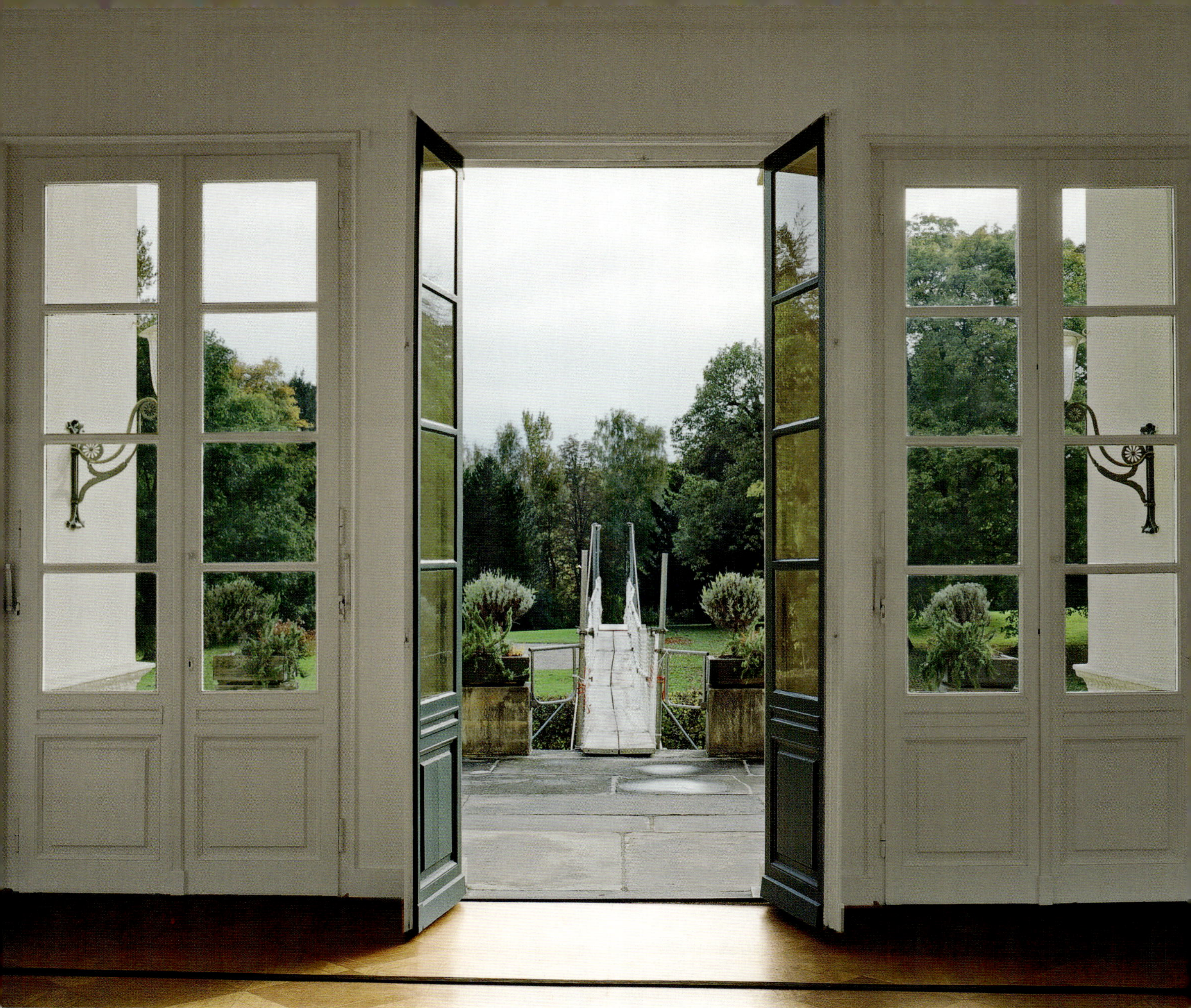

THW-Brücke / Bridge, 2008
5,25 x 5 (inkl. Abspannung / incl. anchoring) x 37 m

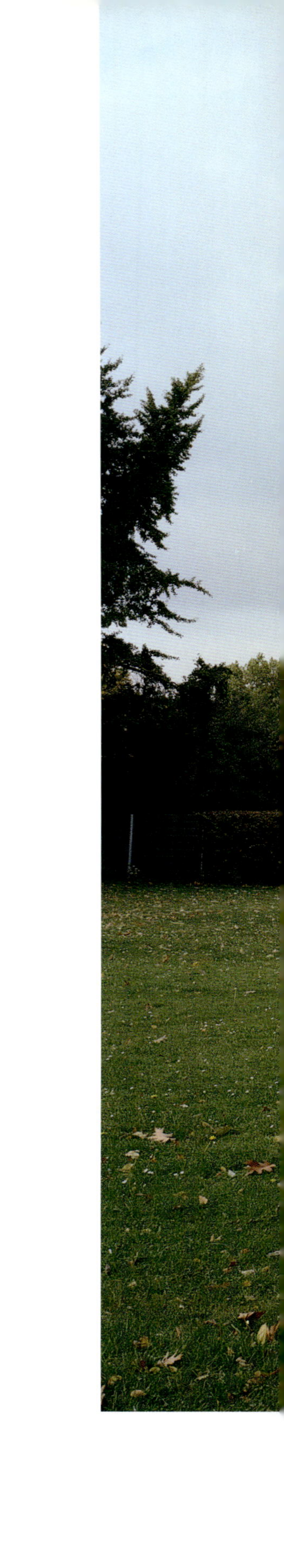

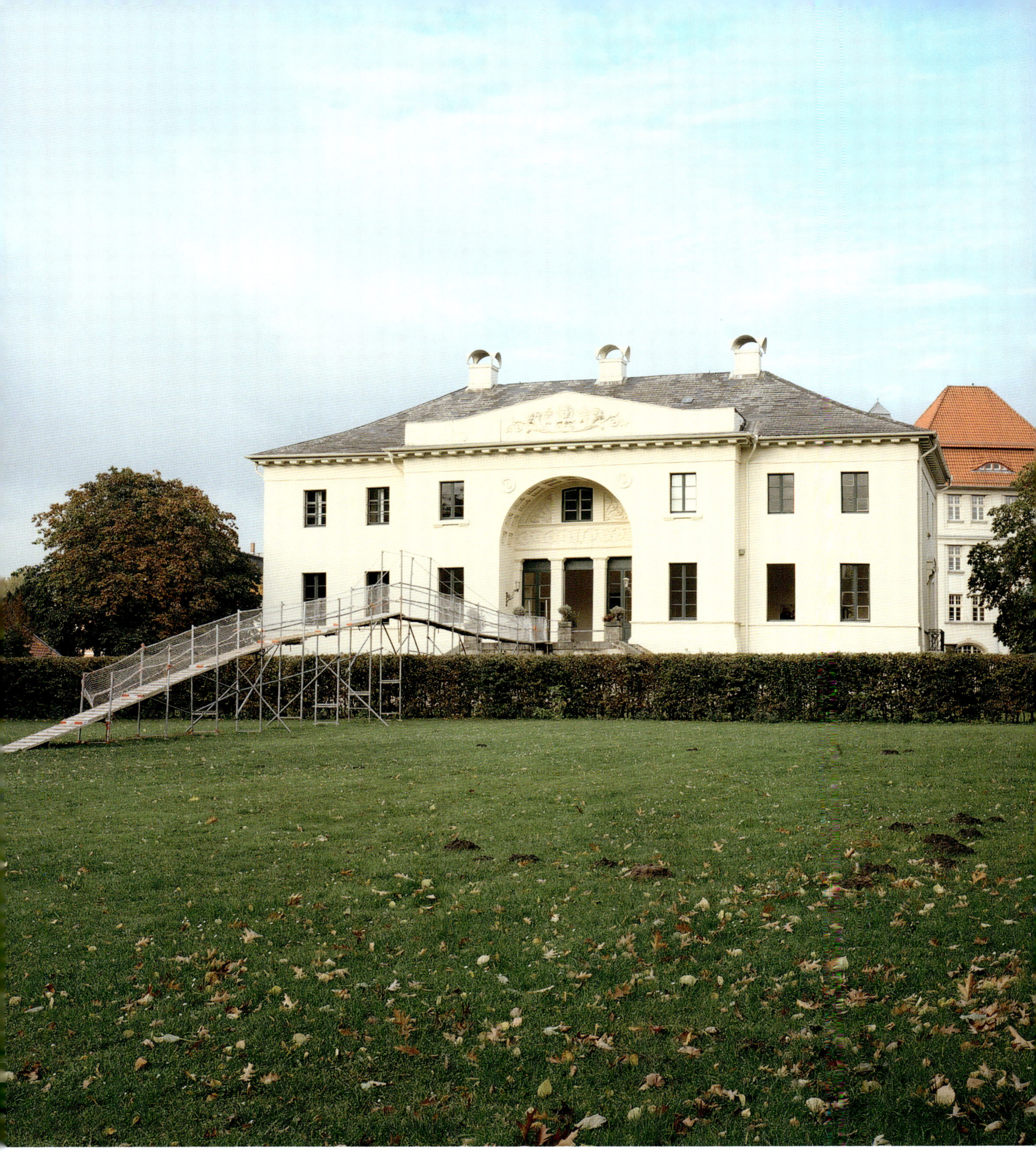

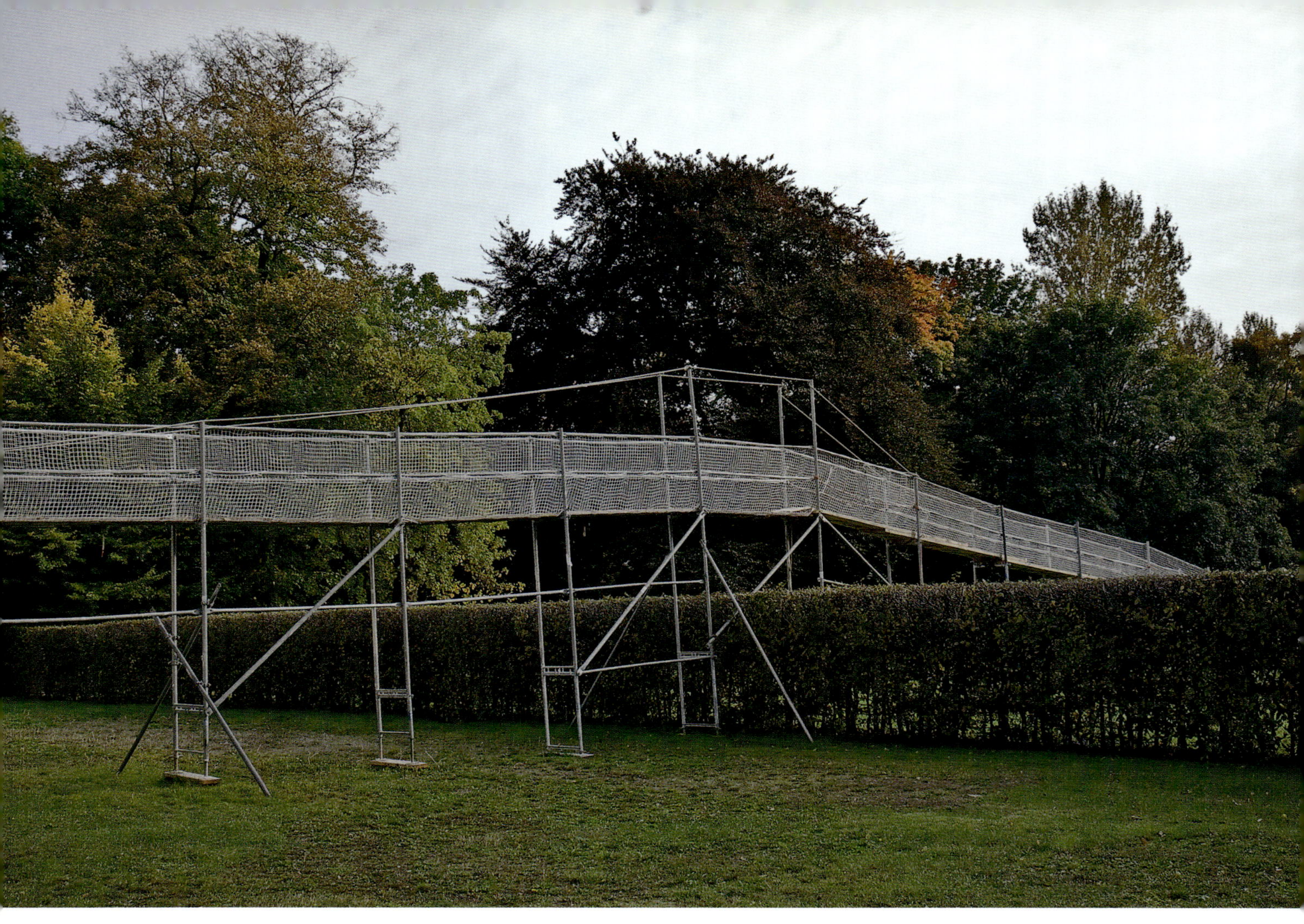

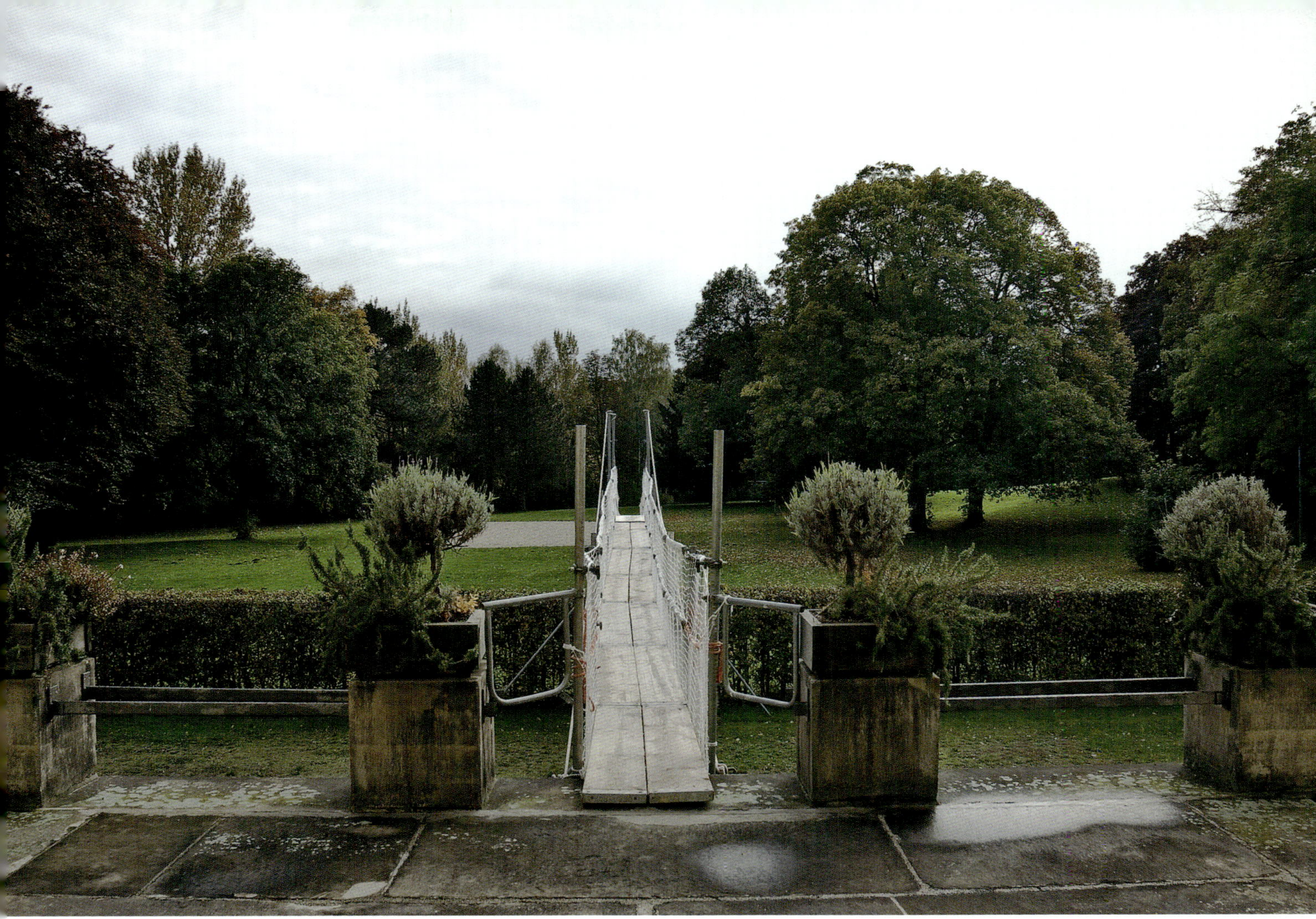

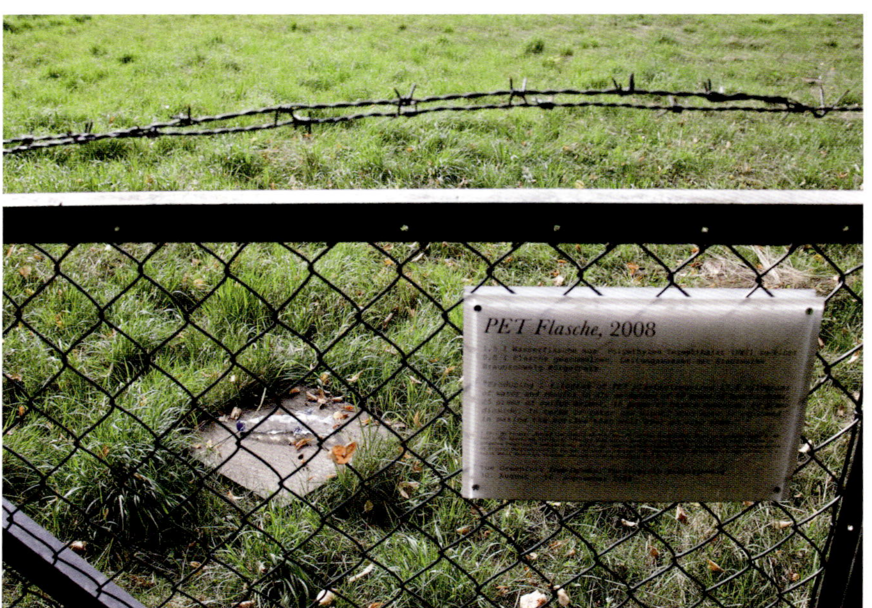

PET-Flasche (im Bürgerpark) / *PET Bottle* (in the Bürgerpark), 2008

1,5 l Wasserflasche aus Polyethylen Terephthalat (PET) zu einer 0,5 l
Flasche geschmolzen, Leitungswasser der Stadtwerke Braunschweig, installiert
am Rande des Bürgerparks Braunschweig, Wasserversorgungsanlage. /

1.5 l polyethylene terephthalate (PET) water bottle melted down to a 0,5 l
bottle, mains water from the Braunschweig water authority installed on the
edge of Braunschweig's Bürgerpark, water supply facility.

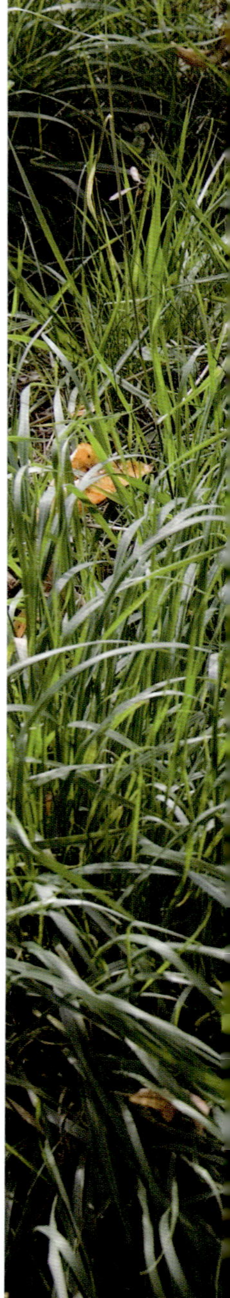

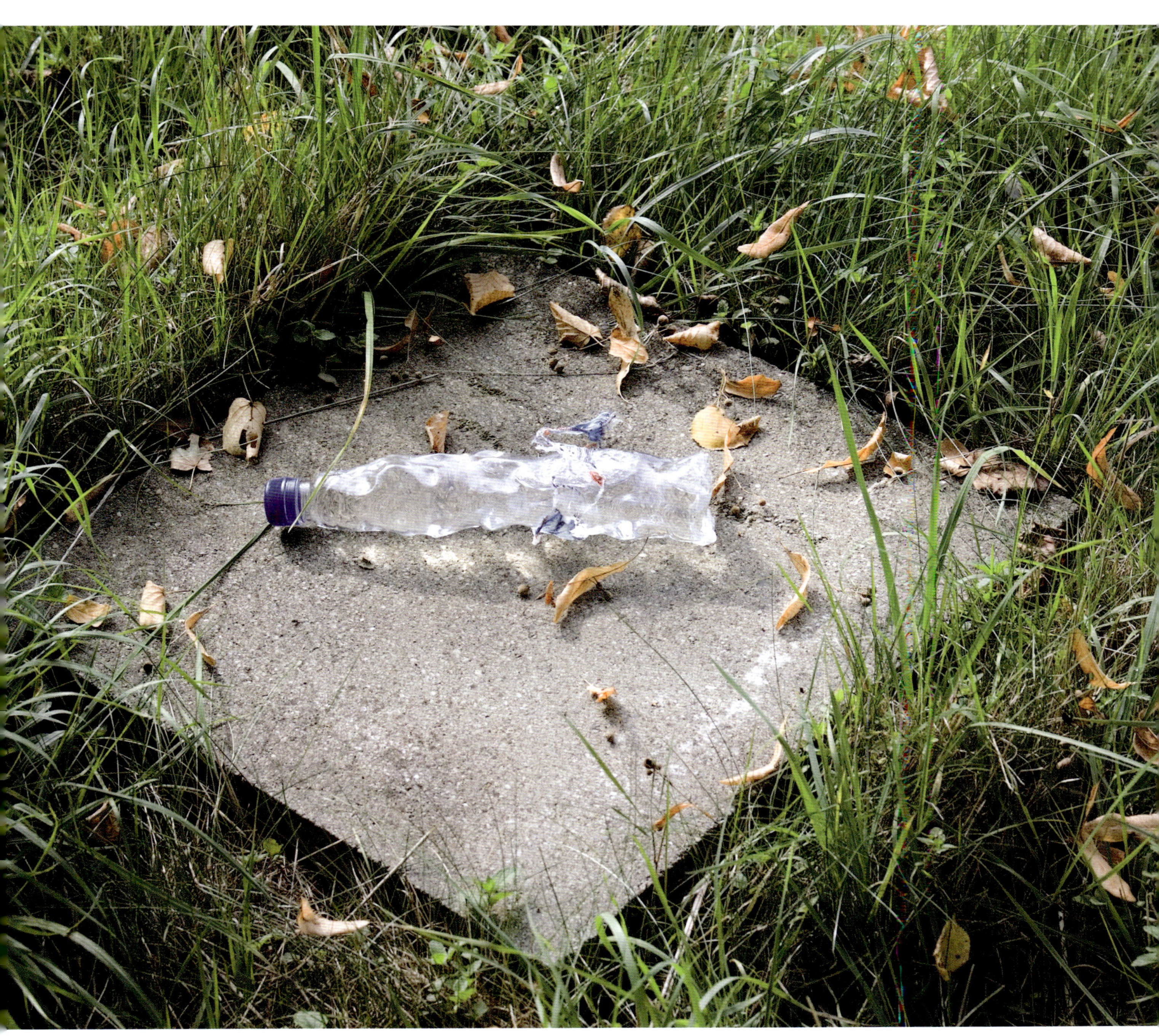

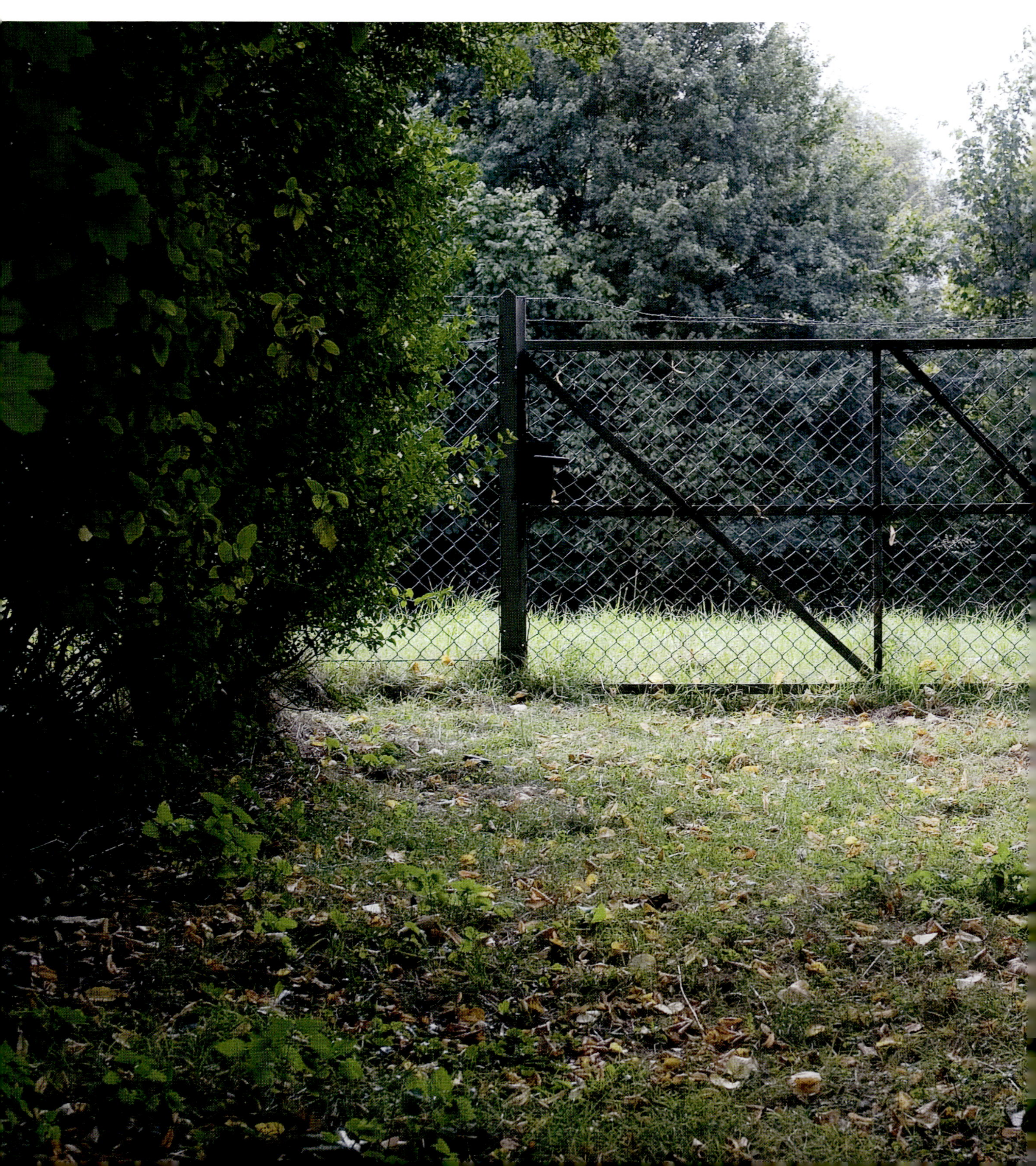

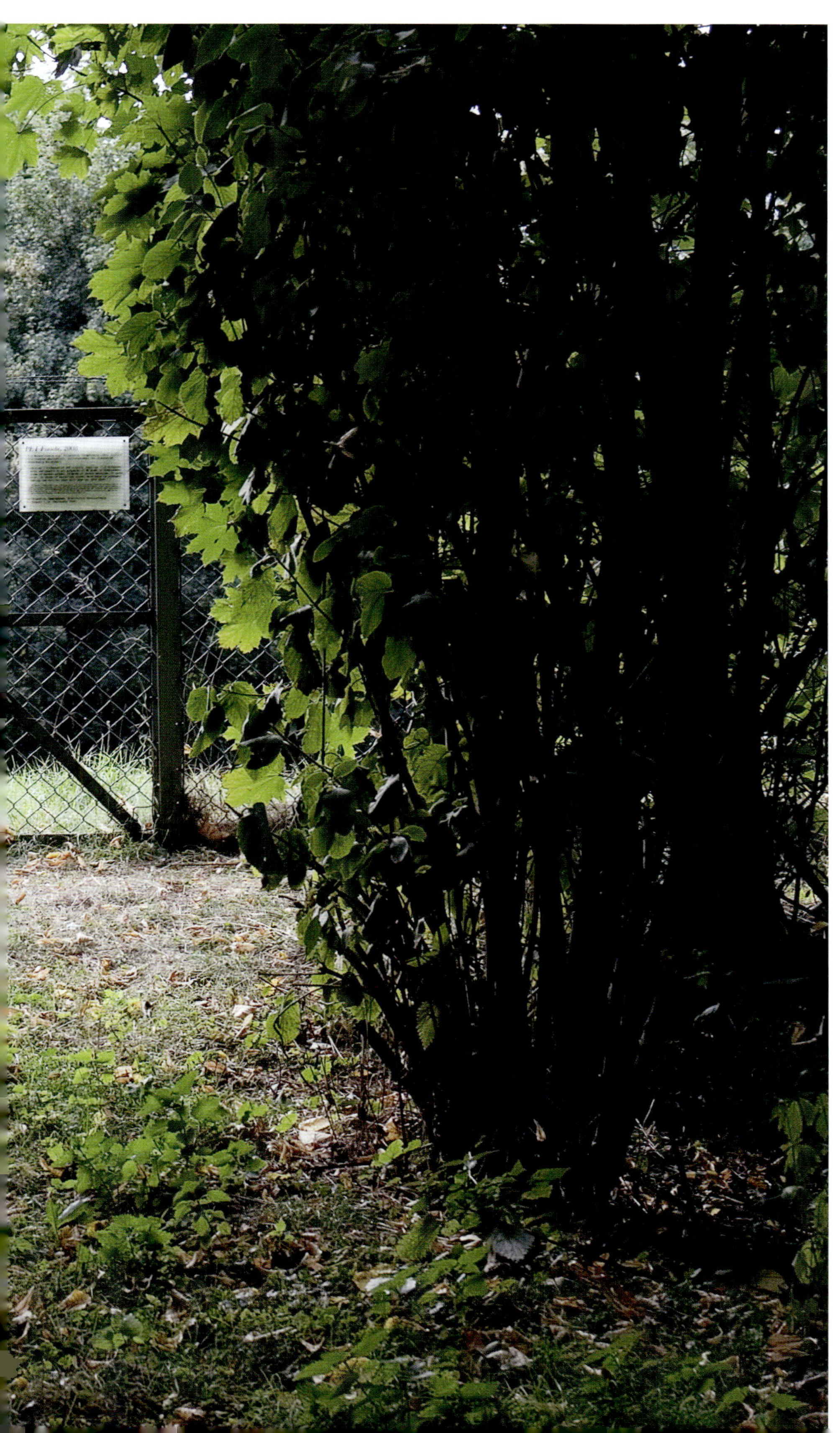

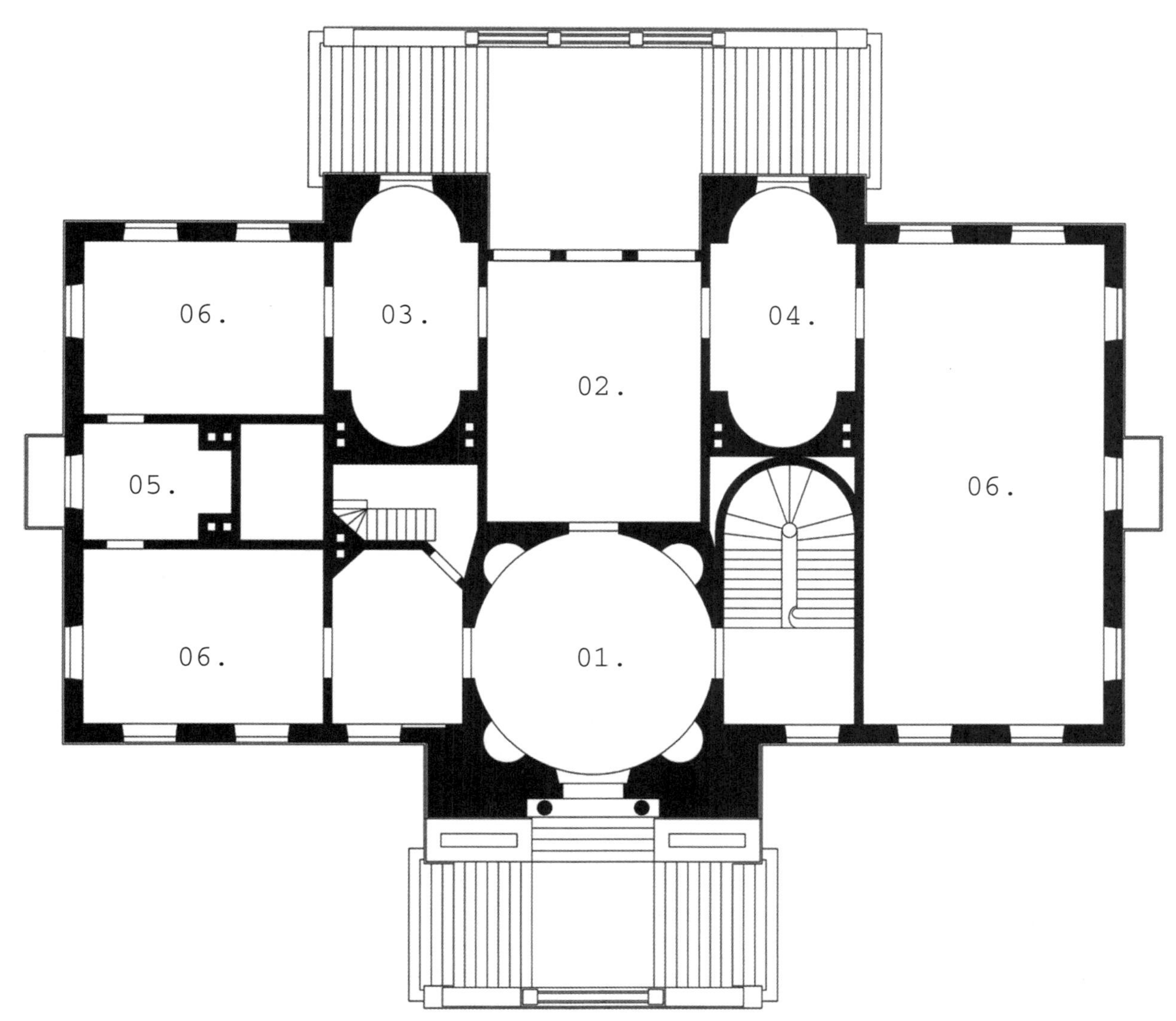

06.
03.
04.
02.
05.
06.
06.
01.

01. *Dræbergoble (Mnemiopsis leidyi)*, 2008

Während der Ausstellungsdauer sollte die Rippenqualle *Mnemiopsis leidyi* vermehrt werden. Ursprünglich nur in subtropischen Gewässern an der Atlantikküste von Nord- und Südamerika verbreitet, wurde sie in den 1990er Jahren in den Wasserballasttanks von Containerschiffen in Europa eingeschleppt. Seitdem verdrängt sie als Neozoe (Tierart, die direkt oder indirekt durch die Einwirkung des Menschen in andere Gebiete eingeführt worden ist und sich dort fest etabliert hat) andere Arten aus den Gewässern verschiedener Teile der Erde. Die *Mnemiopsis leidyi* wurde vor fünf Jahren erstmals in der Ostsee gesichtet. Im Jahr 2007 wurde in der Kieler Bucht, woher auch die Quallen der Braunschweiger Ausstellung stammten, stellenweise eine Individuendichte von 200 Exemplaren pro Kubikmeter nachgewiesen. Bei geeigneten Umweltbedingungen kann ein einziges Individuum dieser hermaphroditischen Art pro Tag bis zu 1000 Nachkommen erzeugen. Sukzessiv wurde im Laufe der Ausstellungsdauer die Wassertemperatur von 10 auf 25 Grad erhöht. Die Vermehrung dieser Quallenart in einem Aquarium ist zuvor noch nie beobachtet worden. /

The intention it was for the comb jellies *Mnemiopsis leidyi* to reproduce during the course of the exhibition. Originally indigenous solely to the sub-tropical waters of the North and South Atlantic, the jellyfish were inadvertently transported to Europe during the 1990s in the ballast tanks of container ships. Since then this neozoan (invasive species that—directly or indirectly through man's intervention—has been introduced to other areas and firmly established itself there) has displaced other species in different parts of the globe. *Mnemiopsis leidyi* were spotted in the Baltic five years ago. In 2007 a concentration of up to 200 specimens per cubic meter of water was recorded in the Kiel Fjord, whence these particular jellyfish originate. In favourable conditions, a single specimen of the hermaphroditic species can produce up to 1000 offspring per day. The water temperature was raised gradually from 10° C to 25° C for the duration of the exhibition. Reproduction of this species has never been observed in an aquarium before.

02. *Incineration*, 2008

Zur Beseitigung der Müllberge in Neapel und Umgebung wurden 2007 und 2008 täglich bis zu 1.500 Tonnen Abfall in Zügen nach Deutschland transportiert. Allein der Betreiber des Müllheizkraftwerks Bremerhaven hat Senatsangaben zufolge eine einmalige Ausnahmegenehmigung für 30.000 Tonnen des sogenannten gemischten Siedlungsabfalls aus Italien erhalten. Das globale Geschäft mit dem Müll boomt: Nach Angaben des Bundesumweltamtes wurden 2007 insgesamt etwa 18 Millionen Tonnen Müll nach Deutschland importiert. Zurzeit sind weitere 80 Müllverbrennungsanlagen in Planung. /

In order to dispose of the mountains of refuse in Naples and the surrounding area, up to 1,500 tonnes of waste per day were transported to Germany during 2007 and 2008. According to statements by the regional senate, operators of the waste incineration power plant in Bremerhaven were granted special a licence to accept 30,000 tonnes of the so-called mixed waste from Italy. The global waste business is booming: according to figures provided by the Federal Environment Office 18 million tonnes of waste material was imported by Germany. At this moment in time plans exist for the construction of a further 80 waste incineration plants.

03. *Medusa (Pelagia noctiluca)*, 2007

Die *Pelagia noctiluca*, auch Feuerqualle oder Leuchtqualle genannt, ist eine Qualle aus der Familie der Pelagiidae. Der durchscheinende Körper mit rötlicher Zeichnung ist 12-15 cm lang bei einem Schirmdurchmesser von 5-7 cm und maximal 1 Meter langen Fangtentakeln. Ihren Artnamen *noctiluca* („die Nachtleuchtende") verdankt sie ihrem schwachen, nächtlichen Leuchten, das auch bei Erschütterung der Qualle sichtbar wird. Die Feuerqualle lebt in wärmeren Meeren (z.B. dem Mittelmeer) und tritt meist in Schwärmen auf. Die normale Beute dieser Qualle sind Heringslarven und anderes Zooplankton. In den letzten Jahren häufen sich im Mittelmeer Meldungen über ungewöhnliche Massenvorkommen von Feuerquallen, die negative Auswirkungen auf den Badetourismus haben. Für die explosionsartige Verbreitung der Feuerquallenpopulationen werden drei Umweltfaktoren verantwortlich gemacht: Zum einen die Überfischung und zum anderen die globale Erwärmung. Aufgrund der Überfischung haben die von Plankton lebenden Quallen kaum noch natürliche Feinde wie Thunfisch, Schwertfisch und Schildkröten. Die Erwärmung des Mittelmeeres im Winter von durchschnittlich 13 auf 14 Grad bietet den Quallen ideale Lebens- und Reproduktionsbedingungen. Als dritter Faktor gilt in den letzten 30 Jahren drastisch gestiegene Eutrophierung durch Intensivierung der Agrarwirtschaft. Die Überbelastung an Nährstoffen wie Phosphor und Stickstoffverbindungen entwickelt sich zunehmend zum globalen Problem. Das Nachbilden einer Qualle in Murano-Glas wurde inspiriert durch Leopold Blaschkas im 19. Jahrhundert meisterlich ausgeführte Glasmodelle von Meerestieren für naturkundliche Museen. Murano-Glas ist heutzutage ein bei Venedig-Touristen beliebtes Souvenir. Der Tourismus selbst wiederum trägt zur globalen Klimaerwärmung bei./

Pelagia noctiluca, also known as the mauve stinger or luminous jelly, is a jellyfish belonging to the family pelagiidae. The translucent body with its mauve colouration is approximately 12-15 centimetres long with an umbrella margin measuring 5-7 centimetres in diameter and tentacles measuring a maximum of one meter. Its species name *noctiluca* ("night light") is derived from its weak glow at night, which is visible when the jellyfish is disturbed. The mauve stinger lives in temperate waters (such as the Mediterranean) and exists predominantly in swarms. The normal food source for this organism is herring larvae and other zooplankton. In recent years there have been increased incidences of unusually large swarms of mauve stingers with concomitantly negative effects upon the littoral tourist industry. There are three environmental factors for the veritable explosion in the population of pelagia noctiluca: first, there is the phenomenon of overfishing and second, the spectre of global warming. Due to overfishing, the jellyfish that feed on plankton hardly have any natural predators (such as tuna, swordfish and turtles). The increase in temperature of the Mediterranean in winter by an average of 13° to 14° provides the jellyfish with ideal conditions for breeding and continued survival. The third reason is eutrophication caused by intensive agriculture. The overloading of nutrients, such as phosphates and nitrogen compounds, is turning into a problem of global proportions. The reconstruction of a jellyfish in Murano glass was inspired by Leopold Blaschkas' reproduced specimens of sea dweller for natural history museums in the 19th Century. Today, Murano glass is the favoured souvenir for visitors to Venice. Tourism itself is in turn a contributory factor of global warming.

04. *Kleiner Kohlweißling / Small Cabbage White*, 2007

Der Kleine Kohlweißling ist weltweit an jenen Orten verbreitet, wo seine Futterpflanzen (dazu gehören alle Kohlsorten, Broccoli, Radieschen etc.) zu finden sind. Ursprünglich in ganz Europa und Nordafrika beheimatet, wurde er nach Amerika und Australien eingeschleppt, wo er sich mittlerweile, aufgrund mangelnder natürlicher Feinde, epidemisch ausgebreitet hat. Als Schädling richtet der Kleine Kohlweißling in der landwirtschaftlichen Produktion großen Schaden an. Ganz im Gegensatz zu den tropischen Schmetterlingen ist der Kohlweißling äußerst anpassungsfähig und kommt auch mit der zunehmenden Verbreitung von Monokulturlandschaften gut zurecht, da er die Fähigkeit entwickelt hat, sich neben den verschiedenen Gemüsearten auch von Wildpflanzen zu ernähren. /

The Small Cabbage White is distributed worldwide wherever its primary source of food (including all sorts of cabbage, broccoli, radishes, etc.) can be found. Originally indigenous to Europe and North Africa, it has been imported to Australia and North America, where it has proliferated in epidemic proportions on account of it having few natural predators. The small cabbage white butterfly is a pest, wreaking havoc with agricultural production. Altogether different from tropical butterflies, the small cabbage white has shown itself to be highly adaptable even with the increased spread of monocultures in farming, because it has developed the ability to feed on wild plants alongside different sorts of vegetables.

05. *MVA-Schlacke (Entsorgung) / MVA Slag (Disposal)*, 2008

06. *Fassadenbeleuchtung / Facade illumination – Public Private Partnership*, 2008

Die Fassadenbeleuchtung, die am gegenüberliegenden Gebäude (Realschule am John-F.-Kennedy-Platz) installiert ist und das Haus Salve Hospes vom Einbruch der Dunkelheit bis 23.00 Uhr bestrahlt, wurde für die Dauer der Ausstellung eingestellt.
Baugleiche Beleuchtungsstrahler wurden im Ausstellungsraum installiert. Sie beleuchteten durch eine Zeitschaltuhr geregelt das Innere des Hauses jeweils analog zur Brenndauer des außen installierten Beleuchtungssystems. Die Beleuchtung im öffentlichen Raum und von repräsentativen Gebäuden wird von der Stadt Braunschweig geregelt, für Wartung und Instandhaltung ist BS|Energy zuständig, die für die Ausstellung sechs Fassadenleuchten zur Verfügung gestellt hat. /

The facade illumination installed on the opposite building (secondary school, J.-F.-Kennedy Platz) and which is trained on the Haus Salve Hospes at dusk, will be was set up for the duration of the exhibition. Industrial spotlights were installed in the exhibition space. Controlled by a timer switch, they illuminated the interior of the building in accordance with the operational duration of the illumination system installed outside. Illumination in public spaces and of representational buildings is governed by the City of Braunschweig; BS Energy is responsible for repair and maintenance of the six illumination spots it has provided for the exhibition.

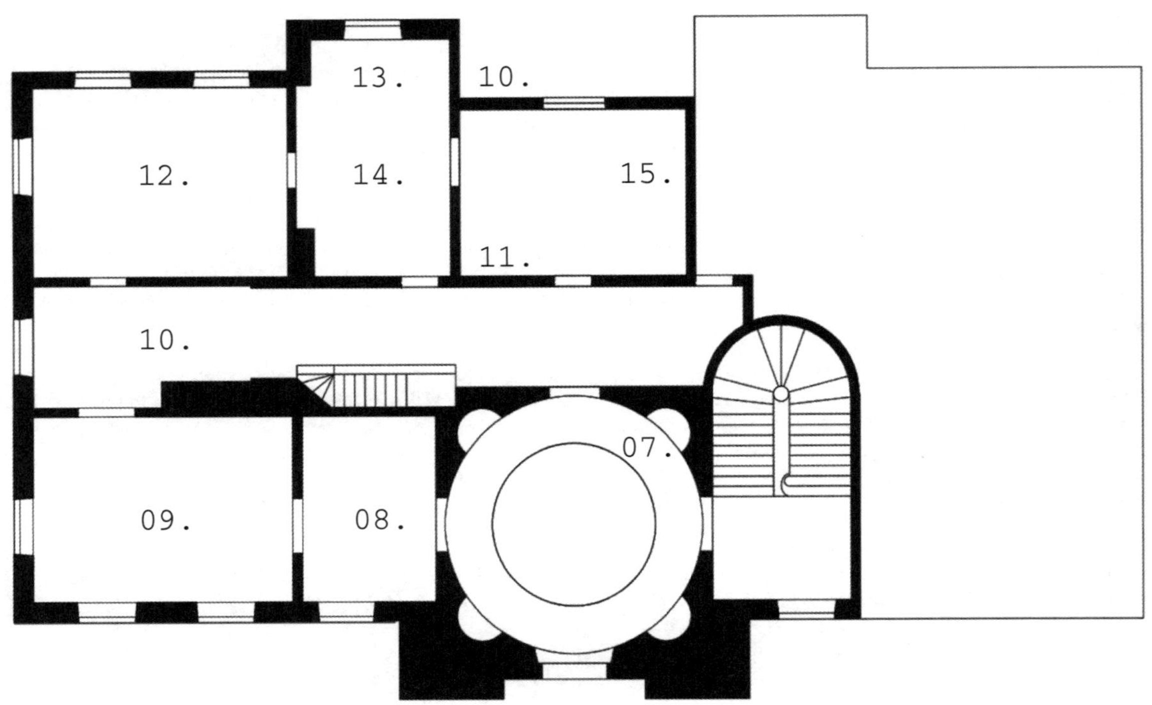

12.
13.
10.
14.
15.
11.
10.
09.
08.
07.

07. *RGB Leuchte / RGB Lamp –
Joseph Zehrer appropriated*, 2008

08. *Pestizidspur I, II / Pesticide trace I, II*,
2008

Kartografische Erfassung von Pestizidspuren
in Feldern des Braunschweiger Umlands per
GPS.
Cartographical recording via GPS of pesti-
cide traces in fields in the vicinity of
Braunschweig.

09. *Videoinstallation (Pestizidspur) / Video
installation (Pesticide trace)*, 2008

10. *Regen I, II / Rain I, II*, 2008

11. *Regen III / Rain III*, 2008

12. *Monnezza*, 2008

Fotografien von Hausmüll in Neapel. Der Begriff „Monnezza" wird im süditalienischen
Dialekt synonym für „immondizia" (dt. Abfall,
Hausmüll) gebraucht. /
Photographs of household waste in Naples. The
term "monnezza" is used in southern Italian
dialect as a synonym for "immondizia" (engl.
waste, household refuse).

13. *You don't really wanna go there?*, 2008

Aufnahme eines Gespräches zwischen Peter
Fend, Tomas Saraceno, Marholijn Dijkman, Erin
Foley, Donell Woolford und Tue Greenfort in
einem Hotel in Dubai. Hier spricht Fend über
sein langfristig angelegtes Projekt „Mothers
of all Poisons", bei dem es um ein Gebiet in
den Vereinigten Arabischen Emiraten geht, das
Peter Fend in der von ihm zur Verfügung gestellten Arbeit (präsentiert im gleichen Raum)
näher erläutert. Daneben berichtet Saraceno
über sein Projekt der „Fliegenden Städte".
Das Schneckengehäuse stammt aus Martinique,
wo die Lambis lambis als Delikatesse gilt. /
Recording of a discussion between Peter Fend,
Tomas Saraceno, Marholijn Dijkman, Erin
Foley, Donell Woolford and Tue Greenfort in
an hotel in Dubai. Peter Fend is talking
here about his long-term project "Mothers of
all Poisons", which deals with an area of
the United Arab Emirates that Fend elaborates
upon in more detail in a work he has provided (presented in the same room). Saraceno
for his part provides information on his project "Flying Cities". The snail shell is
from Martinique where Lambis lambis is considered a delicacy.

14. *Peter Fend, Mother of all Poisons*, 2008

15. *MVA-Schlacke (Optimierung) / MVA
Slag (Optimisation)*, 2008

Während des Verbrennungsprozesses entstehen
in einer Müllverbrennungsanlage pro Tonne
Abfall als fester Rückstand rund 250 bis 350
kg Schlacke. Jährlich werden in deutschen
Müllverbrennungsanlagen ca. 3,4 Millionen
Tonnen Schlacke produziert. Schlacken sind –
wie die Abfälle selbst – von äußerst unter-
schiedlicher Zusammensetzung, was den Gehalt
an Mineralstoffen, Eisenschrott, Wasser und
Schwermetallen betrifft. Vor einem Einsatz
als Baustoff im Straßen- und Wegebau erfolgt
daher eine Schlackeaufbereitung in eigens
dafür errichteten Anlagen. Hier wird ver-
bleibender Eisenschrott herausgefiltert und
die MVA-Schlacken einem Eluat-Test unter-
zogen, bei dem durch die Schlacke geleitetes
Wasser nach Schwermetallen untersucht wird. /
During the incineration process at waste incineration plants, approx. 250 to 350 kilograms of slag is produced as a physical res-
idue for every tonne of refuse incinerated.
Approx. 3.4 million tonnes of slag are produced annually in German waste incineration
plants. Slag—in a similar way to the waste
material itself—is highly differentiated with
regard to its mineral, water, ferrous scrap
and heavy metal composition. In order for it
to be used as a building material in the
construction of streets and paths, it is necessary for the slag to be processed, which
takes place in plants built expressly for
that purpose. Residual ferrous scrap is fil-
tered out and the MVA slag is subject to an
Eluat testing to search for heavy metals by
passing water through the slag.

17. *THW-Brücke / Bridge,* 2008

Die vom Technischen Hilfswerk Braunschweig
installierte Brücke führte in das Freibad-
gelände, das sich auf dem Gebiet des ehemals
zum Haus Salve Hospes gehörenden „Hollandtsgarten" befindet. Der Hollandtsgarten, vom
Architekten der Villa Salve Hospes (erbaut
1805-1808) Peter Joseph Krahe für den Bau-
herren J-D. Krause konzipiert, war ursprünglich an englischen Landschaftsgärten (typisch
für den aufgeklärten Humanismus) orientiert
und spiegelt die bürgerliche Offenheit des
frühen 19. Jahrhunderts: Die private Garten-
anlage war im 19. Jahrhundert an einigen
Tagen in der Woche allen Bürgern geöffnet.
Die Brücke entsprach in ihrer Konstruktion
Brücken, die in Überschwemmungsgebieten Einsatz finden. /

The bridge, installed by the Braunschweig's
"Agency For Technical Relief" (THW), led to
the lido situated in the "Hollandtsgarten"
area, which once belonged to the Haus Salve
Hospes. The "Hollandtsgarten", conceived by
the architect of the Villa Salve Hospes (constructed 1805-1808) Peter Joseph Krahe at the
behest of J-D. Krause, was originally model-
led on English landscape gardens (typical for
enlightened humanism) reflecting the civic
openness prevalent the early 19th Century:
the grounds of this private garden were open
to the general public for a few days per
week. The construction of the bridge corre-
sponded to that of bridges used predominantly
in flood-stricken areas.

18. *PET-Flasche* (im Bürgerpark) / *PET Bottle* (in the Bürgerpark), 2008

„Producing 1 kilogram of PET plastic requires
17,5 kilograms of water and results in air
emissions of 40 grams of hydrocarbons, 25
grams of sulfur oxides, 18 grams of carbon
monoxide, 20 grams dioxide. In terms of water
use alone, much more is consumed in making
the bottles than will ever go into them."*

* Paul Mc Randle, Behind the scenes: Bottled water, in:
The Green Guide, State of the World 2004, S. / p. 84; Container
Recycling Institute, Plastic Soda Bottle Recycling Rate
Down Again...Virgin Resin Production Outpaces Recycling,
www.container-recycling.org/plasrate/ratedown.htm; PET
lifecycle data from Association of Plastic Manufacturers
in Europe, zitiert in: Baxter CVG, The Economic and Ecological Implications of a Solid Waste Reduction Program,
www.wastereduction.org/Baxter/Bax5.htm.

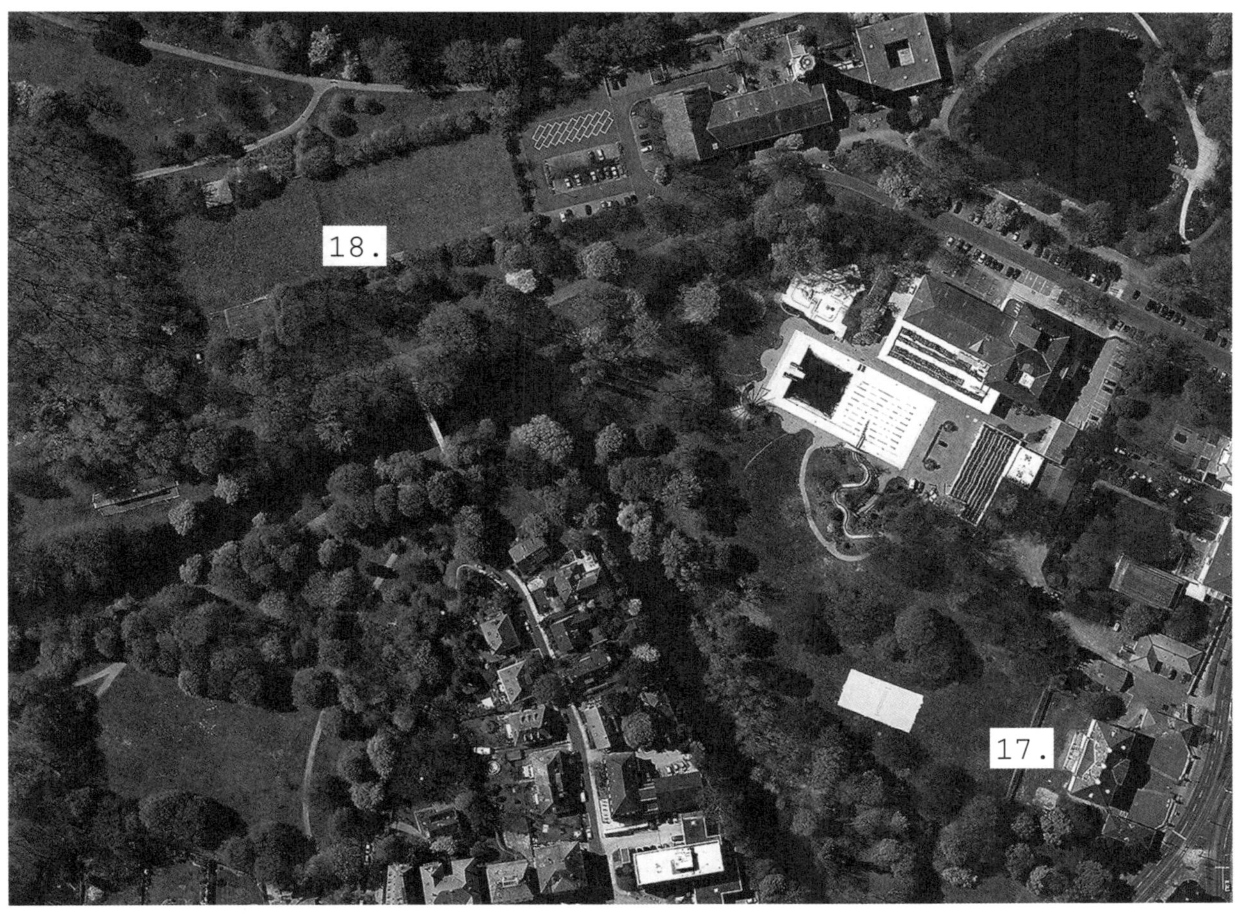

18.
17.

Hilke Wagner

Vorwort

Seite 75

Catrin Lorch

Meere

Seite 85

Ludwig Seyfarth

Beobachtungen

Seite 91

Hilke Wagner

Foreword

Page 80

Catrin Lorch

Seas

Page 88

Ludwig Seyfarth

Observations

Page 98

Biografie / Biography

Seite / Page 105

Impressum / Imprint

Seite / Page 110

Texte / Texts

Hilke Wagner

Vorwort

Tue Greenforts Arbeiten spiegeln sein Interesse an ökologischen und öko-
nomischen Themen: Vor dem Hintergrund globaler Zusammenhänge fragt er
nach unserem Umgang mit Umwelt- und Artenschutz sowie mit Ressourcen und
Nachhaltigkeit in Hinblick auf die Verknappung bestimmter Rohstoffe und
stellt diese Themen zum System der Kunst in Bezug. Das faszinierende an
den Arbeiten Tue Greenforts ist die Tatsache, dass er diese Themen nicht
mit dem erhobenen Zeigefinger, nicht belehrend, sondern mit hintersin-
nigem Humor, mit hoher ästhetischer - ja mitunter poetischer - Qualität
und mit intelligenten Bezügen auf die Kunst der 1960er und 1970er Jahre
angeht.

Im Rahmen seiner Recherchen hat sich Greenfort auch intensiv mit der
Villa Salve Hospes (erbaut 1805-1808), seit 1945 Sitz des Kunstvereins
Braunschweig, und ihrer ursprünglichen Parkanlage, dem Hollandtsgarten,
auseinandergesetzt. Beides steht symbolisch für eine bürgerliche Offenheit des 19. Jahrhunderts - der Bauherr D. W. Krause, der sein Geld mit
globalem Handel machte, öffnete den Park an einigen Tagen in der Woche
allen Braunschweigern - und das kulturelle bürgerliche Engagement der-
selben Zeit, dem Deutschland seine Kunstvereine zu verdanken hat.

Der Ausstellungsbesucher wird nun aus den Hallen der Kunst direkt hin-
ausgeleitet in die Natur - über eine vom Technischen Hilfswerk nach
Greenforts Plänen konstruierte Brücke - die in ihrer provisorischen
Materialität Brücken entspricht, wie sie in Überschwemmungsgebieten Verwendung finden. Der Weg führt direkt in den ehemaligen Hollandtsgarten,
der vom Grundstück des Kunstvereins durch eine Hecke abgetrennt, heute
die Liegewiese eines öffentlichen Freibades ist. Als Anregung dienten
die Palladio-Brücken, wie sie gerade in englischen Landschaftsgärten des
Humanismus (und auch im Hollandtsgarten) ursprünglich Verwendung fanden.
Die Konstruktion aus Baugerüsten und ihre damit verbundene provisorische
Anmutung legt Gedanken an Katastrophengebiete, Klimawandel, Überschwemmungen nahe. Doch es geht - im doppelten Sinne - auch um das Überwinden
von Grenzen. Der Brückenschlag führte zu einer einmaligen wie skurrilen
Vermischung von Kunst- und Badepublikum. Schwimmer im Ausstellungshaus,
das Kunstvolk hinaus in die Natur geleitet, in den Park geschickt, auf
die Suche nach einem weiteren, dort befindlichen Kunstwerk. Nach unver-
hofftem 15-minütigen Fußmarsch, zunächst über das Schwimmbadgelände,
dann durch den Bürgerpark, erreicht der Suchende die Installation am
ehemaligen Wasserwerk. Zunächst unscheinbar, enttarnt erst das großfor-
matige, museale Informationsschild die hinter einem Zaun am Boden der
Wasserversorgungsanlage wie zufällig liegen gelassen wirkende Plastik-
flasche als Kunstwerk. Es handelt sich um eine auf ein Fassungsvermögen

von 0,5 l eingeschmolzene 1,5 Liter PET-Flasche. Sie verweist auf die Absurdität, dass zur Herstellung einer solchen Kunststoffflasche weit mehr Wasser verbraucht wird, als diese später zu fassen vermag.
Immer wieder gelingt es Tue Greenfort, uns ungewohnte Perspektiven, neue Einsichten zu eröffnen. Und dies macht die besondere Faszination seiner Arbeiten aus. Sie ziehen uns in ihren Bann ob ihrer Ästhetik, ihres Witzes. Sie sind schnell zugänglich: bewusst museal anmutende Wandtexte vermitteln Hintergründe. Doch simple Reflexionen sind Greenforts Arbeiten nur auf den ersten Blick, auf den zweiten und im Zusammenspiel offenbaren sie ihre Vielschichtigkeit. Unser lineares Denken erfährt eine Umlenkung, eine Deflexion. Sie zeigen, dass einzelne Phänomene nur im Netz ihrer Zusammenhänge zu verstehen sind. Die Ausstellung schlägt Brücken zu verschiedenen Themenkomplexen und zeigt Zusammenhänge scheinbar heterogener Themenfelder auf. Eine Vernetzung, die sich auch in der Inszenierung der Ausstellung, von Greenfort sicher vorgenommen, widergespiegelt findet.

Verschiedene Werkgruppen beschäftigen sich mit norddeutschen Phänomenen, zeigen jedoch, dass lokale ökologische Probleme stets im globalen Zusammenhang zu sehen sind: Monokultur, Überdüngung und Pestizide hinterlassen Spuren in der Landschaft und wirken sich deutlich nicht nur auf Flora sondern auch auf Fauna aus. Die Arbeit *Kohlweißling* (2007) zeigt eine Spezies, die im Gegensatz zu anderen Schmetterlingsarten nicht vom Artensterben betroffen ist, sondern sich im Gegenteil perfekt an die zeitgenössische Landwirtschaft angepasst hat. Die Monokultur bietet für sie ideale Lebens- und Reproduktionsbedingungen. Eigentlich in Europa verbreitet, erobert sie neue Kontinente in Übersee und richtet dort erheblichen Schaden an. Präsentiert wird der Kohlweißling, ein Schädling, nun als präpariertes Exemplar in einem Schaukasten in der Tradition naturhistorischer Sammlungen. Der massenhaft auftretende Kohlweißling als seltenes Sammlerexemplar? Greenfort hinterfragt hier künstlerische Repräsentationsformen ebenso wie Sammlerwerte.

Auf Monokultur und Pestizideinsatz verweist auch eine im Obergeschoss präsentierte Arbeit, die Traktorenspuren in Feldern des Braunschweiger Umlandes filmisch dokumentiert und nachzeichnet. Mit einem GPS-Gerät abgeschritten, entsteht so eine Kartografie der modernen Landwirtschaft, eine Land Art der anderen Art.

Die Foto-Serie *Monnezza* zeigt Müllberge in Vororten des nach Berlusconis Aussage heute „sauberen Neapels", und verweist auf das mit ihnen verbundene Politikum. Muscheln, Fischköpfe, Pornohefte. Müll - und doch Fotos von opulenter Schönheit, die wie barocke Stillleben in sich zugleich Lust und Vergänglichkeit, Eros und Thanatos, repräsentieren? Doch was ästhetisch einnimmt, löst simpel auf, was die im Untergeschoss präsentierten, rätselhaften großformatigen, ebenso schönen Feuerfotografien darstellen: Dantes Hölle? Nein: Es sind Aufnahmen, die in einer Müllverbrennungsanlage entstanden, wie der genaue Blick auf das erste

Bild der Serie offenbart: Hier öffnet eine Hand die Tür zum Brennofen
des Müllheizkraftwerks Bremerhaven, wo 2008 rund 30.000 Tonnen Müll
aus Neapel entsorgt und optimiert, das heißt verbrannt wurden. Die ver-
bleibenden Rückstände werden in der Ausstellung installationshaft auf
Paletten präsentiert.
Während also das Geschäft mit dem Müll boomt, allein in Deutschland
derzeit gar 80 weitere Müllverbrennungsanlagen geplant werden, so ist
doch der bei der Verbrennung entstehende Kohlendioxidausstoß selbst mitverantwortlich für Klimaerwärmung und Versauerung der Meere. Während
Kohlendioxid in der Atmosphäre physikalisch zu steigenden Temperaturen
auf der Erde führt, wirkt es im Meerwasser chemisch: Die Abnahme des
pH-Wertes des Meerwassers erfolgt durch Aufnahme von Kohlendioxid aus
der Erdatmosphäre. Die im Obergeschoss präsentierten pH-Streifen der
Arbeit *Regen* verweisen auf diesen Effekt. Vielleicht jedoch auch auf die
in den letzten Jahren drastisch gestiegene Eutrophierung der Gewässer,
hervorgerufen durch die Intensivierung der Agrarwirtschaft. Die Überbelastung an Nährstoffen wie Phosphor und Stickstoffverbindungen entwickelt sich zunehmend zum globalen ökologischen Problem, das neben der
Überfischung und der globalen Erwärmung mitverantwortlich ist für die
explosionsartige Verbreitung der Feuerquallenpopulation am Mittelmeer.
Die aus Murano-Glas, einem beliebten Touristensouvenir, nachgebildete
Medusa (2007) verweist auf dieses Phänomen und schließt den Kreis: Inspiriert durch Leopold Blaschkas im 19. Jahrhundert für naturkundliche
Museen angefertigten Glasmodelle von Meerestieren liefert diese Arbeit
gleich einen Verweis auf einen Mitverschulder der Klimaerwärmung: den
globalen Tourismus.

Die Quallenplage an der Kieler Bucht hat einen anderen Ursprung. Sie
ist hervorgerufen durch eine invasive, ursprünglich im Atlantik Nord-
und Südamerikas beheimatete Spezies, die eingeführt durch den globalen
Handel, aufgrund der allgemeinen Wassererwärmung und der Absenz natürlicher Feinde hier ideale Reproduktionsbedingungen erfährt und auf das
Ökosystem der Ostsee wiederum verheerende Auswirkungen hat. Die Versuchsanordnung probt nun die Vermehrung der Spezies. Fast absurd mutet
das gigantische Aquarium und der technische Aufwand im Foyer des Kunstvereins an, die allein dazu dienen, eine auch „Killerqualle" (dänisch
Draebergoble) genannte Rippenqualle am Leben zu halten und einen ohnehin bereits massenhaft auftretenden Schädling zu vermehren.
Das Spiel mit dem Absurden liegt Greenfort ohnehin: Beim Betrachten
der meisterlich ausgeführten *Medusa* wird der Besucher gestört: Riesige
Strahler blenden und machen eine versunkene Kontemplation unmöglich.
Die im Haus verteilten Scheinwerfer wiederum entsprechen in ihrer Bauart
der Fassadenbeleuchtung, die den Sitz des Kunstvereins Braunschweig,
das denkmalgeschützte Haus Salve Hospes, bei Dunkelheit repräsentativ
beleuchten. Sie wurden für die Dauer der Ausstellung abgeschaltet und
symbolisch ins Innere transferiert. Geregelt durch eine Zeitschaltuhr
lassen sie das Haus - jeweils analog zur Brenndauer des außen installierten Beleuchtungssystems - von innen erstrahlen. Eine Inversion, die

für Greenforts Vorgehen an sich stehen mag, ist er doch stets um das Beleuchten des Inneren, des Kerns der Dinge bemüht. Zugleich jedoch geht es auch um die Frage der Energieeffizienz. Als Gegenpol installiert Greenfort eine unscheinbare LED Lampe im Foyer. Ein 20 Jahre alter Prototyp, der mit rund 8 Watt auskommt. Doch zurück zu der ins Innere transferierten Fassadenbeleuchtung: Nicht zuletzt geht es hier - der Untertitel *PPP* deutet es an - auch um die zunehmende Privatisierung und damit verbundene Monopolisierung der Energie-, aber auch der Wasserwirtschaft. Und damit wären wir wieder am Ausgangspunkt, der PET-Flasche am ehemaligen Wasserwerk, des ersten Wasserwerks der Stadt Braunschweig. Die Versorgung mit Trinkwasser ist ein Kernbereich staatlicher Daseinsvorsorge, und war - nicht zu vergessen - ein zentraler Grund auch für antike Staatsgründungen. Weltweit ist der Kampf um das Wasser entbrannt. Große Konzerne versuchen, sich das Recht an dem wichtigsten Lebensmittel der Menschheit anzueignen. Was bedeutet dies für die Zukunft?

Greenforts Projekte zeichnen sich durch eine interdisziplinäre Offenheit und eine wissenschaftliche Arbeitsweise mit umfassenden Recherchen aus. Dieses Vorgehen findet seinen Niederschlag auch in der vorliegenden Publikation. Neben der eigentlichen Ausstellungsdokumentation wird diese ergänzt durch Kapitel, die sowohl den Recherche- und Arbeitsprozess Greenforts dokumentieren, darüber hinaus, und vor allem, jedoch parallel zur Ausstellung Hintergründe beleuchten und weitergehende Denkanstöße liefern.

Von der Quallenpflege bis zur Schlackenorganisation, vom Brückenbau bis zur Katalogkorrektur, von der Budgetverwaltung bis zur Aufbauteamverpflegung: Eine besondere Ausstellung bedarf eines besonderen Teams. Von Herzen danke ich daher meinen Mitarbeitern: Rainer Bullrich, Christine Gröning, Iris Schneider, Elisabeth Schuchardt, Anke Wenzel und unserer ehemaligen wissenschaftlichen Mitarbeiterin Ursula Schöndeling. Ein großer Dank gilt dem Aufbauteam mit Monika Aumann, Kristof Baranski, Björn Geipel, Dagmar Hauth, Julian Stahlbohm und Oliver Wenzel sowie Tue Greenforts Assistenten Phillip Zach für seinen engagierten und stets gelassenen Einsatz. Herzlichst gedankt sei auch unseren studentischen Mitarbeiterinnen Anna Loeser, Yvonne Reiners, Annika Scholz und Mandy Stieber für ihre tatkräftige Unterstützung in allen Bereichen. Unser aller Dank gilt den Personen, Firmen und Institutionen, die mit Rat und Tat zum Gelingen dieser Ausstellung maßgeblich beigetragen haben: Prof. Dr. Berthold Burkhardt von der TU Braunschweig, Ingo Kettner und dem Technischen Hilfswerk Braunschweig, Anne Stalla und den Mitarbeitern des Stadtbades für ihre Kooperationsbereitschaft, Torsten Stefan vom Tauchcenter Hohe Düne, Karsten Hilmer und Thomas Wilkerling von BS | Energy sowie last but not least Matthias von Czapiewski und seinen Mitarbeitern für das Zurverfügungstellen von Technik und das kompetente Durchführen komplizierter Elektroinstallationen. Danken möchten wir auch Johann König und Anne Pascale Frohn, die uns bei der Vorbereitung und Realisierung der Ausstellung hilfreich unterstützt haben.

Ohne die großzügige Unterstützung unseres Hauptsponsoren wäre die Ausstellung nicht zu realisieren gewesen. Ich danke daher Volkswagen Financial Services für die Unterstützung dieser Ausstellung. Unser Dank gilt in diesem Sinne auch der Niedersächsischen Lottostiftung, dem Land Niedersachsen, der Stadt Braunschweig und dem Danish Arts Council für den ebenfalls nicht unerheblichen finanziellen Support.

Vor allem aber danke ich Tue Greenfort für sein großes Engagement und für diese kluge, anregende und zugleich wunderschöne Ausstellung.

Hilke Wagner

Foreword

Tue Greenfort's works reflect his interests in ecological and economic topics: Against the backdrop of global contexts, he asks about our dealings with environmental protection and species conservation as well as with resources and sustainability as regards the shortage of certain commodities and relates these topics to the art system. The fascinating thing about Tue Greenfort's works is the fact that he does not address these topics condescendingly, not edifyingly, but rather with cryptic humor, a very aesthetic-and often even a poetical-quality in addition to intelligent references to the art of the nineteen sixties and nineteen seventies.

In conjunction with his research, Greenfort dealt intensely with the Villa Salve Hospes (built 1805-1808), which has housed the Kunstverein Braunschweig since 1945, as well as its original park, the Hollandtsgarten. Both symbolize a nineteenth century bourgeois openness-the park's builder, Diedrich Wilhelm Krause, who became wealthy in the course of international business dealings, opened the park to the residents of Braunschweig several days a week-as well as the cultural bourgeois engagement of that time to which Germany owes its Kunstvereins.

The exhibition visitor thus leaves the halls of art and goes out directly into nature via a bridge built according to Greenfort's plans by the Technical Emergency Service, the provisional materiality of which corresponds to those made use of in flooded areas. The path leads directly to the former Hollandtsgarten that is separated from the Kunstverein's property by a hedge and which is now used as the sunbathing lawn of a public open-air swimming pool. It was modeled after the Palladian bridges as originally employed especially in Humanist English gardens (and also in the Hollandtsgarten). Because the construction is made of scaffolding, its associated provisional impression suggests notions of disaster areas, climate change, and flooding. But in a double sense, it also involves the overcoming of borders. Bridge building in this case leads to a remarkable as well as a bizarre mixture of art audience and bathers. Swimmers in the exhibition venue, the art public led out into nature, sent off into the park to look for a further artwork located there. After an unexpected 15 minute march that first leads past the swimming pool area and then through the Bürgerpark, the seeker finally reaches the installation at the former waterworks. Inconspicuous at first, the plastic bottle lying there on the ground behind a fence as if it was randomly left behind is first exposed as an artwork by the large-format information text of the type found in museums. It concerns a 1.5 liter PET bottle melted down to a capacity of only 0.5 liters. It points out the absurdity of the fact that much more water is required to manufacture such a plastic bottle than the bottle itself can hold.

Tue Greenfort repeatedly succeeds in introducing us to unusual perspectives and new insights. And this makes up the particular fascination of his works. They cast a spell on us by means of their aesthetics and their humor. They are easily accessible: intentionally museum-like wall texts convey the background of the pieces. But only on first sight do Greenfort's works represent simple reflections. They first reveal their complexity at a second glance and in the interplay with the context. Our linear thought experiences a redirection, a deflexion. They demonstrate that individual phenomena can only be understood in the mesh of their connections. The exhibition builds bridges to a range of diverse topics and points out links to a seemingly heterogeneous group of themes. It concerns an interconnectedness that is mirrored in the staging of the exhibition itself which Greenfort confidently undertook himself.

A variety of works occupy themselves with Northern German phenomena, but also show, however, that local ecological problems must always be seen in a global context: monocultural farming, overfertilization, and pesticides leave traces in the landscape and decisively impact the flora, but also the fauna. The piece *Kohlweißling* (Cabbage White Butterfly) from 2007 shows a species that, unlike other types of butterflies, is not threatened by extinction, but, on the contrary, has perfectly assimilated itself to contemporary agriculture. Monocultural farming provides it with ideal general living and reproductive conditions. Normally indigenous to Europe, it has conquered new countries abroad and has wreaked much havoc there. The cabbage white butterfly, a vermin, is now exhibited in the form of a prepared specimen in a showcase in accordance with the tradition of natural history collections. The plentiful cabbage white butterfly as a rare collector's item? Greenfort questions forms of artistic representation here as well as collector's value.

A work presented on the upper floor documenting the traces of tractors in the fields of the region surrounding Braunschweig also refers to monocultural farming and the use of pesticides. By pacing off the area with a GPS device, a cartography of modern agriculture was produced, a Land Art work of the third kind.

The series of photographs entitled *Monnezza* depicts piles of rubbish on the outskirts of the now—according to Silvio Berlusconi—"clean Naples," and points to the political issues associated with it. Shells, fish heads, pornographic magazines. Garbage—and yet still photographs of opulent beauty that simultaneously represents lust and transitoriness, Eros und Thanatos like baroque still lives? But what is taken in aesthetically is simply resolved, like the mysterious and beautiful large-format photographs of fire exhibited downstairs show: Dante's Hell? No. They are photographs taken in a waste incinerating plant as a close

examination of the first picture in the series reveals. A hand can be seen here opening the door of the furnace at the Bremerhaven waste incineration plant where around 30,000 tons of garbage from Naples was disposed of and optimized in 2008, i.e. burned. The remaining residues are presented as an installation on pallets in the exhibition.
But while the business with garbage is booming–at the moment a further 80 waste incineration plants are being planned in Germany alone–the carbon dioxide emissions resulting from the burning process are jointly responsible for global warming and the acidification of the oceans. While carbon dioxide in the atmosphere physically leads to rising temperatures on earth, it has a chemical impact on the oceans. The decrease of the oceans' pH-value is a consequence of the absorption of carbon dioxide from the earth's atmosphere. The pH strips from the piece *Regen* (Rain) exhibited on the upper floor point to the outcomes. And perhaps also to the eutrophication of the water that has drastically increased in recent years due to the intensification of the agrarian economy. The overloading of the environment with such nutrients as phosphor and nitrogen compounds is developing into a growing global problem that is jointly responsible for the explosion of the jellyfish population in the Mediterranean along with overfishing and global warming. The reproduction of *Medusa* (2007) made of Murano glass, a popular souvenir among tourists, points out this phenomenon and closes the circle: Inspired by the glass models of maritime life made by Leopold Blaschka in the nineteenth century for natural history museums, this piece also indicates an accomplice responsible for global warming: namely international tourism.

The plague of jellyfish in the Bay of Kiel has a different source. It is the result of an invasive species originally indigenous to the North and South American Atlantic Ocean introduced by global trade and which found ideal reproductive conditions here due to the general warming of the water and the absence of natural enemies, having in turn a devastating effects of the ecological system of the Baltic Sea. The test assembly examines the propagation of the species. The gigantic aquarium in the foyer of the Kunstverein as well the technical expenditures required for the sole purpose of keeping a box jellyfish (Danish: Draebergoble) alive, enabling a vermin that appears in huge numbers anyway to multiply, somehow seem absurd.

Playing with the absurd suits Greenfort anyway. The visitor is disturbed while looking at the masterfully executed *Medusa*: Large spotlights blind him, making absorbed contemplation impossible. In their constriction, the floodlights distributed throughout the building correspond in turn to those that representatively illuminate the façade of the building in which the Kunstverein Braunschweig is housed, the landmarked Haus Salve Hospes, after dark. They were turned off for the duration of the exhibition and transferred symbolically into the interior of the building. Regulated by a timer, they enable the building–analog to the respective illumination time of the lighting system installed on the exterior-to shine from the inside. An inversion that might represent Greenfort's working procedure given the fact that he is consistently concerned with the illumination of the inside, with the core of the matter. But at the same time it also deals with the question of energy efficiency. As an antithesis, Greenfort installed an inconspicuous LED lamp in the foyer. It is a 20 year old prototype that gets along on about 8 Watts. But back to the façade illumination transferred into the interior: As indicated by the subtitle *PPP*, it is not least also concerned with increasing privatization and accordingly the associated monopolization of the energy and water industries. This brings us back to the beginning and the PET bottle at the former waterworks, the first waterworks in the City of Braunschweig. The supply of drinking water is a core responsibility of state-run general interest services and it should not be forgotten that it was also a primary reason for the founding of states in antiquity. A fight for water has broken out around the world. Large companies are attempting to gain control over mankind's most important foodstuff. What impact will this have in the future?

Greenfort's projects are characterized by an interdisciplinary openness and a scientific working method involving wide-ranging research. This approach also finds expression in the present publication. Aside from the concrete documentation of the exhibition, this is supplemented by thematic fascicles documenting Greenfort's research as well as his working method, but moreover especially illuminating the backgrounds running parallel to the exhibition and providing ongoing food for thought.

The exhibition is very intricate and I therefore wish to extend my gratitude to the entire team. Above all, I want to thank Ursula Schöndeling, Christine Gröning, Iris Schneider, Rainer Bullrich, Anke Wenzel, and Elisabeth Schuchardt as well as the installation team comprising Julian Stahlbohm, Dagmar Hauth, Monika Aumann, Kristof Baranski, Björn Geipel, and Oliver Wenzel. I thank them and Greenfort's assistant Phillip Zach for their committed and continuously cool-headed dedication. My cordial thanks also go our staff of students Annika Scholz, Mandy Stieber, Anna Loeser, and Yvonne Reiners for their energy and support in all areas! I particularly wish to thank all those who decisively contributed to making this exhibition possible with their help and advice: Prof. Dr. Berthold Burkhardt from the Technical University Braunschweig, Ingo Kettner and the Technical Emergency Service Braunschweig, the employees of the municipal swimming pool for their spontaneous cooperation, Karsten Hilmer and Thomas Wilkerling from BS | Energy and, last but not least, Matthias von Czapiewski and his employees for making technology available as well as for the competent execution of the complicated electrical installation. I also wish to thank Johann König and Anne Pascale Frohn for their helpful assistance in preparing and realizing the exhibition.

It would have been impossible to realize the exhibition without the generous support of our main sponsor. I therefore wish to thank Volkswagen Financial Services for their support of our exhibition. In this sense, our thanks also go to the Lower Saxon Lotto Foundation, the State of Lower Saxony, the City of Braunschweig, and the Danish Arts Council for their similarly not insubstantial financial assistance.

But above all, I wish to thank Tue Greenfort for his great dedication and for this astute, stimulating, and simultaneously beautiful exhibition.

Catrin Lorch
Meere

Füll eine Flasche mit Wasser und trenn ein paar Liter von diesem großen Körper ab; nur für eine Weile.

Schau dieses Ungeheuer an, diesen riesigen Organismus, und versuch für einen Moment, die Teile nicht vom Ganzen zu trennen: Die Quelle, die irgendwo entspringt, zum Bach wird und sich mit anderen zum Fluss verbindet, während am Ufer etwas Wasser versickert, mündet der Strom ins Meer – jeder dieser Begriffe klingt wie eine Ortsangabe und teilt die Größe des Wassers, die unaufhörlich fließende Masse, die verwirbelten und versickernden Verhältnisse in eine einfache Hierarchie von Haupt- und Nebenwegen, in Punkte, Linien, Strecken und Abschnitte, die man benennen will, um sie aufzuhalten.

Ein anderer Versuch ist der Wasserkreislauf, ein Zirkelschlag, der den Zustand beschreibt: Wasser verdunstet über dem Ozean, ballt sich zu Wolken und regnet wieder ab, versickert, sammelt sich, entspringt.... Bei diesem Modell ist alles auf dem Weg, es bannt das Undenkbare in die Geometrie des Kreises: Nebelfeine Tropfen, die Lache auf dem Asphalt, Schnee über Moos, ein Gewitter im Gebirge, das Wasser unter dem Wald – der vorbestimmten Route sind sie nur Stationen eines Rundweges: Salzwasser, Packeis, Hagel; dem Diagramm sind sie ein sauber konturierter Zwischenzustand. Unser Wort „Wasser" leitet sich vom althochdeutschen „wazzar", das Feuchte, Fließende her. Doch wenn wir uns mit etwas beschäftigen, soll es still halten: Auf der Niederschlagskarte gerinnt es zur Säule, es wird im Hafen zum Pegelstand und verwandelt sich bei Kälte in Kubikmeter Eis oder zur zentimetergenauen Schneehöhe.

Dass der Fischkutter auf Quallenfang ausläuft, konnte man auf dem Videobild nicht unbedingt erkennen. Der Monitor im Erdgeschoss des Kunstvereins war mit zwei Kopfhörern bestückt, die Stimmen der Fischer klangen norddeutsch, die See war rau. Doch die zarten, durchscheinenden Körper der Tiere, die in einem gläsernen Kubus inmitten der angrenzenden Eingangshalle gegen den sanften Druck der Wellenanlage anpaddelten, stammten von der deutschen Ostsee-Küste. Tue Greenfort hatte die dortige Lokalzeitung fotokopiert, deren Schlagzeile vermeldete: „Die Rippenqualle ist da: Gefahr für Fischbestände in der Ostsee". Wo die Meere wärmer werden, gehen Tiere und Pflanzen auf Wanderschaft. Sie folgen neuen Strömungen, ihren Futterpflanzen, fliehen vor ihren Feinden, breiten sich aus, wo sie gedeihen. Eine große Qualle schwebt in einem Seitenkabinett des Gartensaals vor der Wand – sie ist aus buntem, luzidem Glas – Maskottchen einer fast unsichtbaren Wanderschaft, einer Bewegung, die strömt und flutet, wie das Element, dem sie sich ergibt.

Tue Greenfort hält alle am Laufen, wenn er auf das Wasser zeigt.

Passanten mussten die Flasche nicht unbedingt bemerken. Die PET-Flasche aus leichtem, hellblau schimmernden Kunststoff war blasig zerbeult und eingeschrumpft, zu alltäglich aber auch zu klein, um aufzufallen. Halbvoll mit Wasser, das brackig aussah, hatte ihr der Künstler noch eine Gehwegplatte im Normformat der Betonindustrie als Sockel untergeschoben. Hier endete für die meisten Besucher seiner Ausstellung der Parcours: Vor *PET-Flasche* (2008), die vor allem aussah wie etwas Müll. Parkgrün verschattete ihre zerdellte Oberfläche, das Wasser im Innern wirkte brackig. Für die Herstellung von einem Kilo PET-Kunststoff benötigt man mehr als 17,5 Kilo Wasser: Die Herstellung der Flasche verbraucht mehr Wasser, als sie je fassen kann, informiert der kleine Plan, mit dem die Besucher den Weg fanden, denn die *PET-Flasche* (2008) lag etwas abseits des gekiesten Weges, gut zehn Minuten Fußweg vom Braunschweiger Kunstverein entfernt.

Das Kunstpublikum hatte auf dem Weg zur *PET-Flasche* die klassizistische Villa Salve Hospes über einen provisorischen Steg verlassen. Auch die *THW-Brücke* (2008) war eine Arbeit von Tue Greenfort, aus Gerüststangen, Nylon-Netzen und Brettern gebaut, zitierte sie die Schmuckformen der klassischen Brückenschläge eines Andrea Palladio genauso, wie die Behelfs-Konstruktionen des Technischen Hilfswerkes (THW) in Krisengebieten, wie sie bei Hochwasser Einsatz finden. Von der Terrasse des Kunstvereins aus überspannte sie als provisorischer Steg die Hecke, die heute das Herrenhaus von seinem Park trennt; unmittelbar befand man sich auf der Liegewiese des Schwimmbades: Entlang der plätschernd bewässerten Ringelrutsche, vorbei am chlorduftenden Hellblau der Becken und den Außenduschen, durch die Fußbecken und die Umkleide führte die Ausstellung zu der auf dem Gelände des ehemaligen Wasserwerkes installierten *PET-Flasche*, wo sich der Weg zwischen den flachen Wasserrinnen der Gartenarchitektur und vor dem breiten, modderigen Zierteich verlor.

Einmal war hier ein Landschaftsgarten, der die Villa Salve Hospes, Anfang des 19. Jahrhunderts im Stil der oberitalienischen Landhäuser erbaut, wirkungsvoll einfasste – inzwischen beherbergt der klassizistische Bau den Braunschweiger Kunstverein und der Garten mit seinen Wegen, Kanälen und Seen gehört der Stadt. Direkt hinter dem Freibad befindet sich auch das alte Wasserwerk, dessen generatorenbetriebene Pumpen sich teilweise hinter einer historischen Fassade verstecken – der Schlot tarnt sich als Campanile im Stil der Neo-Gotik.

Die Ausstellung hatte sich alles einverleibt: die Küste mit ihren Quallen, die lange Historie des Wasserbaus, das Trinkwasser und seine Aufbereitung, die Nutzbarmachung, die Verschwendung, das Spiel mit dem Wasser. Der Kunstverein ist unterspült, umrauscht, benetzt. Über die kleinen Wellen der Kanäle hallen die stumpfen Schläge einer großen Trommel und die in brackigem Deutsch gerufenen Befehle, mit denen sich uniformierte Kanuten eines nationalen Heimatbundes den Gleichtakt vorgeben.

86

Im vergangenen Jahr begrüßte eine Arbeit von Tue Greenfort das Publikum der Skulpturprojekte Münster: Wer Richtung Innenstadt den Aasee passierte, musste vorbei am bulligen Wasserwerfer, der ohne Unterlass eine Fontäne Flüssigkeit in den See spritzte: Eisen-III-Chlorid, es bindet schädliches Phosphat. Die westfälische Landwirtschaft hatte das Gewässer so überdüngt, dass Baden gesundheitsschädlich sei - die *Diffusen Einträge* (2007) milderten allerdings nur die Symptome.

Wasser kann ein Werkstoff oder ein Lebensmittel, Wasser kann ein Weg sein, oder ein Spiegel, oder Politik. Man kann sich an das Meer stellen, die Arme heben und vor dem Wasser - einer Kulisse aus Wasser - klein werden, eine Figur sein in einem Bild, das von Verlassenheit erzählt, vor dem Großen, Letzten. Das Wasser wird auch diese Emotionen gerne tragen. Aber das Wasser sieht anders aus. Und wer Tue Greenfort folgt, kann es ein Stück begleiten: Die Ausstellung breitet sich aus, wie die konzentrischen Ringe, die ein Stein hinterlässt, den man in einen See wirft.

Der White Cube ist für Tue Greenfort kein leerer Raum, denn man steht immer mittendrin in diesem Liniengeknäuel aus Installationen, Wasserrohren, Kanälen, den Routen der Versorger und den Regelkreisläufen der Wasseraufbereitung. Die Qualle aus Muranoglas, der man vor einem glühenden Ofen in der Lagune von Venedig die Form eingeblasen hat und das aufgelöste Design der *PET-Flasche*, die der Künstler so lange über einem heißen Gebläse drehte, bis die stabile Größe zerfloss, sind die Ankerplätze eines Ausstellungsparcours, der auf dem Rücken und auf den Gliedern dieses riesenhaften Wassers balanciert. Wer Tue Greenfort folgt, kann seine Dimensionen erahnen.

Catrin Lorch
Seas

Fill a bottle with water and separate a few liters from this large body; for only a little while.

Gaze upon this immensity, this gigantic organism, and try for a moment not to separate the parts from the whole: the source which arises somewhere, becomes a stream and conjoins with others to become a river, while on the bank some water seeps away, the river flows into the sea-each of these terms sounds like an indication of location and divides the copiousness of the water, the ceaselessly flowing mass, the eddying and trickling relationships into a simple hierarchy of principal and secondary paths; into points, lines, segments and sections which one seeks to name in order to hold them back.

Another attempt at descriptive summation is the circulation of water, a circular stroke which enumerates the following states: water evaporates above the ocean, condenses into clouds, and rains down once more; seeps, assembles, arises…. With this model, everything is underway; it banishes the inconceivable into the geometry of the circle. Drops as fine as fog, the puddle on the asphalt, snow upon moss, a storm in the mountains, the water on the forest floor-from the perspective of the predetermined route, they are only stages along a looping path. Salt water, pack ice, hail-according to the diagram, they are a cleanly-contoured, intermediate state. Our word Wasser ("water") is derived from the Old High German "wazzar": "the moist, the flowing." But when we focus our attention on something, we expect it to remain still: On the precipitation chart it congeals into a column, in the harbor it becomes a water level, and at cold temperatures it is transformed into cubic meters of ice or centimeter-exact height of snow.

From the video image it was not clearly recognizable that the fishing boat is heading out to catch jellyfish. The monitor on the ground floor of the Kunstverein was provided with two headphones, the voices of the fishermen sounded northern German in their accent, the sea was rough. But the delicate, luminous bodies of the animals which, in a glass cube in the middle of the adjoining entrance hall, undulated against the gentle pressure of the wave-making machine came from the German coast along the Baltic. Tue Greenfort had photocopied the region's local newspaper, whose headlines announced: "The Comb Jellies Are Here: Danger for Fish Stocks in the Baltic." There where the seas become warmer, animals and plants begin to roam. They follow new currents, pursue the plants which are their source of nourishment, flee from their enemies, spread out wherever they thrive. A large jellyfish hovers in front of the wall in a lateral cabinet of the garden hall-it is made out of colored, transparent glass-as the mascot for almost invisible wanderings, for a movement which flows and floods like the element to which it surrenders.

Tue Greenfort keeps everyone running when he points to the water.

Passers-by do not inevitably notice the bottle. The PET bottle made out of light, bright-blue plastic was blistered, dented and shrunken, too everyday but also too small to make an impression. Half-full with water which appeared brackish, it had been given a pedestal by the artist: a sidewalk slab in the standard format of the concrete industry. This is where the circuit ended for most of the visitors to his exhibition: in front of *PET Flasche* (PET Bottle, 2008), which above all resembled trash. Park greenery cast a shadow upon its dented surface, the water inside seemed stagnant. More than 17.5 kilograms of water are required to manufacture one kilogram of PET plastic: the production of the bottle takes more water than it can contain, states the small map with which the visitors found their way, for the *PET Flasche* (2008) was located at some distance from the gravel path, a good ten minutes by foot from the Kunstverein Braunschweig.

On its way to the *PET Flasche*, the art audience had left behind the classicistic Villa Salve Hospes by means of a provisional walkway. The *THW-Brücke* (THW Bridge, 2008) as well was a work by Tue Greenfort, built out of scaffolding poles, nylon netting and wooden boards. It quoted not only the decorative forms of the classical bridgework by Andrea Palladio, but also the makeshift constructions of the Technisches Hilfswerk (THW, "Technical Relief Organization") in crisis areas, such as are utilized during floods. From the terrace of the Kunstverein, it stretched as a provisional walkway across the hedge which today divides the Mansion House from its park. One found oneself directly upon the lawn for sunbathing next to the swimming pool: The exhibition led alongside the splashing, looping waterslide, past the light blue and chlorine smell of the pool and outdoor showers, through the wading pool and the changing rooms, past the *PET Flasche* set up on the premises of the former waterworks, until the path disappeared among the flat gullies of the garden architecture and in front of the wide, mildewy decorative pond.

Here there was once a landscaped garden which enclosed to great effect the Villa Salve Hospes, built at the beginning of the nineteenth century in the style of northern Italian country homes-in the meantime the classicistic building has come to house the Kunstverein Braunschweig, and the garden-with its pathways, canals and lakes-belongs to the city. Located directly behind the open-air swimming pool are the old waterworks, whose generator-operated pumps are partially hidden behind a historical façade-the chimney is disguised as a campanile in the Neo-Gothic style.

89

The exhibition had incorporated everything: the coast with its jellyfish; the long history of hydraulic engineering; drinking water and
its purification; the utilizing, wasting of, and playing with water.
The Kunstverein is washed out, filled with swooshing noise, moistened.
Sounding above the small waves of the canals are the dull beats of a
large drum along with commands given in brackish German, with which uni-
formed canoeists of a national association measure out the rhythm of
their paddling.

Last year a work by Tue Greenfort greeted the public at the Skulpturprojekte Münster: Whoever passed by the Aasee in the direction of the
city center had to go past a chunky water cannon which shot a ceaseless
fountain of liquid into the lake: Iron-III-Chloride, it bonds with harmful phosphate. Westphalian agriculture had so over-fertilized the water
that swimming was declared to be harmful to the health—the *Diffuse Einträge*
(Diffuse Entries, 2007), however, reduced only the symptoms.

Water can be a raw material or a food product; water can be a pathway
or a mirror or a political act. One can stand at the edge of the ocean,
raise one's arms, dwindle in size in front of the water—a stage backdrop of water—and become a figure in an picture which tells of loneli-
ness, of grandeur, of finality. Water is well-disposed to convey these
emotions. But water itself looks different. And whoever follows Tue
Greenfort can accompany it for a while: The exhibition expands like con-
centric rings created by a stone which has been tossed into a lake.

For Tue Greenfort, the White Cube is not an empty space, for one always
stands right in the middle of this linear tangle of installations, water
pipes, canals, routes of the distributors and standard circulations of
the water treatment. The jellyfish out of Murano glass, into which its
form was blown in front of a red-hot oven in the lagoon of Venice, and
the dissolved design of the *PET Flasche*, which the artist rotated for a
long time above a hot blower until the stable shape melted, are the
anchorages of the course through an exhibition which is balanced upon
the back and upon the limbs of this gigantic expanse of water—whoever
follows Tue Greenfort can surmise its vast dimensions.

Ludwig Seyfarth
Beobachtungen

Künstler sind Beobachter. Sie beobachten die Welt und die Natur, sie beobachten andere Künstler, die Geschichte der Kunst und vor allem ihr eigenes Tun. Jeder Pinselstrich auf einer Leinwand, jede Oberflächenveränderung bei einer Skulptur, jede Änderung eines zeichnerischen Konturs stellt unter Umständen ganz neue Verhältnisse im Ganzen her.
Der künstlerische Prozess kann systemtheoretisch mit dem Begriffspaar Beobachtung und Unterscheidung beschrieben werden. Künstler beobachten die äußere Welt und übersetzen sie in ein System von Differenzen. Sie beobachten immer wieder von neuem, was sie gerade gemalt, gezeichnet, gemeißelt oder räumlich installiert haben, und entwickeln spezifische Differenzen heraus: Beim Malen oder Zeichnen sind es Linien, Abstände, Farbrelationen, Helligkeitswerte ...
Unterscheidungen werden getroffen, aber auch immer wieder in der Schwebe gehalten. Dem Systemtheoretiker Dirk Baecker zufolge „versuchen Kunstwerke dezidiert, *Unterscheidungen nicht zu treffen*".[1]

Was andere Künstler auf der Leinwand, einem Blatt Papier oder an einem Motiv beobachten, das sie mit der Kamera ins Visier nehmen, beobachtet Tue Greenfort in den komplexen Prozessen der natürlichen Umwelt. So tropft nicht Farbe auf eine Leinwand wie bei Jackson Pollock, sondern Fliegen laufen über ein beschlagenes Fenster und hinterlassen dabei Spuren, die an abstrakte Zeichnungen erinnern und die Greenfort fotografiert hat. Oder er gestaltet eine Versuchsanordnung, bei der eine giftige Alge eine minimalistische Struktur in einen chemischen Filter hineinschreibt.
Waltet hier der „Pencil of Nature", den der Fotopionier William Henry Fox Talbot am Werke sah, als ihm die Herstellung von Bildern ohne eine zeichnende menschliche Hand gelang? Wenn wir Fox Talbots Metapher folgen, kommt diese bei Tue Greenfort in neuen, überraschenden Formen zum Einsatz, und dem herkömmlichen Zeichenstift der Natur kommt nur noch die Dokumentation dessen zu, was Fliegen oder Algen als „natürliche" Künstler innerhalb der von Greenfort gesteckten Rahmen produzieren, oder es entstehen Bilder, bei denen sich größere Tiere wie Vögel oder Füchse selbst fotografieren, wenn sie auf einen Selbstauslöser treten.

Mit „künstlerischer" Fotografie im traditionellen Sinn hat das wenig zu tun. Je mehr bewussten Gestaltungswillen ein Foto verriet, desto eher erschien es als „Kunst" akzeptabel. Daran hatte auch die Nobilitierung des Zufalls durch die Surrealisten zunächst nicht viel verändert. Erst

---

1. Dirk Baecker, „Die Kunst der Unterscheidungen", in: *ars electronica Linz* (Hg.), Im Netz der Systeme, Berlin 1990, S. 7–39, hier S. 33.

91

seit den 1960er Jahren hingegen finden sich zunehmend Bemühungen, die künstlerische, stilistische Intention zurückzudrängen, auszuschalten oder gefundene und gesammelte Fotos in die künstlerische Arbeit zu integrieren. Der Künstler tritt als Autor gleichsam hinter seiner Arbeit zurück, was einer generellen Beobachtung David Sylvesters entspricht: Künstler aller Richtungen in der zweiten Hälfte des zwanzigsten Jahrhunderts hätten bemerkt, dass ihre Arbeiten umso besser werden, je weniger sie eingreifen.[2]

Wenn Künstler die ästhetischen Prozesse weniger selbst gestalten als das beobachten, was auf der Basis von ihnen arrangierter Rahmenbedingungen geschieht, ergibt sich zwangsläufig der Vergleich mit dem Vorgehen bei wissenschaftlichen Experimenten. So lassen sich viele Installationen von Dan Graham oder Bruce Nauman als „Versuchsanordnungen"[3] beschreiben, die bestimmte Verhaltensweisen der Rezipienten hervorrufen und kanalisieren, ohne dass ihr Verhalten im Einzelnen vorhersagbar wäre. Dies gilt auch dann, wenn nicht Menschen, sondern pflanzliche oder tierische Organismen zur „Interaktivität" aufgerufen sind.

So zeichnen die Rippenquallen, die Greenfort im Braunschweiger Kunstverein in einem Aquarium herumschwimmen lässt, gleichsam eine sich ständig verändernde Komposition, die man durch die Scheibe des Plexiglasbehälters wie ein lebendes Bild betrachten kann. Die formalästhetisch beschreibbaren Aspekte sind für den Künstler selbst aber eher ein Nebeneffekt. Sein Interesse gilt den Interaktionen zwischen biologischen Organismen und ihrer „Umwelt".[4] Die vom Künstler ausgewählte Quallenart ist eigentlich im nord- und südamerikanischen Atlantik heimisch. In Europa tauchte sie zunächst im Schwarzen, im Kaspischen und im Mittelmeer auf, nachdem russische Containerschiffe sie gleichsam als blinde Passagiere im Wasser des Ballasttanks transportiert hatten. In den letzten Jahren tauchten Rippenquallen auch an den Stränden der Ostsee auf, vor allem in der Kieler Bucht. Die bis zu zehn Zentimeter großen, sich schnell vermehrenden Organismen sind für Menschen völlig ungefährlich, bringen aber das Ökosystem der Ostsee stark aus dem Gleichgewicht. Die Quallen haben hier kaum natürliche Feinde, und da ihre übliche Nahrung, die aus etwa 300 Kleinkrebsen pro Tag besteht, nicht ausreichend vorhanden ist, ernähren sie sich von den Eiern und Jungtieren der Dorsche und Sprotten, was zu einer Reduzierung der Fischbestände führt und zur zunehmenden Bedrohung der Fischerei werden könnte.

Greenfort hat die Frage interessiert, wie sich diese invasiven, sich schnell, zahlreich und oft sprunghaft vermehrenden Organismen in der Isolation eines Aquariums verhalten, was noch nie beobachtet wurde.

2. Siehe David Sylvester, *About Modern Art*, London 1996, S. 389.

3. „Versuchsanordnungen" war der Titel einer Bruce Nauman-Ausstellung 1998 in der Hamburger Kunsthalle.

4. Den Begriff „Umwelt" führte der estnische Zoologe und Philosoph Johann Jakob von Uexküll um 1900 in die Biologie ein. Greenfort beruft sich explizit auf von Uexkülls Konzept der „Biosemiotik", die das Leben als Zeichen- und Kommunikationsprozess begreift.

Die Versuchsanordnung, die Greenfort in der Eingangsrotunde des Braunschweiger Kunstvereins eingerichtet hat, ist also ein Kunstwerk, das wissenschaftliches Neuland betritt.

Ist der bildende Künstler Tue Greenfort letztlich ein Naturwissenschaftler? Oder folgt er dem späten Marcel Duchamp, der in den 1960er Jahren konstatierte, Kunst sei das einzige, was Menschen bleibt, die der Wissenschaft nicht das letzte Wort überlassen wollen? Duchamp wandte sich gegen die Alleinherrschaft wissenschaftlicher Rationalität, denn mit vielen seiner Projekte hatte er eine gleichwertige Annäherung zwischen Kunst und Wissenschaft angestrebt.
1913 ließ Duchamp drei Fäden von je einem Meter Länge aus einem Meter Höhe jeweils auf eine Leinwand fallen und fixierte sie mit Firnis ohne weiteres Arrangement genau so, wie sie dort zufällig liegengeblieben waren. Für Duchamp, der sich programmatisch von der Malerei abgewandt hatte, war ein Bild nicht mehr ein Fenster zur Wirklichkeit, sondern eine Fläche, auf der er wie ein Wissenschaftler experimentierte. Die „3 stoppages étalon" sind das Resultat einer Art Versuchsanordnung und eine Auseinandersetzung mit den damals intensiven Diskussionen um eine nicht-euklidische Geometrie und um die Etablierung neuer räumlicher Maßeinheiten jenseits der Dreidimensionalität, doch Duchamps „Längennormale" sind, wie Herbert Molderings betont, „für die wissenschaftliche Arbeit völlig unbrauchbar."[5]
Gleichwohl sind die experimentellen Vorgehensweisen von Wissenschaftlern denen von Künstlern oft erstaunlich ähnlich, auch wenn Künstler vor allem das Interesse haben, so Guido Boulboullé, „Experimentalsysteme als Wahrnehmungssysteme, nicht als Forschungseinheiten zu reflektieren."[6]
Diese Unterscheidung setzt allerdings voraus, dass das von Dirk Baecker beobachtete Bestreben der Kunst, Unterscheidungen *nicht* zu treffen, sich von den formalen Prozessen innerhalb des Kunstwerks zunächst auf die Nivellierung der äußeren Differenz zwischen Kunstwerk und Alltagsgegenstand und dann auf die Tätigkeit der Künstler selbst verlagert hat, deren Tun sich von dem anderer „Berufe" immer weniger unterscheidet und gerade deshalb neue Differenzen beobachtbar macht.

Und so trifft Boulboullés Aussage auch auf das Vorgehen Tue Greenforts zu, der ästhetische und ökologische Prozesse oder genauer gesagt, ihre Initiierung und Beobachtung, präzise miteinander in Beziehung setzt. Greenfort betrachtet Ökosysteme wie ein Schriftsteller ein soziales System, etwa den „Organismus" einer Metropole. Gegenüber der Komplexität und Vielzahl der Vorgänge im Meer bilden die Quallen im Aquarium eine isolierte Versuchsanordnung aus einer begrenzten, überschaubaren und

5. Herbert Molderings, „Kunst als Wissenschaftskritik. Marcel Duchamps 3 Kunststopf Normalmaße von 1913-14", in: *Say it isn't so. Naturwissenschaften im Visier der Kunst,* Ausst. Kat. Weserburg Bremen, Heidelberg 2007, S. 45-63, hier S. 61.

6. Guido Boulboullé, „Experimentalsysteme in Kunst und Naturwissenschaft", in: *Say it isn't so* (Anm. 4), S. 67-79, hier S. 73.

kontrollierbaren Menge an Elementen. Gilt Vergleichbares nicht auch für
berühmte Romane wie Flauberts „Éducation sentimentale" oder Döblins
„Berlin Alexanderplatz"? Die komplexen Systeme „Paris" beziehungsweise
„Berlin" werden auf eine ausgewählte Anzahl von Personen und Erzähl-
strängen reduziert, und diese ergeben, wie in einem geistigen Reagenzglas gezüchtet, die stellvertretend für viele andere Geschehnisse ste-
hende Handlung des Romans.

In einer Vorlesung, die ich zu Beginn meines Studiums besuchte, unter-
nahm ein Philosophieprofessor die wohl radikalste Komplexitätsreduktion
seines Faches, indem er erklärte, es gäbe eigentlich nur zwei grundle-
gende philosophische Systeme: Die Welt ist Ordnung (Kant) und Die Welt
ist Unordnung (Schopenhauer). Aber was ist damit gesagt? Die Frage ist
doch eher, wie aus Ordnung Unordnung wird und aus Chaos Ordnung, und
dann ist es vielleicht letztlich auch eine Frage der Einstellung, ob man
Ordnung als Zwang ansieht und gedanklich aus ihr auszubrechen versucht
oder ob man sie als ein derart hohes Gut ansieht, dass es geradezu ver-
wunderlich erscheint, dass sie überhaupt zustande kommt. An dieser Differenz macht Christian Schuldt den Unterschied zwischen Systemtheorie
und Dekonstruktivismus fest: „Während die Systemtheorie fragt ‚Wie ist
soziale Ordnung möglich?', zielt die Dekonstruktion auf eine Subversion
dieser Ordnung. Die Systemtheorie setzt beim Staunen über die unwahr-
scheinliche Entstehung und Erhaltung von Ordnung an, die Dekonstruktion
dagegen will herrschende metaphysische Ordnungen unterlaufen."[7]

Tue Greenforts künstlerische Haltung scheint eher auf Seiten der Systemtheorie zu stehen, denn die Faszination für den unwahrscheinlichen Zustand der Ordnung treibt auch sein politisch-ökologisches Engagement an
und weckt sein Interesse gerade an Zuständen der Unordnung, die es zu
beseitigen gilt, etwa dem Müllskandal von Neapel.
Dabei geht er einen völlig anderen Weg, als ihn die Tradition der Ab-
fallverwertung in der Kunst des 20. Jahrhundert vorgibt. Das künstlerische „Müll-Recycling", das Kurt Schwitters in seinen Collagen betrieb,
wurde um 1960 von den französischen Nouveaux Réalistes weitergeführt.
Die Haushaltsabfälle, die Kleidungsstücke, Möbelteile oder Armaturen,
die Arman in Plexiglaskästen oder -zylinder einschweißte, wurden damit
künstlerisch und unabsichtlich, solange die Behälter dicht bleiben, auch
ökologisch entsorgt.
Das bunte Gewirr des Mischmülls erscheint optisch fast wie ein Nach-
bild der informellen Malerei, die damals die Kunstszene beherrschte und
die das Hineinsehen von Ordnungsstrukturen in ein zunächst diffus er-
scheinendes Chaos auf formaler Ebene einübte.
Ließ die formale Bewältigung des Abfalls in Armans Assemblagen noch die
Suggestion zu, dass der Müll auch auf anderer Ebene in den Griff zu
bekommen sei, räumte die New Yorker Künstlerin Mierle Laderman Ukeles
mit dieser Illusion endgültig auf. Für ihr Müllenvironment „Flow City"

7. Christian Schuldt, *Systemtheorie*, Hamburg 2003, S. 61.

94

ersann Ukeles in den 1980er Jahren einen Tunnel aus recycelten Materialien für den täglich in der Mülldeponie von Staten Island abgeladenen New Yorker Müll, der auf einer Glasbrücke während sieben Tagen jeweils 24 Stunden lang zu betrachten sein sollte.[8] Der Versuch, den Müll in eine dauerhafte Form zu bringen, ist in Ukeles' nur teilweise realisiertem Konzept gar nicht erst vorgesehen, und alle New Yorker Künstler zusammen wären nicht in der Lage, auch nur ein Hundertstel der Abfallkapazität ästhetisch zu recyceln.

In Deutschland wurden 2007 – neben dem schon durch die 80 Millionen Einwohner anfallenden Müll – zudem 18 Millionen Tonnen Abfall importiert, unter anderem aus Italien.
Neun Fotos, die Greenfort 2008 in Bremerhaven gemacht hat, zeigen loderndes Feuer, so dramatisch inszeniert, dass man auf eine Brandkatastrophe oder einen Vulkanausbruch schließen könnte. Doch handelt es sich um die Verbrennungsöfen eines Müllheizkraftwerks, in denen 30.000 Tonnen so genannter „gemischter Siedlungsabfall" aus Neapel verarbeitet wurden, wie der mit vielen Giftstoffen versetzte Müll offiziell genannt wird, der auf einer zweiten Fotoserie unentsorgt in den Straßen Neapels liegt.

Die Ästhetik, die Greenfort den Bildern verleiht, steht in ironischem Widerspruch zur scheinbar dokumentarischen Qualität, die schon deshalb nicht gegeben ist, weil nur Anfang und Ende einer komplexen Ereigniskette zu sehen sind, und nicht einmal das, denn man sieht den Fotos weder den Giftgehalt des Mülls an, noch das, was bei der Müllverbrennung tatsächlich passiert.
Obwohl in Deutschland eine ausreichende Kapazität an Verbrennungsanlagen gebaut worden ist, um sogar auswärtigen Müll zu entsorgen, wird häufig an der seit über drei Jahren verbotenen Praxis festgehalten, Müll zu deponieren oder im Boden zu vergraben. Das ist für Entsorgungsunternehmen mit 10 bis 20 Euro pro Tonne weit billiger als die zwischen 100 und 250 Euro teure Verbrennung, was neben ökologischen Schäden auch dazu führt, dass die von der Politik als „Paradigmenwechsel der Abfallwirtschaft" gefeierten hochmodernen Verbrennungsanlagen nicht ausgelastet sind.[9]

Eine ökologische Katastrophe befürchteten Passanten im Zentrum Stockholms, als das ansonsten blau oder grau schimmernde Wasser auf einmal giftgrün leuchtete. Aber es handelte sich um harmloses Uranin, einen Stoff, den Meeresbiologen zur Erforschung von Strömungen einsetzen. Hier aber hatte ihn der Künstler Olafur Eliasson verwendet, um die Wasseroberfläche kurzzeitig in ein riesiges monochromes Gemälde zu verwandeln.[10]

---

8. Zu Ukeles siehe: Monika Wagner, *Das Material der Kunst. Eine andere Geschichte der Moderne*, München 2001, S. 65 ff.

9. Siehe „Modell Neapel", *Der Spiegel* 39/2008, S. 32-34.

10. Siehe Daniel Birnbaum, „Grüner Fluß ohne Wiederkehr", *Frankfurter Allgemeine Sonntagszeitung*, 18.12.2005, S. 30.

Der Stockholmer Aktion folgten bekanntlich weitere, noch aufwändigere
Projekte Eliassons, für deren Aufsehen erregende Wahrnehmungseffekte er
weithin gefeiert wird.
Die Verfärbungen im Wassers des Münsteraner Aasees während der Skulptur
Projekte 2007 waren weniger spektakulär, aber wiesen dafür auf die wenig
spektakuläre Wasserqualität hin, auf die Tue Greenfort durch Badeverbot-
schilder aufmerksam wurde, denen er während eines Erkundungsrundganges
um den See begegnet war.
Am Ufer des Sees stellte Greenfort einen Jauchepumpenwagen auf, wie er
in der Landwirtschaft eingesetzt wird. Er verspritzte jedoch keine Gülle,
sondern seine Fontäne führte Wasser, das aus dem See abgepumpt worden
war, angereichert mit einer Eisen-III-Chlorid-Lösung, wieder zurück. Damit griff Greenfort die Bestrebungen eines Münsteraner Forschungspro-
jekts auf, die Wasserqualität durch derartige „Impfungen" zu verbessern.
Die ästhetische Inszenierung einer solchen Maßnahme war aber gleichzeitig die ironische Kritik an ihrer rein kosmetischen Qualität. Die An-
reicherung des Wassers bleibt reine Symptombekämpfung, solange nicht
die in die Aa gelangenden Phosphatmengen aus der umliegenden landwirtschaftlichen Fleischproduktion drastisch reduziert werden. Dazu not-
wendige gesetzliche Regelungen würden jedoch, wie der Wissenschaftler,
der das Wasserreinigungssystem entwickelt hatte, Greenfort mitteilte,
an der Macht der Fleischlobby scheitern.
Oder an der Wasserlobby? Daran, dass Wasserquellen in der Dritten Welt
zum Eigentum von Großkonzernen werden könnten, deren kommerzielle Inte-
ressen den dort lebenden Menschen das lebensnotwendige Gut entzögen und
sie dazu zwingen würden, viele Kilometer weit zur nächsten Wasserstelle
zu laufen, dachte 1963 nicht einmal Hans Haacke, der für das Agieren von
Lobbyisten immer schon ein waches Auge hatte. So machte er 1971 die
Immobilienspekulationen von Vorstandsmitgliedern des Guggenheim Museums
in New York zum Gegenstand einer konzeptuellen Bild-Text-Arbeit.[11]
Haackes mit Wasser gefüllter „Kondensationswürfel", eine der bekannte-
sten seiner frühen, vor den dezidiert politischen Arbeiten entstandenen
minimalistischen Werke, wurde vierzig Jahre später von Greenfort ähnlich „gecovert", wie es Haacke einst mit künstlerischen Formaten aus der
Conceptual Art tat, die er quasi umcodierte, um sie für die Vermittlung
gezielter politischer Botschaften einzusetzen.
Greenforts „BonAquaKondensationswürfel" ist, wie der Titel schon sagt,
nicht mit normalem Trink- oder Leitungswasser, sondern mit einem Marken-
produkt des Coca-Cola-Konzerns gefüllt. Dass der Unterschied nicht optisch oder physisch spürbar ist, sondern nur durch das Branding im Titel
der Arbeit, ist ein subtiler Verweis auf die Macht der globalisierten
Ökonomie, jede natürliche Ressource kommerziell auszubeuten und zum Spe-
kulationsobjekt zu machen.
Tue Greenfort ist ein konsequenter, subtiler Seismograph der heutigen
ökologischen Katastrophen, die gleichzeitig auch immer soziale und po-
litische sind. Während etwa der Plakatkünstler Klaus Staeck sich der

11. Siehe Kurzführer zur documenta X, Kassel 1997, S. 84.

96

verbal vermittelten Ironie bedient („Shell Werbewochen: Die Küstenbewohner können ihre Ölheizung jetzt direkt ans Meer anschließen“), setzt
Greenfort auf das subtile Spiel mit den Grenzen dessen, was künstlerische Form überhaupt vermitteln kann.

Als die Zeitschrift monopol (7/2007) Tue Greenfort fragte, warum er nicht
einfach Umweltaktivist geworden sei, antwortete er: „Weil ich Kunst
mache.“ Und weil er Kunst macht, beobachtet Greenfort nicht nur ökologische Prozesse, sondern vor allem auch die Bilder und visuellen Vorstellungen, von denen die soziale Praxis in unterschiedlichen Lebens- und
Arbeitsbereichen bestimmt wird, und verleiht ihnen gleichsam im Reagenzglas der Kunst stärkere Konturen.

Ludwig Seyfarth
Observations

Painters are observers. They observe the world and nature, they observe other painters, the history of painting and, above all, they observe their own work. Every brushstroke on a canvas, every change in the surface of a sculpture, each modification of a graphic contour can, under certain conditions, create completely new relationships within the whole. In terms of systems theory, the artistic process can be described using the dual concepts of observation and differentiation. Artists observe the exterior world and translate it into a system of differences. They repeatedly observe anew what they have just painted, sculpted or spatially installed, developing and teasing out the specific differences: in the case of painting and drawing it is a question of lines, proportions, colour combinations, lightness values . . .

Differentiations are made, but then repeatedly held in abeyance. According to the systems theoretician Dirk Baecker, "artworks are decidedly at pains *not to differentiate*."[1]

What other artists observe on the canvas, on a sheet of paper or within a motif or whatever they train their camera on, Tue Greenfort for his part observes the complex processes of our natural environment. In this way paint doesn't drip onto the canvas in the way it did for Jackson Pollock, instead flies walk across the condensation on a window pane leaving tracks reminiscent of abstract drawings which Greenfort then photographs. Or he designs experiments in which toxic algae blooms inscribe a minimalistic structure into a chemical filter.
Is this the "pencil of nature" being wielded here that the photographic pioneer Henry Fox Talbot witnessed when he succeeded in producing pictures without the draftsman's hand? If we follow Fox Talbot's metaphor, then this phenomenon is deployed in new, surprising forms in Tue Greenfort's case; and added to the traditional pencil of nature is solely the documentation of what flies and algae produce as "natural" artists within Greenfort's prescribed framework; or indeed compositions can arise in which larger creatures such as birds or foxes photograph themselves by activating an automatic delay timer.

It has little to do with "artistic" photography in the conventional sense of the word. The more a photograph divulged its inherent conscious will to artistry, the more acceptable it appeared as "art". The ennoblement of chance by the Surrealists didn't do much to alter this

1. Dirk Baecker, "Die Kunst der Unterscheidungen", ars electronica (ed.), *Im Netz der Systeme* (Berlin: Merve Verlag, 1990), pp. 7–39, here p. 33.

situation at first. Only since the 1960s by contrast have there been attempts to minimize, to neutralise the artistic, stylistic intention and to integrate found or collected photographs into artistic work. The artist as author so to speak withdraws behind his work in keeping with a general observation made by David Sylvester, namely that "one of the strengths of artists in all media in the second half of the twentieth century has been that they seemed to have believed that less *intervention* is more".[2]

When artists shape aesthetic processes less and tend to observe more what is taking place within the framework they have devised, it is almost inevitable that comparisons with scientific experiments should arise. In this way many installations by Dan Graham or Bruce Nauman can be described as "experiments"[3] which induce and channel specific behavioural responses on the part of the recipients without this behaviour being individually predictable beforehand. This is also the case when vegetable or animal organisms are called upon to provide "interactivity". In this way the comb jellies that Greenfort has had swim around in an aquarium in the Braunschweiger Kunstverein delineate a kind of flux or constantly changing composition, which one can observe through the window of the Plexiglas container rather like a living picture. The describable aspects from a formal, aesthetic viewpoint are of secondary importance to the artist. His interest pertains to the interaction between biological organisms and their "environment".[4] The type of jellyfish selected by the artist is indigenous to the waters of the North and South American Atlantic. They first appeared in Europe in the Black, Caspian and Mediterranean Seas after Russian container ships transported them as proverbial stowaways in their ballast tanks. In recent years comb jellies have turned up on beaches of the Baltic, above all in the Kiel Fjord. These organisms, which can measure up to 10 centimetres in length and multiply prolifically, are completely harmless to humans, but they create a great imbalance in the ecosystem in the Baltic Sea. These jellyfish hardly have any naturally enemies there, and because their staple diet of up to 300 prawns per day isn't available in sufficient numbers, they feast on the eggs and fry of cod and sprats, which has led to a reduction of fish stocks and which could mean an increased threat to the fishing industry itself.
What interested Greenfort was how this organism–with its propensity for profuse and erratic reproduction–might behave in the isolation of an aquarium, a situation that had not been observed hitherto. The experiment

2. David Sylvester, *About Modern Art*, rev. ed. (London; Pimlico, 2002) p. 389.

3. "Versuchsanordnungen" (Experiments/Experimentation) was the title of a Bruce Nauman exhibition held in the Hamburger Kunsthalle in 1998.

4. The term "environment" was introduced into the biological sciences around the turn of the 20th Century by the zoologist and philosopher Johann Jakob von Uexküll. Greenfort makes explicit reference to von Uexküll's concept of "biosemiotics", which postulates life as a process of communication and signs.

set up by Greenfort in the entrance rotunda of the Braunschweiger Kunstverein is nothing less than an artwork treading new scientific ground.

So is the fine artist Tue Greenfort ultimately a scientist? Or is he a
disciple of Marcel Duchamp, who avowed during the 1960s in the latter
part of his career that art was the only thing left for people who didn't
want to give science the last word? Duchamp opposed the dominance of
scientific rationality as many of his projects strove for a balanced con-
vergence of science and art. In 1913 Duchamp dropped three one metre-
long threads from a height of one metre onto a canvas and fixed them
with varnish without further arrangement just as they had fallen. As far
as Duchamp was concerned–having already programmatically renounced painting per se–a painting was no longer a window on reality, but rather a
surface upon which to experiment scientifically. The "3 stoppages étalon" are the result of a kind of experiment and an engagement with the
intensive discussions at the time about a non-Euclidean geometry and the
establishment of new spatial units of measurement beyond three dimen-
sionality, yet as Herbert Molderings has emphasised, "Duchamp's linear
standards are completely useless for scientific work".[5]
Nevertheless the experimental procedures performed by scientists are
often astonishingly similar to those of artists, even if, according to
Guido Boulboullé, artists are interested in "experimental systems as
systems of perception and not as units of research".[6] However, this differentiation presupposes that art's avowed intent attested by Dirk
Baecker precisely not to mark out difference has shifted initially from
the formal processes within the artwork to the levelling of the ex-
ternal difference between the artwork and the everyday object, and from
there to work of the artist itself, whose activity differs less and
less from those other "occupations" and therefore renders it possible
to observe new differences.

In this way Boulboullé's statement applies to Tue Greenfort's approach,
which attempts to relate aesthetic and ecological processes–or perhaps
more precisely their initiation and observation–to one another. Greenfort
observes eco-systems in the way that a writer observes a social system,
for instance the "organism" constituting a metropolis. Compared with the
complexity and diversity of the processes taking place in the ocean,
the jellyfish in the aquarium form an isolated experiment comprising
a limited, manageable and controllable number of elements. Isn't the
same true of novels such as Flaubert's *L'éducation Sentimentale* or Döblin's
Berlin Alexanderplatz? The complex systems such as "Paris" or "Berlin" respec-
tively have been reduced to a selected number of persons and narrative

5. Herbert Molderings, Art as a Critique of Science. *Marcel Duchamp's 3 Standard Stoppages from 1913-14*,
   in: *Say it isn't so. Art Trains Its Sights on the Natural Sciences*, ex. cat. Weserburg Bremen (Heidelberg, 2007),
   pp. 44-62, here p. 60.

6. Guido Boulboullé, "Experimental Systems in Art and Science", *Say it isn't so* (cf. note. 5),
   pp. 66-78, here p. 70.

strands that—as though bred in a cerebral test tube—give rise to the narrative of a novel, which in turn represents many other occurrences.

In a lecture I attended at the start of my degree, a philosophy professor undertook the most radical reduction in complexity within his subject area by explaining that there are only two basic philosophical systems: the world is order (Kant) and the world is disorder (Schopenhauer). But what is actually being said here? The question should relate to the way disorder arises from order and conversely how order emerges from chaos; ultimately it is also a question of attitude whether one regards order as a kind of compulsion which one tries to liberate oneself from intellectually or whether one views it as such an elevated property that it is amazing it actually comes into being at all. Christian Schuldt pinpoints the difference inherent in this discrepancy between systems theory and deconstructivism: "whereas systems theory asks 'how is social order possible?', deconstruction is geared at a subversion of this order. Systems theory starts with the amazement about the improbable emergence and maintenance of order, whereas deconstruction seeks to subvert dominant metaphysical orders."[7]

Tue Greenfort's artistic approach seems to reside more in the systems theory camp, for the fascination for the improbable condition of order stimulates his political and ecological commitment and arouses his interest precisely in those conditions of disorder that need to be remedied, such as the waste disposal scandal in Naples.
In so doing he embarks on a completely different path form the one prescribed by the tradition in twentieth century art of utilising refuse or waste products. Artistic "waste recycling" used by Kurt Schwitters in his collages was picked up and perpetuated by the French Nouveaux Réalistes in the 1960s. In this way the household waste, articles of clothing, pieces of furniture or objects that Arman sealed in Plexiglas boxes or cylinders were effectively subject—albeit unintentionally—to artistic and ecological waste disposal as long as the containers remained intact.
The brightly-coloured jumble of mixed waste is optically rather like a residual image of art informel, which dominated the art scene at that time and whose perception of inherent structure within order initially manifested itself formally in diffuse chaos. If the formal disposal of waste in Arman's accumulations hinted at a possible solution by alternate means to the problem of refuse, the New York artist Mierle Laderman Ukeles finally did away with this illusion. In the 1980s Ukeles envisaged a tunnel made from recycled materials for her refuse environment "Flow City" to accommodate the refuse from New York dumped daily at the Staten Island waste facility that was to be on view on a glass bridge for twenty-four hours a day for seven days.[8] The attempt to transform

7. Christian Schuldt, *Systemtheorie* (Hamburg, 2003) p. 61.

8. For Ukeles, cf. Monika Wagner, *Das Material der Kunst. Eine andere Geschichte der Moderne* (Munich, 2001), p. 65 ff.

waste into a permanent form was not integral to Ukeles' only partially realised concept, nor would all of New York's artists put together have been enough for the aesthetic recycling of a mere 100th of the city's waste capacity.

In Germany in 2007, alongside the waste produced by its 80 million inhabitants, an additional 18 million tonnes of refuse was imported from Italy.
Nine photographs taken by Greenfort in 2008 in Bremerhaven show a fire in such a way that one immediately thinks of a catastrophic blaze or a volcanic eruption. And yet the image is in truth that of a furnace in a waste incineration power plant, in which 30,000 tonnes of so-called "mixed municipal solid waste" – as the waste laced with all manner of toxins is officially termed–from Naples is incinerated, which is duly pictured littering the streets of Naples in a second series of photographs.

The aesthetic slant that Greenfort gives the images provides an ironic contrast to the apparent documentary quality, which for its part remains unfulfilled for the very reason that only the beginning and the end of a complex chain of events can be seen, and not even that, for the photos do not reveal the toxic content of the waste nor what actually transpires in the incineration process.
Whereas in Germany there is sufficient waste incineration plant capacity for domestic needs and the additional disposal of waste from abroad, there has been frequent recourse to the practice of tipping waste or depositing it in landfills, illegal now for three years. At a price of 10 to 20 € per tonne, this method is far cheaper for the waste disposal firms than the 100 to 250 € price tag for incineration, which, alongside the environmental damage it engenders, has also resulted in the underuse of ultra modern waste incineration facilities triumphantly heralded by politicians as the "paradigm shift in waste economy".[9]

Passersby feared that an ecological catastrophe had occurred in the centre of Stockholm when waters that normally shimmer blue or grey suddenly glowed a seemingly virulent, toxic green. And yet was just uraninite, a harmless substance that oceanologists use to study currents. In this instance the artist Olafur Eliasson had used it to transform the surface of the water into a vast monochrome painting.[10] The action in Stockholm was followed by other, more involved projects by Eliasson and their striking effects upon our perceptions continue to augment his celebrity.
The colouring of Lake Aa's waters in Münster during the Skulptur Projekte 2007 was less spectacular, but as such was wholly indicative of the less than spectacular quality of the water itself, which Tue Greenfort

9. Cf. "Modell Neapel", *Der Spiegel* 39/2008, p. 32-34.

10. Cf. Daniel Birnbaum, "Grüner Fluß ohne Wiederkehr", *Frankfurter Allgemeine Sonntagszeitung*, 18.12.2005, p. 30.

had noticed due to signs proclaiming a general bathing prohibition he
had encountered when reconnoitring the site around the lake.

Greenfort set up a silage-spreading machine on the bank of the lake similar to the type used in agriculture. However, he didn't spray any manure; instead his fountain conducted the water pumped from the lake back again after it had been enriched with an iron III chloride solution. In so doing Greenfort was taking up the efforts of a Münster-based research project engaged in attempts at improving water quality through "inoculations" of this kind. However, the aesthetic staging of such an undertaking was at the same time an ironic critique of its purely cosmetic quality; for as long as the level of phosphates that seep into the Aa from the surrounding agricultural meat production is not drastically reduced, the enrichment of the water is purely a battle against the symptoms rather than underlying causes. The above notwithstanding, as the scientist who developed the water purification system informed Greenfort, the necessary legal measures here would fall foul of the powerful meat lobby.

Or perhaps the water lobby? Not even Hans Haacke–who always had a watchful eye on the activities of lobbyists–conceived back in 1963 that wells in the Third World might become the property of large concerns whose commercial interests would deprive the people living there of their existential property and force them to walk several miles to the next source of water. In 1971 he transformed real estate speculation by members of the Guggenheim Board in New York into the object of a conceptual textual image.[11]

Haacke's "Kondensationswürfel" (Condensation Cube) filled with water, one of the most renowned of his early, decidedly political, minimalist works was "covered" by Greenfort some 40 years later in a similar way to Haacke's own citation of artistic formats from conceptual art, which he had "re-coded" in order that they might appropriately accommodate the transmission of his pointed, political message.

Greenfort's "BonAqua Kondensationswürfel" is, as the title would suggest, not filled with ordinary drinking or tap water, but with a branded product of the Coca-Cola concern instead. The fact that the difference cannot be perceived visually or physically but only though the branding in the title of the piece, is in itself a subtle reference to the power the globalised economy has to exploit commercially every single natural resource and to make it an object of speculation.

Tue Greenfort is a systematic, subtle seismograph for today's ecological catastrophes, which are concomitantly always social and political disasters. Whereas the political poster artist Klaus Staeck could avail himself of verbal irony ("Shell's Week of Advertising: inhabitants of the costal regions can now connect their oil central heating directly to the sea!"), Greenfort draws on the subtle play with the boundaries of what artistic form is able to communicate at all.

When the magazine *monopol* (7/2007) asked Tue Greenfort why he simply

11. Cf. guide to documenta X, Kassel 1997, p. 84.

103

hadn't become an environmental activist, he answered: "because I am an artist". And because he is an artist, Greeenfort not only observes ecological processes, but also and above all the images and visual ideas which determine social practice in differing areas of life and work, lending them more pronounced contours in the test tube of art.

Biografie / Biography

Geboren 1973 in Holbæk (Dänemark) / Born 1973 in Holbæk (Denmark)
Lebt und arbeitet in Berlin und Dänemark / Lives and works in Berlin (Germany) and Denmark

Ausbildung / Education

2000– Studium an der Staatlichen Schule für Bildende Künste,
2003   Städelschule, Frankfurt am Main bei Prof. Thomas Bayrle /
        Studies of Fine Arts, Städelschule, Frankfurt am Main under
        Prof. Thomas Bayrle

1997– Studium Freie Kunst an der Akademie für Bildende Künste, Fünen,
2000   Dänemark bei Prof. Jesper Christiansen und Prof. Lars Bent
        Petersen / Studies at Akademie of Fünen, Denmark under
        Prof. Jesper Christiansen and Prof. Lars Bent Petersen

Einzelausstellungen (Auswahl) / Solo Exhibitions (selected)

2008   *Linear Deflection* Kunstverein Braunschweig, Braunschweig, kuratiert
        von / curated by Hilke Wagner

        The Foundation Fondazione Morra Greco, Neapel / Naples, kuratiert
        von / curated by Luigi Fassi

2007   Johann König, Berlin

        Medusa Secession, Wien / Vienna

2006   *Arts & Ecology programme* Royal Society of Arts, London

        Photosynthesis, Witte de With, Rotterdam, kuratiert von / curated by
        Florian Waldvogel und / and Zoë Gray

2005   *Betreten des Grundstücks erlaubt* Kunstverein Arnsberg, Arnsberg

        Als ob wir nicht die Besitzenden wären Palais für Aktuelle Kunst, Glückstadt,
        kuratiert von / curated by Sabine Kunz und / and Stephan Berg

        Dänische Schweine und andere Märkte Johann König, Berlin

2004   *Umwelt* Gallery Zero, Mailand / Milano

        Re Präsentation 1822 Forum, Frankfurt am Main

        Spediteur Zimmer Galerie Nicolas Krupp, Basel

2003   *Used and Produced* Schnittraum, Köln / Cologne, kuratiert von /
        curated by Lutz Becker

        Fresh and Upcoming Frankfurter Kunstverein, Frankfurt am Main

2002   *Out of Site* Johann König, Berlin

2001   *The Peripheral Centre* Dont-miss, Frankfurt am Main

2000   *Exchange* organisiert von / organized by Elmgreen & Dragset in
        Zusammenarbeit / in collaboration with NIFCA, Städelschule,
        Frankfurt am Main

Gruppenausstellungen (Auswahl) / Group Exhibitions (Selection)

2008   *Eine bessere Welt* Bonner Kunstverein, Bonn

        Frieze Projects 2008 Frieze Art Fair 2008, London

        Moralische Phantasien Kunstmuseum Thurgau, Kartause Ittingen,
        Deutschland / Germany

        Supernatural Kunsthalle Andratx, Mallorca Mai / May 2008

        Rauma Bienniale Balticum 2008 Rauma, Finnland / Finland

        Village People Kunstverein Wolfsburg, Wolfsburg

        Kunstmaschinen - Maschinenkunst Museum Tinguely, Basel

        Greenwashing. Environment: Perils, Promises and Perplexities kuratiert von / curated
        by Ilaria Bonacossa und / and Latitudes, Max Andrews & Mariana
        Cánepa Luna, Fondazione Sandretto Re Rebaudengo, Turin

        Ökomedien (Teil / Part 1), Basel

        Karriere Bar Copenhagen, Dänemark / Denmark

        Tue Greenfort, Kerstin Bratsch, Jordan Wolfson Salon 94 NYC, New York

2007   *Fit to Print: Printed Media in Collage* Gagosian Gallery - Madison Avenue,
        New York

        Erasing the Edge Uovo/Miami, Lidia Building, Miami Design District,
        ein Projekt von / a project by Uovo Magazine, kuratiert von /
        curated by Micaela Giovannotti

        Ökomedien - Ökologische Strategien in der Kunst heute Edith-Ruß-Haus, Oldenburg

        Internationale Lichttage Winterthur Winterthur, Schweiz / Switzerland

        Nachvollziehungsangebote Kunsthalle Exnergasse, Wien / Vienna

        Kunstmaschinen Maschinenkunst Kunsthalle Schirn, Frankfurt am Main

        RSA, Royal Society for Encouragement of Arts, London

        Ironie der Objekte Museion, Bozen, Italien / Italy

        Made in Germany kestnergesellschaft, Kunstverein Hannover und / and
        Sprengel Museum, Hannover

        Crédac/galerie Fernand Léger, kuratiert von / curated by
        Bettina Klein.

        Modelle von morgen: Köln European Kunsthalle, Köln / Cologne, kuratiert
        von / curated by Nicolaus Schafhausen, Vanessa Joan Müller und /
        and Julia Höner

2007   *OEen Group Show* OEen Group, Kopenhagen / Copenhagen

Still Life: Art, Ecology and the Politics of Change Sharjah Biennial 8, Sharjah, Vereinigte Arabische Emirate / United Arab Emirates

Skulptur Projekte Münster kuratiert von / curated by Kasper König, Brigitte Franzen und / and Carina Plath, Münster, Germany

Not Closed beaumontpublic, Luxemburg / Luxembourg

*Fragmente einer Geschichte / Particules d`Histoire* LAAC - Lieu d`Art et Action Contemporaine de Dunkerque, Dunkerque

Kunstmaschinen - Maschinenkunst Schirn Kunsthalle, Frankfurt am Main

Le mythe du cargo Centre d`Art d`Ivry - le credac & Galerie Fernand Léger, Ivry sur Seine, Frankreich / France

2006   *Momentum* Nordic Festival of Contemporary Art, Moss, Norwegen / Norway, kuratiert von / curated by Annette Kierulf und / and Mark Sladen

Cluster ein Projekt / a project by Katie Holten, PARTICIPANT INC, New York

Jagdsalon kuratiert von / curated by Christine Heidemann, Kunstraum Kreuzberg, Berlin

Inaugural Exhibition Johann König, Berlin

The Show Will Be Open When The Show Will Be Closed STORE Gallery und weitere Orte / and various locations, London

Jan Freuchen, Tue Greenfort ALP Peter Bergman Gallery, Stockholm ISP residency, Oslo

Stefan Thater, Frederike Klever, Tue Greenfort Anna Helwing Gallery, Los Angeles

Animalcity Kunstverein Wolfsburg, Wolfsburg

Watch Out beaumontpublic, Luxemburg / Luxembourg

Don Quijote Witte de With, Center for Contemporary Art, Rotterdam

Apocalypse Focus Group ALP galleri Peter Bergman, Stockholm

2005   *Lichtkunst aus Kunstlicht* ZKM (Zentrum für Kunst und Medientechnologie), Karlsruhe, kuratiert von / curated by Gregor Jansen

Threshold Max Wigram Gallery, London

Post Notes ICA, London & Midway Contemporary Art, Minneapolis, kuratiert von / curated by Adam Carr

Jahresgaben 2005 Kunstverein Arnsberg, Arnsberg

2004   *L´attitude des autres* SMP, Marseille, kuratiert von / curated by Daniel Baumann

Tuesday is gone kuratiert von / curated by Daniel Baumann, Tbilisi, Georgien / Georgia

Black Friday. Exercises in Hermetics Galerie Kamm, Berlin

2004 *Suburbia* Reggio Emilia, kuratiert von / curated by Marinella Paderni
und / and Marco Senaldi, Italien / Italy

Ce qui reste Galerie du TNB, Rennes, Frankreich / France

Prisma Galerie Martin Janda, Wien / Vienna

Aus aktuellem Anlass Johann König, Berlin

Revision. Stadt, Land, Kunst Westfälischer Kunstverein, Münster

2003 Gallery beaumontpublic + königsbloc, Luxemburg / Luxembourg

Absolvenz Abschlussausstellung der Städelschule 2003, Frankfurt
am Main

The state of the upper floor: Panorama / Total Motiviert organisiert von /
organized by Michael Beutler, Kunstverein München, München / Munich

one place after another Luftraum, Frankfurt Airport, Frankfurt am Main

Bayrle, Greenfort, Zybach Galerie Francesca Pia, Bern

The sky beneath your window Zero, Piacenza, Italien / Italy

Charlottenborg Autumn Exhibition Kunsthalle Charlottenborg, Kopenhagen /
Copenhagen

Hands up, baby, hands up! Oldenburger Kunstverein, Oldenburg

2002 *Posthorngasse 6/21* (Pernille Kapper Williams / Tue Greenfort), Wien /
Vienna

Artforum Berlin Johann König, Berlin

2001 *Jahresgaben 01/02* Frankfurter Kunstverein, Frankfurt am Main

Vasistas organisiert von / organized by Ayse Erkmen, Teknik
Üniversitesi, Istanbul

Real Presence Generation 2000, Museum "25. Maj", Belgrad / Belgrade

2000 *Flocking* Gallerie North, Kopenhagen / Copenhagen

1004 - Frozen Microwavemusic Staatliche Schule für Bildende Künste,
Städelschule, Frankfurt am Main

Weitere Aktivitäten / Other activities

2008 Deutsche Bank Edition, Frieze Art Fair, London

Mur og Rum workshop, The Royal Danish Academy of Fine Arts,
Dänemark / Denmark

Residency Kunst & Nutzen, Bremerhaven, Deutschland / Germany

Residency L'Association Martiniquaise pour l'Art Contemporain,
Martinique

2005 RSA arts & ecology programme, London - CoZSSA II Conference,
Forschungsreise / Research travel to Ghana

DIONYSOS HOF 1:1, Museum Ludwig, Köln / Cologne

2004   *Revision. Stadt, Land, Kunst* Symposium, Westfälischer Kunstverein, Münster
        Dionysos Hof Symposium, Museum Ludwig, Köln / Cologne
        Artist talk, Vera, Kopenhagen / Copenhagen
        Podiumsdiskussion / Panel discussion, Moderna museets venner,
        Stockholm

2003   Artist talk, Schnittraum, Köln / Cologne

2002   *Garten project* Gasthof organisiert von / organized by Städelschule,
        Frankfurt am Main

Bibliografie (Auswahl) / Bibliography (selected)

2008   Volkhard App: Kunst und Quallen - Tue Greenfort zeigt Projekte im
        Braunschweiger Kunstverein, in: Deutschlandradio Kultur, 31.08.08
        Nicole Büsing, Heiko Klaas: Intensivstation für Parasiten,
        in: Spiegel Online, 31.08.2008
        Raimar Stange: Tue Greenfort, René Lück und Christine Würmell -
        Notwendige Kunst angesichts des Klimawandels, in: Kunstbulletin
        10/2008

2007   Dominic Eichler: Making Do, in: Frieze Nr. 108, S. / p. 208-213
        Silke Hohmann: Grün wirkt, in: Monopol Nr. 7 / 2007

2006   Lukas & Sternberg, New York
        Tue Greenfort - Photosyntesis von Zoe Gray, Jesper Hoffmeyer,
        Maria Muhle
        Mark Sladen: First Take, ARTFORUM, Januar / January 2006
        Max Andrews: Now Weirdy Beardy, Wonderland, Januar / January 2006

2005   Catrin Lorch: Tue Greenfort, Frieze N° 95, 2005
        Raimar Stange: Die Kunst der Ökologischen Praxis, Kunstbulletin,
        Mai, Juni / May, June 05, S. / p. 28

2004   Knut Ebeling: Ce qui reste, FRAG Bretagne & Revolver, S. / p. 23-25
        Marco Senaldi: Suburbia, Reggio Emilia, S. / p. 102
        Daniel Bauman, Tue Greenfort in der Galerie Nicolas Krupp, Basel,
        Kunstbulletin, Jan, Feb 04, S. / p. 42

2003   Jahresring 50, p. 180, Oktagon, Köln / Cologne
        Elmgreen & Dragset: Spaced Out, S. / p. 24-25, Portikus,
        Frankfurt am Main, ArtReview, Vol. LIV, S. / p. 55

2002   Gasthof 2002 Städelschule, Frankfurt am Main
        Clemens Krümmel: Kuckuck, Texte zur Kunst, Heft 48, Dez / Dec 2002
        Janneke de Vries: Bild-Portrait Tue Greenfort, Artkaleidoscope
        Nr. 2/02

Impressum / Imprint

Dieser Katalog erscheint anlässlich der Ausstellung / This catalogue is published on the occasion of the exhibition

Tue Greenfort. Linear Deflection
30.08. – 16.11.2008

Kunstverein Braunschweig e.V. / Haus Salve Hospes
Lessingplatz 12, 38100 Braunschweig
Tel. +49 (0) 531-495 56, Fax +49 (0) 531-12 47 37
www.kunstverein-bs.de, info@kunstverein-bs.de

Vorstand / Board members:

Vorsitzender des Vorstandes / Chairman *Dr. Bernd Huck*

2. Vorsitzender / Vice Chairman *Tobias Hoffmann*

Schatzmeister / Treasurer *Christian Böke*

Uta-Marie Hügin, Oliver Ruth, Isolde Saalmann, Prof. Dr. Michael Schwarz

Künstlerische Leitung / Director *Hilke Wagner*

Künstlerische Assistenz / Curatorial Assistance *Ursula Schöndeling*

Studentische Mitarbeiterinnen / Interns *Anna Loeser, Yvonne Reiners, Annika Scholz, Mandy Stieber*

Buchhaltung / Secretary *Christine Gröning*

Ausstellungsbetreuung / Exhibition Supervisor *Elisabeth Schuchardt*

Ausstellungstechnik / Exhibition Technology *Rainer Bullrich, Iris Schneider*

Aufbau / Installation *Monika Aumann, Kristof Baranski, Björn Geipel, Daniel Folwatschni, Dagmar Hauth, Julian Stahlbohm, Oliver Wenzel*

Führungen / Guided Tours *Anna Loeser, Melanie Mayr, Yvonne Reiners, Ursula Schöndeling*

Katalog / Catalogue:

Herausgeber / Editor *Kunstverein Braunschweig, Hilke Wagner*

Lektorat / Copy Editing *Sarah Frost, Katrin Meder, Elisabeth Schuchardt*

Übersetzungen / Translations *Dr. Michael Wolfson, Tim Connell*

Fotografie / Photography *Alexis Zavialoff*

Bildbearbeitung / Image editing *Johann Hausstaetter (Ausstellungsansichten / Exhibiton views), Kai-Morten Vollmer (Recherche / Research)*

Gestaltung / Design *Sandra Kastl*

Druck / Print *Medialis, Berlin*

Erschienen im / Published by:

Verlag der Buchhandlung Walther König, Ehrenstrasse 4, 50672 Köln
Tel. +49 (0) 221 / 20 59 6-53, Fax +49 (0) 221 / 20 59 6-60
verlag@buchhandlung-walther-koenig.de

Die Deutsche Nationalbibliothek verzeichnet diese Publikation in der Deutschen Nationalbibliografie; detaillierte bibliografische Daten sind über http://dnb.d-nb.de abrufbar. / The Deutsche Nationalbibliothek lists this publication in the Deutsche Nationalbibliografie; detailed bibliographic data are available at http://dnb.d-nb.de.

Vertrieb / Distribution:

Schweiz / Switzerland: Buch 2000, c/o AVA Verlagsauslieferungen AG, Centralweg 16 CH-8910 Affoltern a.A., Tel. +41 (0) 44 762 42 00, Fax +41 (0) 44 762 42 10, a.koll@ava.ch

UK & Eire: Cornerhouse Publications, 70 Oxford Street, GB-Manchester M1 5NH
Tel. +44 (0) 161 200 15 03, Fax +44 (0) 161 200 15 04, publications@cornerhouse.org

Außerhalb Europas / Outside Europe: D.A.P. / Distributed Art Publishers, Inc.
155 6th Avenue, 2nd Floor, New York, NY 10013, Tel: +1 212-627-1999,
Fax: +1 212-627-9484, www.artbook.com

ISBN 978-3-86560-526-9

Der Kunstverein Braunschweig e.V. wird gefördert von der Stadt Braunschweig / The Kunstverein Braunschweig e.V. is sponsored by the City of Braunschweig.

Wir danken dem Hauptsponsor dieser Ausstellung / We wish to thank the main sponsor of this exhibition

VOLKSWAGEN FINANCIAL SERVICES
AKTIENGESELLSCHAFT

Die Ausstellung wird des Weiteren unterstützt von / The exhibition is supported by:

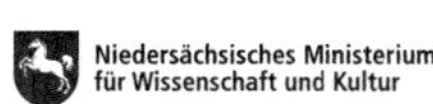
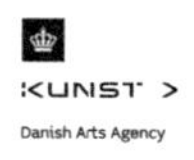
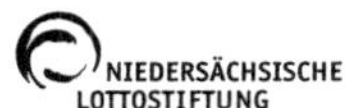

Besonderer Dank an / Special Thanks to: *Bäckerei Karl Mechau, Klaus Becké, Barbara Bernoully, Berthold Burkhardt, Matthias von Czapiewski und den Mitarbeitern von Czapiewski Elektroinstallationen, Edddy Dieckvoss, Morten Espensen, Friedrich-Wilhelm Evers (BKB AG), Luigi Fassi, Peter Fend, Daniel Folwatschni, Dan Friis (RGB Lamps), Anne Pascale Frohn, Hofbrauhaus Wolters, Ingo Kettner, Galerie Johann König, Karsten Hilmer (BS/Energy), André Jakob, Stefan Kettler (Bremerhavener Entsorgungsbetriebe), Marcus Köhler, Roland Kötz, Sandra Kube und Lutz Postel (Leibniz Institute for Baltic Sea Research, Rostock/Warnemünde), Justus Lange, Catrin Lorch, Torsten Matthes, Julia Moritz, Werner Rügemer, Dirk Schumer, Torsten Stefan (Tauchcenter Hohe Düne, Rostock), Mitarbeiter des Stadtbades Braunschweig, Anne Stalla, Anna Stock-Hesketh, THW Braunschweig, THW Norderstedt, THW Ofterdingen, THW Pirna, Heinz-Joachim Tute, Claire Webley, Thomas Wilkerling (BS/Energy) und Phillip Zach*

111

Recherche / Research

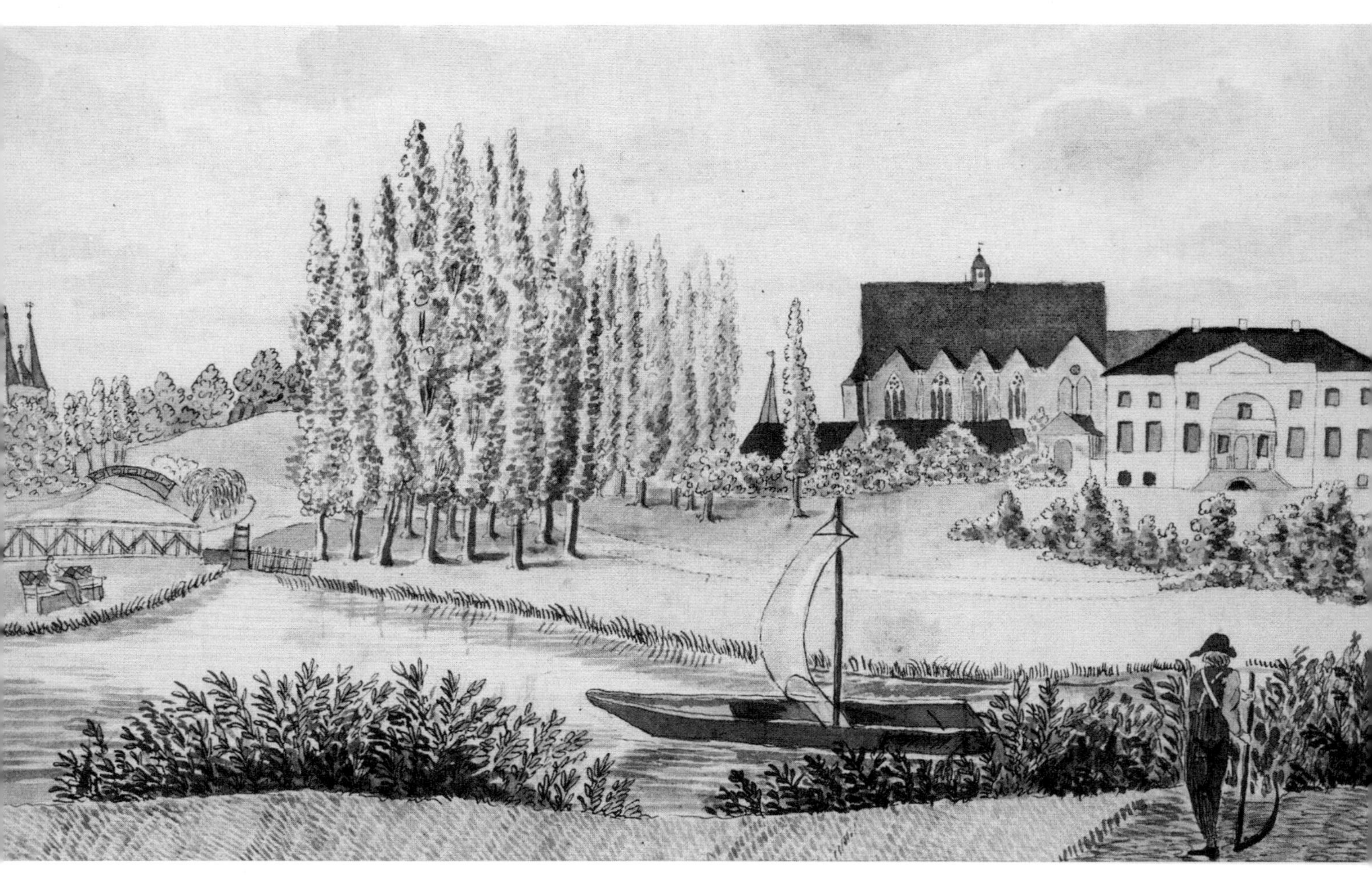

Hollandtsgarten
und / and Bürgerpark

L. Weitsch (1804-1880), Okerpromenade mit Ägidienkirche und Salve Hospes von Süden / Oker Promenade with the Church of
St. Aegidien and Salve Hospes from the south, 1820, Federzeichnung laviert / pen and ink wash drawing (21,6 x 36,1 cm)
Foto / Photo: Monika Heidemann © Städtisches Museum Braunschweig

114

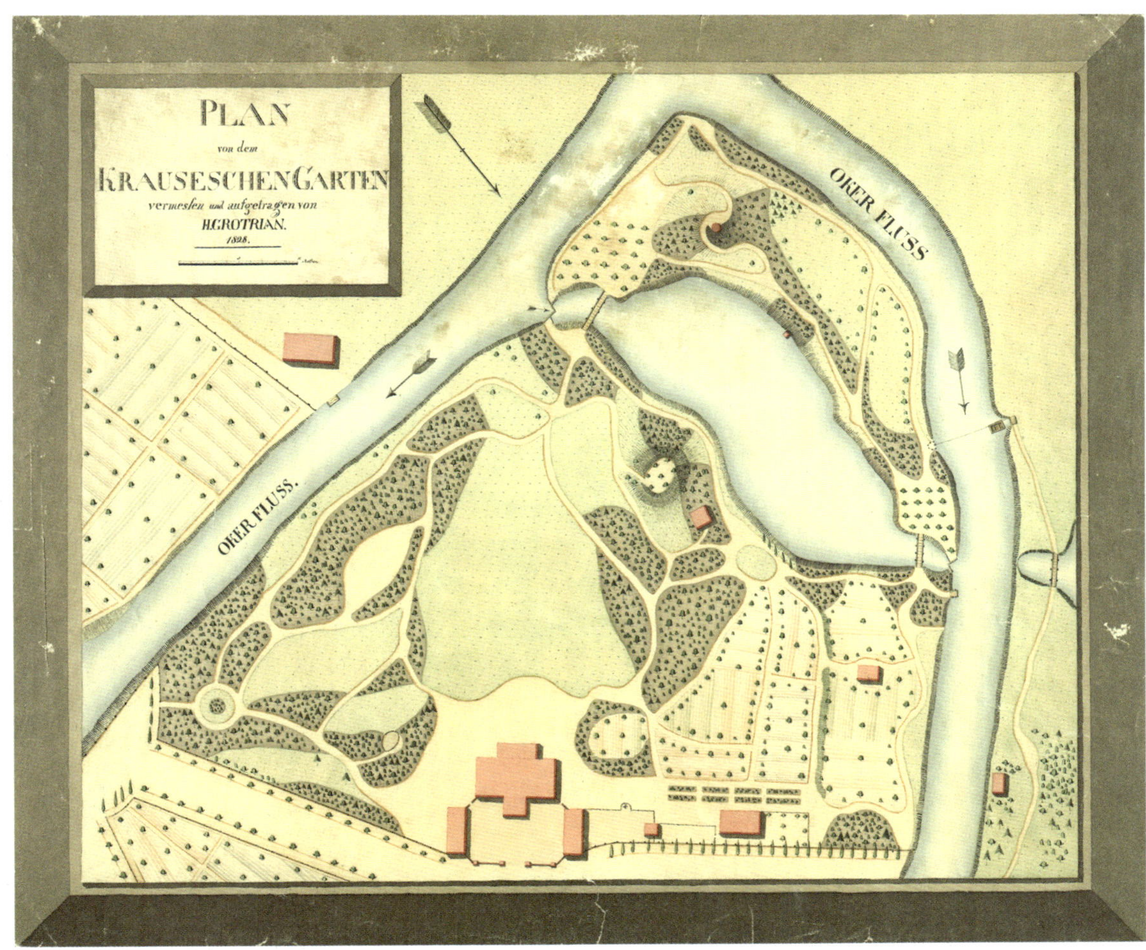

H. Grotrian, Krauses Garten, 1828, © Stadtarchiv Braunschweig. Der ursprüngliche Gartenentwurf Peter Joseph Krahes ist durch den Plan seines Eleven Grotrian von 1928 überliefert und dokumentiert die ursprünglichen Ausmaße des zur Villa Salve Hospes gehörenden Gartens. Dieser war an einigen Tagen in der Woche allen Braunschweiger Bürgern geöffnet. Testamentarisch verfügte der Bauherr der 1805-1808 von Peter Joseph Krahe erbauten Villa Salve Hospes D. W. Krause, dass diese Tradition auch von seiner Erbin und Adoptivtochter Johanna Hollandt fortgeführt werden möge. / Peter-Joseph Krahe's original design for the garden has survived in the form of his student Grotrian's plan dating from 1928; it documents the original scale of the garden attached to the Villa Salve Hospes. On certain days of the week it was open to the good citizens of Braunschweig. D. W. Krause, who had commissioned Peter Joseph Krahe to build the Villa Hospes (erected between 1805-1808), stipulated in his will that this tradition should be continued by his beneficiary and adopted daughter, Johanna Hollandt.

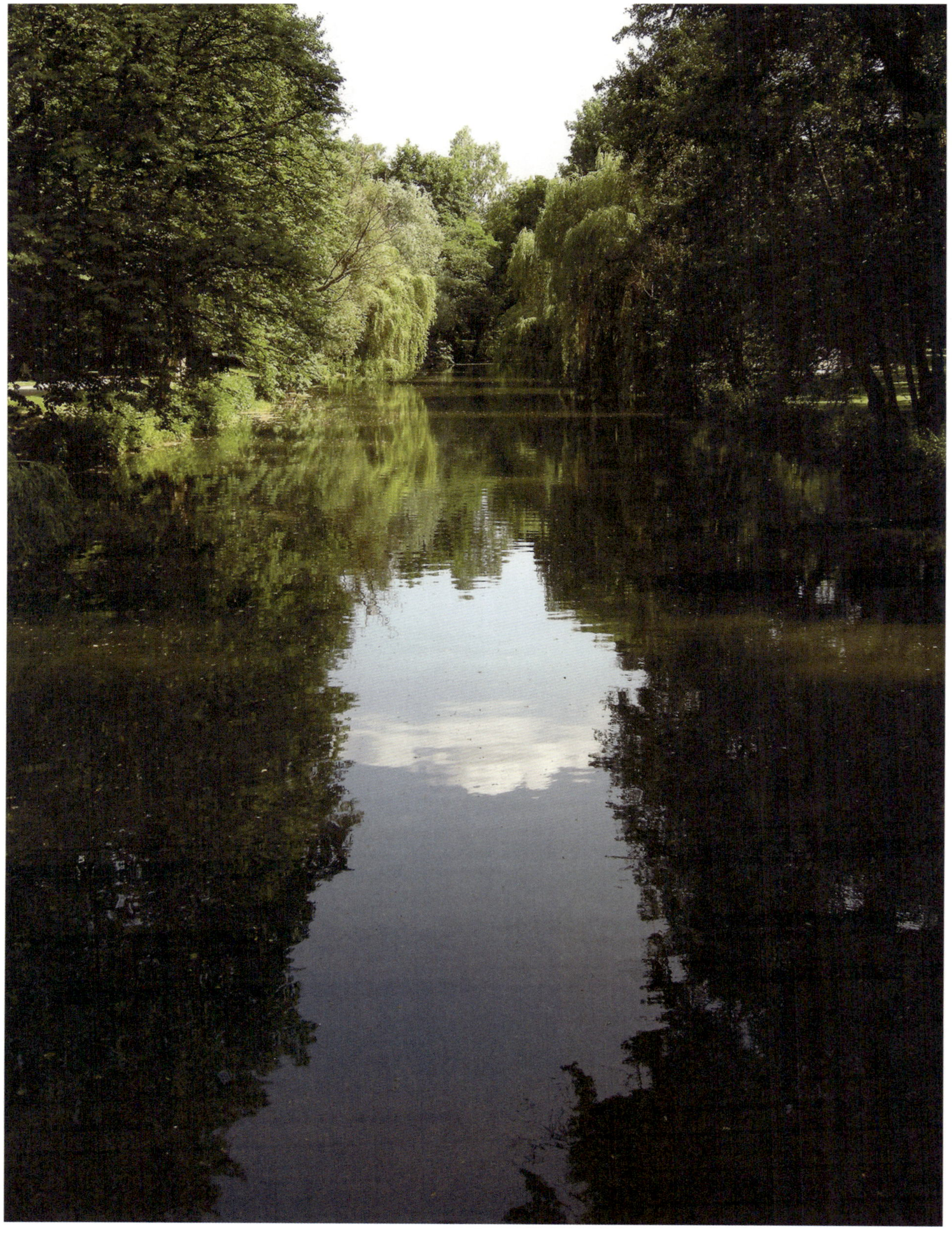

Heinz-Joachim Tute, Marcus Köhler: „Gartenkunst in Braunschweig, von den fürstlichen Gärten des Barock zum Bürgerpark der Gründerzeit", Braunschweig 1989, (Band 28 aus der Reihe Braunschweiger Werkstücke, hrsg. von / edited by Wolf-Dieter Schuegraf), S. / pp. 152 - 156 (Auszug / Summary)

Der Park an der Villa Salve Hospes (Hollandtsgarten)

„Die Villa Salve Hospes entstand in den Jahren 1805/08. Wenige Jahre zuvor hatte der Kaufmann D. W. Krause ein ca. 18 Morgen umfassendes Gelände des ehemaligen Bollwerks Luise erworben und Peter-Joseph Krahe mit dem Entwurf für Villa und Park beauftragt. Da sich der englische Gartenstil in Deutschland zu dieser Zeit längst durchgesetzt hatte und zugleich der Stadt benachbart in Richmond das klassische Beispiel einer solchen Anlage bestand, lag es nahe, auch den Park an der Villa Salve Hospes in landschaftlicher Form zu gestalten. Darüber hinaus war das Gelände in seiner abwechslungsreich gestalteten Re-liefform, d. h. mit seinen Höhen und Senken sowie mit einem Teich, der als Rest eines Umflutgrabens erhalten war, hervorragend für die Anlage eines Land-schaftsgartens geeignet. Wie zu dieser Zeit üblich, war die Parkanlage vor-rangig auf den Blick in die freie Landschaft konzipiert, während ein weiteres Bildmotiv - der landschaftlich geformte und von zwei Hügeln eingefasste große Teich - den Südwesten des Gartens prägte und von der Villa aus nicht sichtbar wurde. Der dem Augusttorplatz benachbarte Gartenteil war lediglich durch Pflanzungen und Schlängelwege charakterisiert, die in einem kreisrund gestalte-ten Platz ihren Zielpunkt fanden. Von diesem Platz aus führte ein aussichts-reicher Weg entlang der Oker nach Westen zu einer Bogenbrücke, die eine Ver-bindung zu der inselartig zwischen Oker und Teich gelegenen Freifläche im Südwesten herstellte. Somit war der Park zwar aus unterschiedlich gestalteten landschaftlichen Partien, Teich, Fluss und Insel zusammengesetzt, diese waren jedoch über Blickachsen jeweils auf das geografische Zentrum der Anlage be-zogen, das wiederum selbst in der Symmetrieachse der Gebäudegruppe lag, die als Hauptachse der Gesamtanlage zu gelten hatte und auch heute noch gilt. 1841, ca. 30 Jahre nach der Anlegung des Gartens, beschreiben Schröder/ Assmann die Anlage folgendermaßen: „Der umfassende, im englischen Geschmacke eingerichtete ... Garten bietet mit seinen Singvögeln, namentlich von Nachti-gallen belebten Wäldchen, seinen zierlich blühenden Gesträuchen und bunten Blumeneinfassungen, seinen Anhöhen und Teichen unstreitig die herrlichste Aus-sicht von Braunschweig dar. Über die von der Oker durchschlängelten Wiesen hinaus erblickt man die neue Herzogliche Villa vor dem Augustthore und hinter ihr das liebliche Richmond. Weiterhin schweift das Auge nach dem freundlichen Eisenbüttel und über die blühende, durch stattliche Dörfer unterbrochene Land-schaft bis zum fernen Harze hin, über den in majestätischer Größe der Brocken sich erhebt."

"The Villa Salve Hospes was erected between 1805 and 1808. A few years earlier the merchant D. W. Krause had purchased about 18 acres of land from the
former Luise fortification and engaged Peter-Joseph Krahe to design both the
villa and surrounding park. The landscaping of the park surrounding the Villa
Salve Hospes readily suggested itself, largely in view of the fact that the
English garden style had been well established in Germany by this time and that
there already was a classical example of such a design adjacent to the town
of Richmond. In addition to this, the location was ideally suited to the purpose of a landscaped park on account of its natural topography complete with
rolling hills and dells, as well as a small lake, which had been preserved
from what remained of a flood diversion. As was the norm at this time, the
park was arranged primarily to facilitate a view of the open countryside,
whereas the south-westerly section of the garden was characterised by a further pictorial motif-the large landscaped lake between two hills-and was not
visible from the villa. The neighbouring garden section adjacent to the
Augusttorplatz was populated solely with shrubs and meandering pathways lead-
ing to a rondel. A promenade commanding a host of vistas leads from this
rondel along the Oker in a westerly direction to an arched bridge, which connects an open space resembling an island between the Oker and the lake in the
southwest. Although the park did indeed comprise different landscaped elements
when taken in their entirety, i.e. lake, river and island, but individually
they referred to the geographical centre of the estate via particular viewing
axes, which in turn lay within the symmetrical axis of the group of buildings,
which was and still is today considered the main axis of the whole estate.
In 1841, about thirty years after the garden had been laid out, Schröder/
Assmann described the estate as follows: "The whole garden, arranged in the
English manner ... undeniably affords the most magnificent view of Braunschweig
and is replete its with songbirds-namely nightingales-its animated copses,
its delicately blossoming shrubs and brightly coloured flowerbeds, its gentle
acclivities and lakes. One can catch sight of the ducal villa in front of
the Augusttor across the meadows with the Oker meandering through and behind
it the delectable Richmond. One's eye travels whence towards the gracious
Eisenbüttel and over the blossoming, unbroken landscape through handsome villages all the way to the Harz mountains in the distance, above which the
Brocken hill towers in all its imposing majesty."

Bis zum Ende des 19. Jahrhunderts bot sich von der Villa Salve Hospes ein freier, weiter
Blick auf die Auenlandschaft im Süden, von dem historische Abbildungen einen Einblick
vermitteln. Der Park war durch Pappeln und Laubbäume bestimmt, das Haus von Blumen
umgeben. Hans-Christian Andersen, der Pfingsten 1831 in Braunschweig weilte, schwärmte
vom Ambiente rund ums Haus Salve Hospes: „Hier war ein Wald von Blumen und von
großen Fruchtbäumen des Südens, die in großen Kübeln rund um das Haus standen. Alles
Blumen und Wohlgeruch!"

118

Until the end of the nineteenth century the Villa Salve Hospes afforded open, extensive views of the pasturelands to the south, which are well conveyed in historical depictions. The park's appearance was defined by a profusion of deciduous trees and poplars and the house was surrounded by flowers. Hans-Christian Anderson, who was enjoying a Whitsuntide sojourn in Braunschweig in 1831, waxed lyrical about the general ambience of Villa Salve Hospes: "There was a forest of flowers and a plethora of large fruit trees from the south standing in large tubs around the house. Blossoms everywhere and heavenly aromas!"

„Der Park, der zu dieser Zeit „jedem Anständigen" geöffnet war, veränderte seinen Charakter nur unwesentlich, als 1835/36 Diedrich Wilhelm Krause für den Ehemann seiner Adoptivtochter Alwine, Friedrich Bause, eine eigene Villa (Villa Hörstel) im Bereich des oben erwähnten Blumenrondells errichten ließ. (…) Als die zweite Adoptivtochter Johanna (Helene) Sand (1816-1866), die den Major Hermann Hollandt geheiratet hatte, die Villa Salve Hospes erbte, erhielt der Park den Namen „Hollandtsgarten", unter dem er bis heute bekannt ist. Hollandt errichtete später (1885) durch Kreisbaumeister Wilhelm Krahe ein zweigeschossiges Gebäude westlich der Zentralvilla, das zur Aufnahme seiner Gemäldesammlung im Obergeschoss wie auch seiner Sammlung von Orangenbäumen dienen sollte. Diese wurden im Sommer vor der Freitreppe der Villa aufgestellt, wie aus zahlreichen Abbildungen überliefert ist.
Laut Vermächtnis des Kaufmanns Krause vom 30.10.1841 sollte der Garten im Sommer an mindestens drei Tagen der Öffentlichkeit zugänglich sein. In § 5 des Testaments führte Krause aus:
„Es ist sodann mein innigster Wunsch, daß meine Erbin das am Augusttore hieselbst von mir neu erbaute Wohnhaus nebst ... den dazugehörigen Gebäuden und Gärten ... bei ihren Lebzeiten nicht veräußern, sich vielmehr die fernere Unterhaltung und Verschönerung jenes mir und meiner verstorbenen Gattin so lieb gewordenen Grundstücks stets angelegen sein lasse, und den Garten zur Sommerzeit auf die bisherige oder von mir künftig zu beobachtende Weise wenigstens an dreien Tagen in jeder Woche zur freien Promenade für das Publikum, so lange dasselbe sich dieser Vergünstigung durch Missbrauch nicht verlustig machen wird, offen halten möge. Ferner wünsche ich, daß meine Erbin Demjenigen, welchem sie dereinst das erwähnte Grundstück hinterlassen wird, ... neben der Verbindlichkeit, dem Publikum an dreien Tagen in der Woche die freie Promenade im Garten unter den vorerwähnten Bedingungen zu gestatten, auch die Verbindlichkeit auflegen möge, weder das vorerwähnte Grundstück noch die Oelgemälde bei seinen Lebzeiten zu veräußern, da es mein Lieblingsgedanke ist, daß diese ... Gegenstände möglichst lange ungetrennt im Besitz meiner Erben und Nachfolger bleiben."
Nach dem Tode Krauses wurde der Garten wie bisher dem Publikum zeitweilig geöffnet. Gegen Ende des Jahrhunderts mehren sich allerdings die Hinweise darauf, dass der Garten immer seltener der Allgemeinheit zur Verfügung gestellt wurde."

119

"The park, which was open at this time to "every decent person" only changed its character slightly when Diedrich Wilhelm Krause commissioned the building of another villa (Villa Hörstel) on the site of the aforementioned rondel for the sole use of the husband of his adopted daughter Alwine, Friedrich Bause, in 1835/36. (…) When the second adopted daughter Johanna (Helene) Sand (1816-1866), who married Major Hermann Hollandt, inherited Villa Salve Hospes, the park acquired the name "Hollandtsgarten" which it retains to this day. Some time later in 1885, Hollandt instructed the erection of a two-storey building to the west of the central villa complex by the local District Building Supervisor Wilhelm Krahe, which would serve to accommodate his collection of paintings in the upper storey and also his collection of orange trees. They were then placed in front of the steps of the villa in the summer, to which numerous portraits bear witness. According to the terms of Krause's will from the 30th October 1841, the garden was to be accessible to the public for at least three days in the summer. In § 5 of the will, Krause stipulated: "It is then my most heartfelt desire that my beneficiary should not, in her lifetime, sell the apartment built by me at the Augusttor along with … the buildings belonging to it and the gardens … but rather continue the further maintenance and enhancement of this estate, which has become so dear to me and my late wife; furthermore, to keep the garden open in customary manner or in one, which can be observed by me in future for three days per week in summer as a public amenity for as long as this privilege is not abused. I also desire that my beneficiary's beneficiaries … alongside the stipulation regarding three days public access per week to walk around the gardens according to the conditions put forward, observe a further stipulation to sell the aforementioned piece of land or the oil paintings during their life times, this is my heartfelt desire that these objects remain in the possession of my beneficiaries and successors."
After Krause's death the garden was open periodically to the public as before. Towards the end of the century, however, there are several indications that the garden was being increasingly restricted as a public amenity.

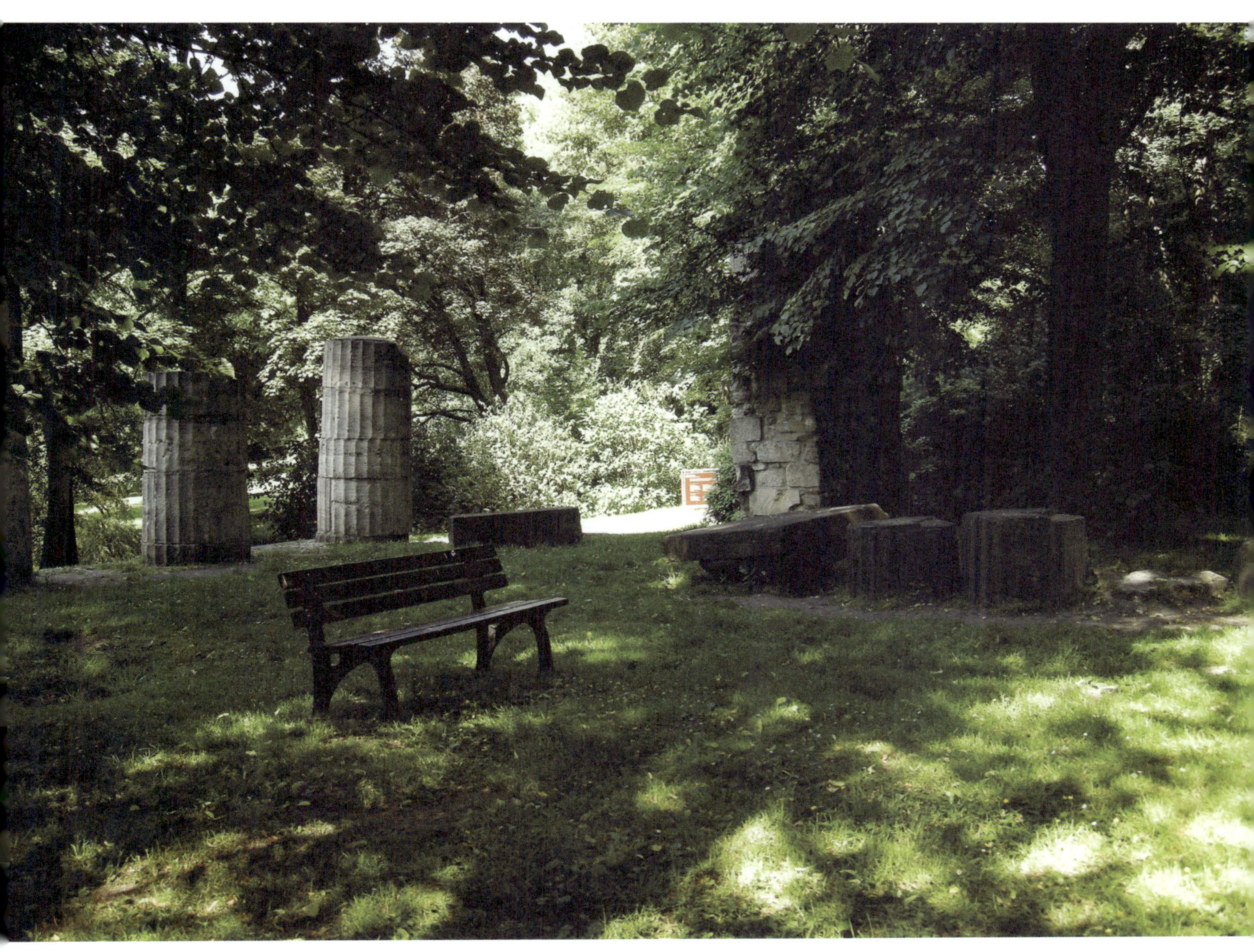

Der Portikus wurde vom Leiter des Bauwesens im Herzogtum Braunschweig und Architekten der Villa Salve Hospes, Peter Joseph Krahe (1758-1840) 1805/06 für den Umbau des 1730 errichteten Augusttorgebäudes zur Hauptwache entworfen. Nach Abbruch der Kaserne 1895 baute man den Portikus 1896 als Staffage-Architektur mit einer vorgelegten Treppenanlage im Bürgerpark wieder auf. Hier, auf einer kleinen Anhöhe nördlich der Gabelung der Oker in die beiden Umflutgräben, wurde der Portikus bewusst als Ruine installiert. Im Zweiten Weltkrieg wurde der Portikus schwer beschädigt. Die 1989 sicher gestellten Reste wurden hinter dem Portikus aufgestellt. /

The portico was designed for the alteration of the Augusttor building in 1805-06 to become a main barrack room by the director of building works for the Duchy of Brunswick and architect of the Villa Salve Hospes, Peter-Joseph Krahe (1758-1840). After the barracks had been de-commissioned in 1895, the portico was rebuilt for decorative purposes in the municipal Bürgerpark with a set of steps in front in 1896. Here, on a small acclivity to the north of the bifurcation in the Oker into two flood defences, the portico was duly installed as a folly. The portico was badly damaged during World War II. The salvaged remains were positioned behind the portico in 1989.

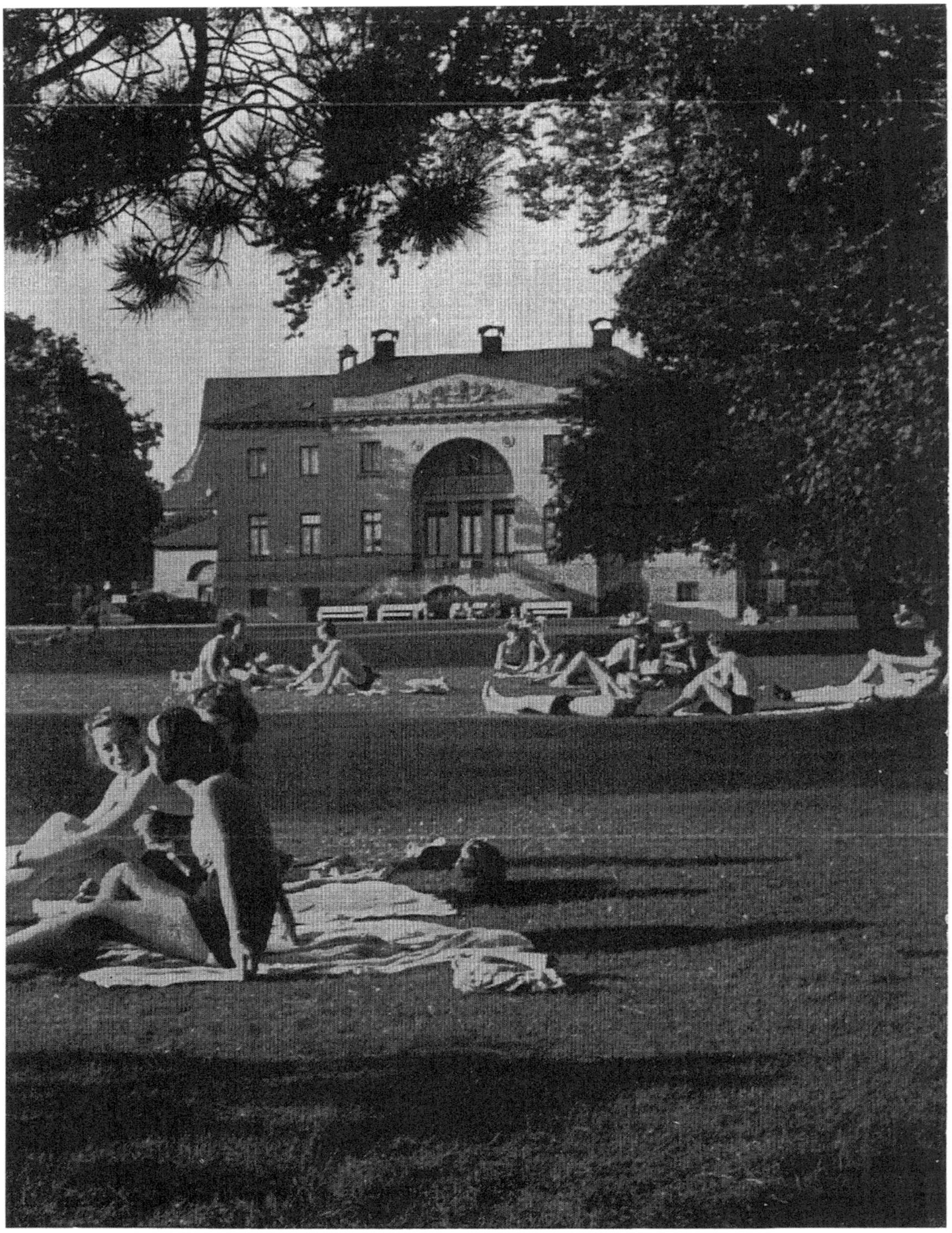

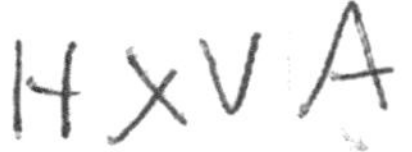

um 1939

Luft= und Sonnenbad in Hollands Garten

H X V A

122

Im Jahre 1927 gelangte die Stadt Braunschweig in den Besitz der Villa Salve
Hospes und ihres Parks und errichtete hier eine bis heute beliebte öffentliche
Badeanstalt. /
In 1927 the City of Braunschweig acquired Villa Salve Hospes and its park and
erected a public swimming pool, which is still open to this day.

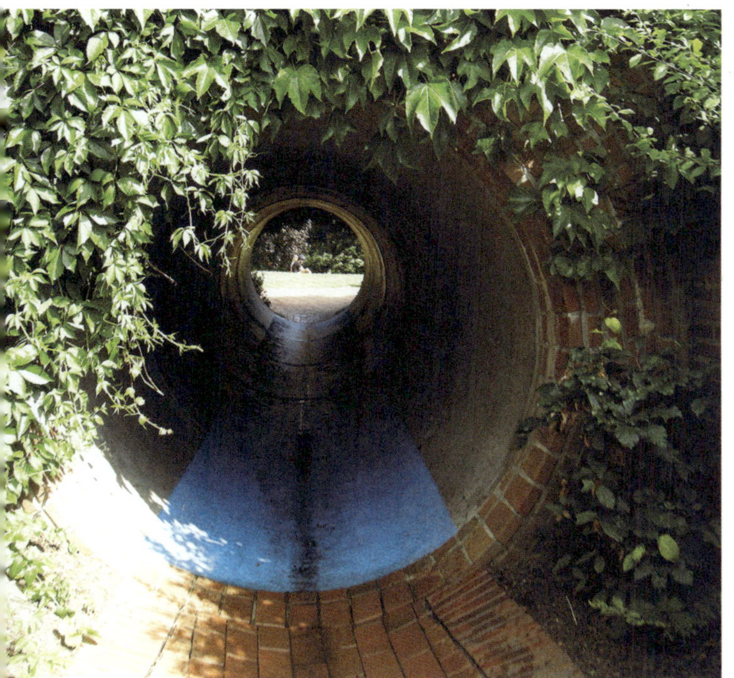 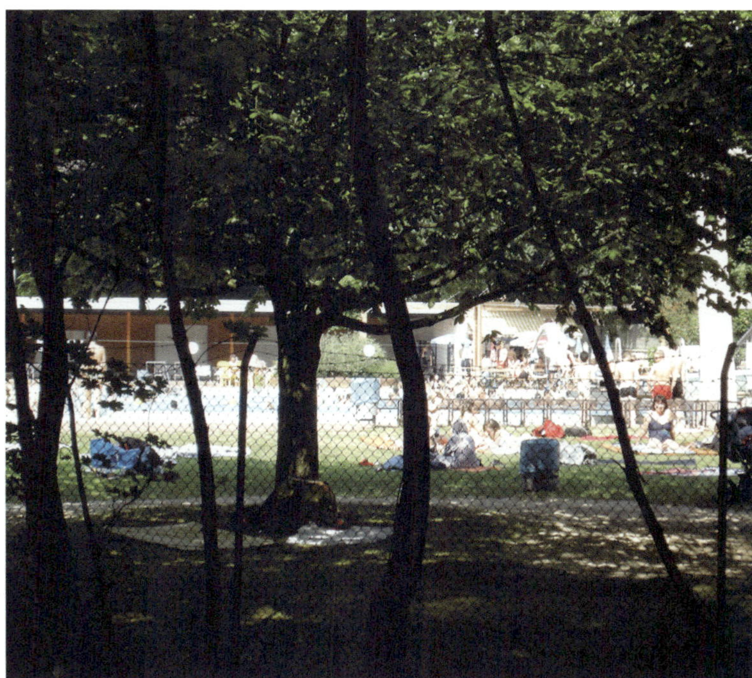

linke Seite / page left: Das Freibad am Bürgerpark um 1939 / The lido in the Bürgerpark circa 1939. © Stadtarchiv
Braunschweig, oben / above: Das Freibad am Bürgerpark auf dem ehemaligen Gelände des Hollandtsgarten / Bürgerpark
Lido in the former grounds of the Hollandtsgarten

123

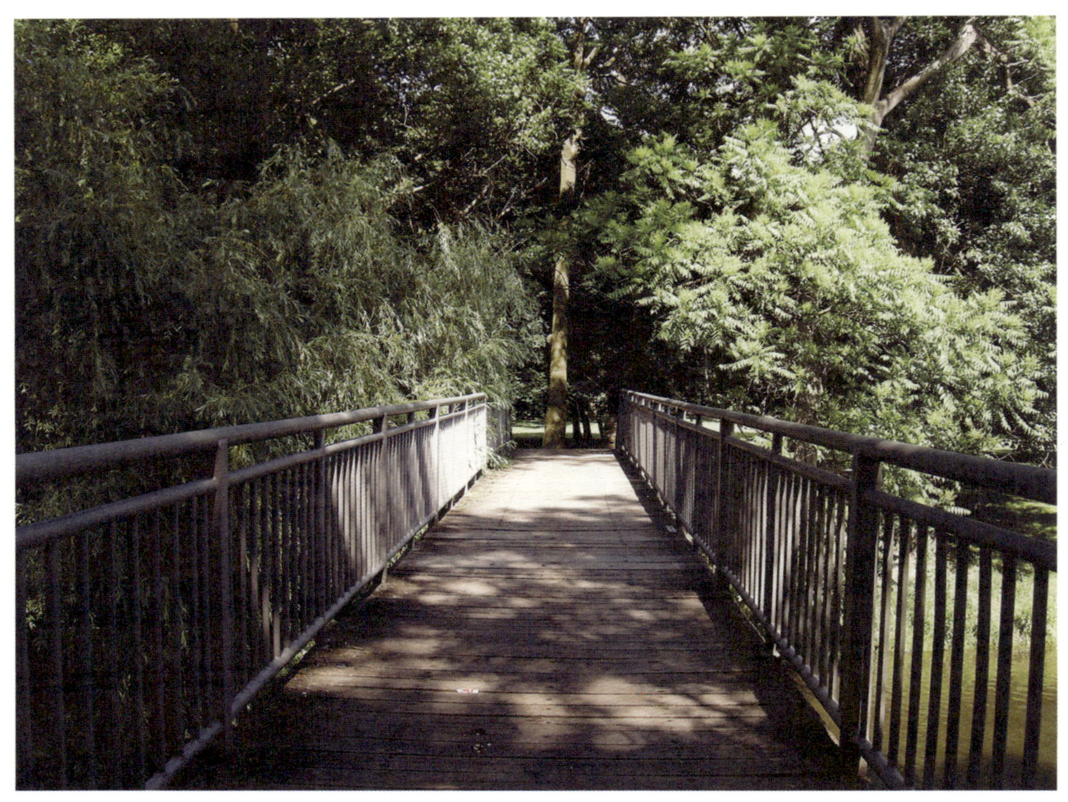

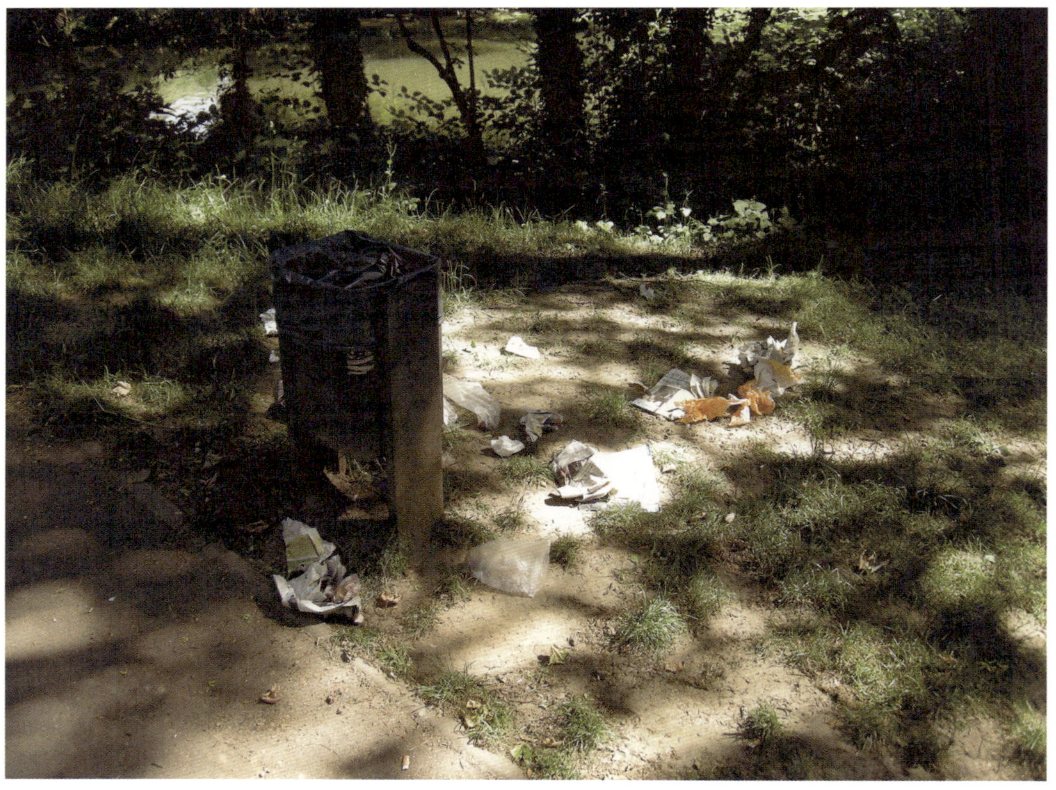

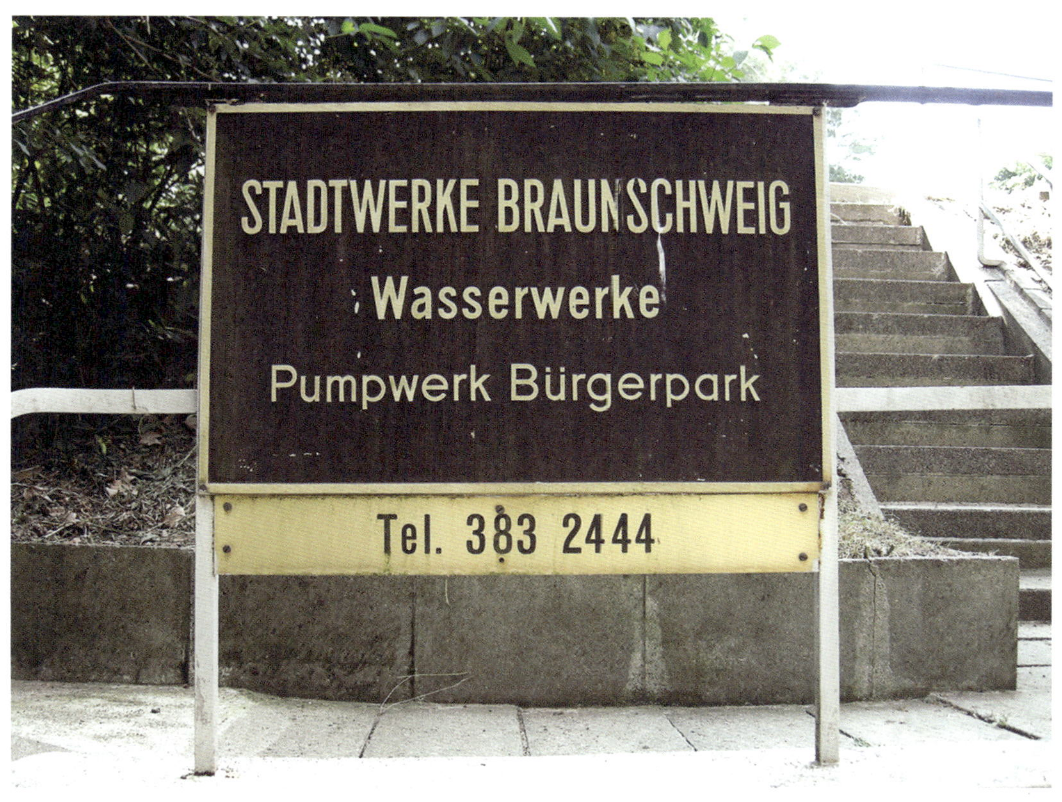

STADTWERKE BRAUNSCHWEIG
Wasserwerke
Pumpwerk Bürgerpark
Tel. 383 2444

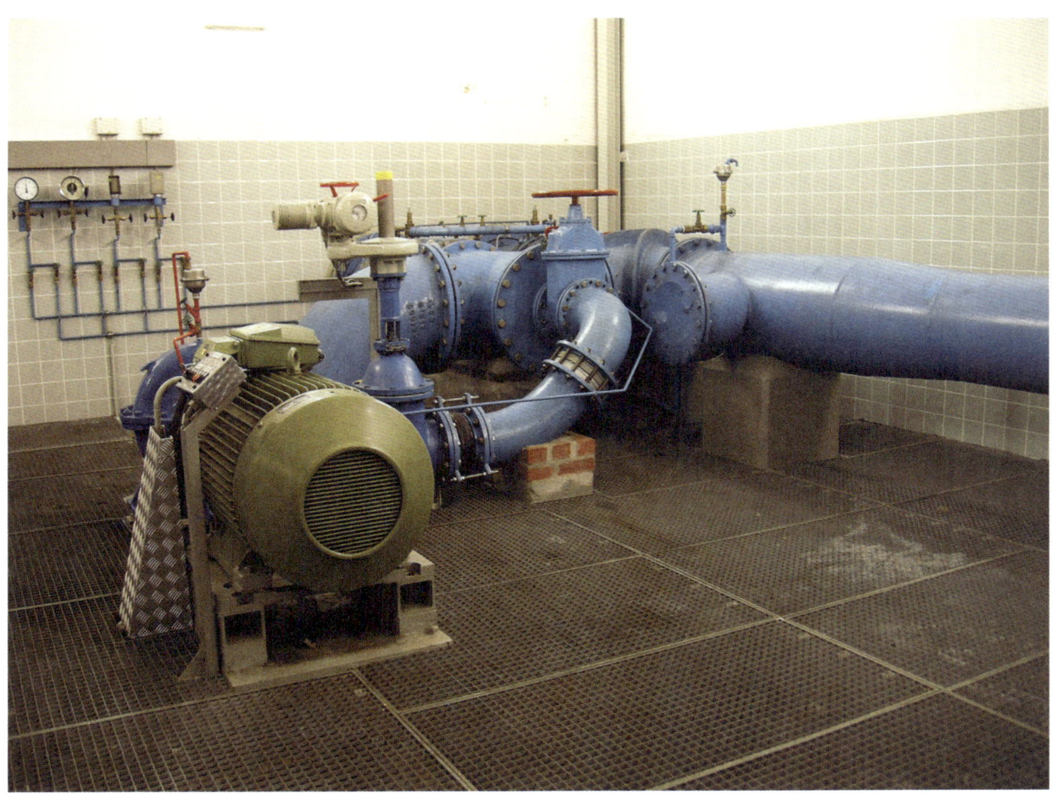

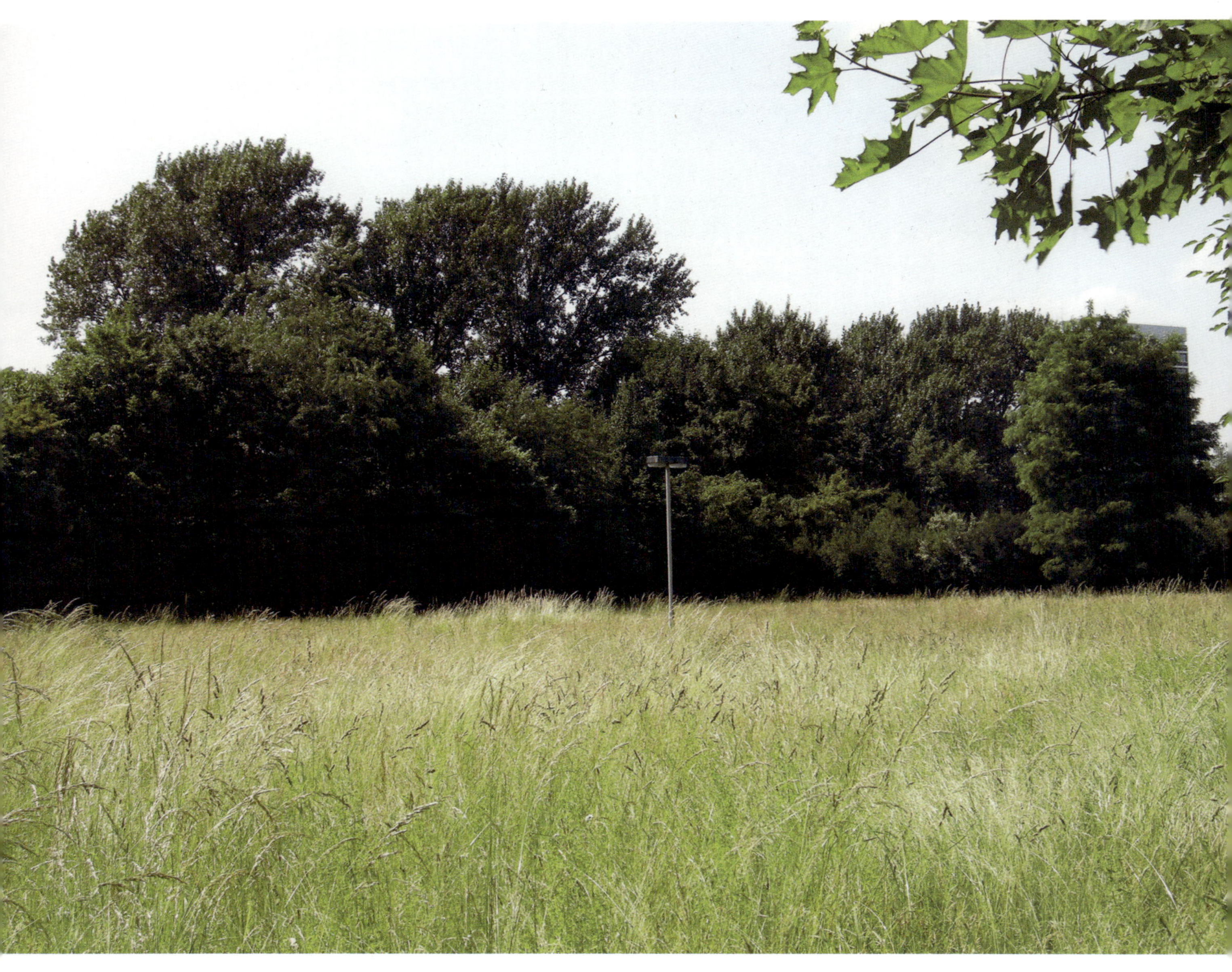

Das im Bürgerpark abgezäunte Wasserschutzgebiet und das darunter liegende Trinkwasserreservoir sind noch heute genutzte Überreste von Braunschweigs erstem Wasserwerk, welches im Zweiten Weltkrieg fast vollständig zerstört wurde. / The fenced-off water conservation area in the Bürgerpark and the potable water reservoir beneath it both of which are still in use today are what remains of Braunschweig's first waterworks, which was almost completely destroyed in the First World War.

Der südlich des Stadtzentrums gelegene Bürgerpark ist eine der ältesten und
mit 42 Hektar die viertgrößte Parkanlage Braunschweigs.

Der weitläufige Park entstand ab 1886 im Niederungsgebiet der Oker nach bereits 1868 vorgelegten Plänen des Gartenarchitekten Friedrich Kreiß (seit 1884
Herzoglicher Promenaden-Inspektor) und wurde im Geschmack der damaligen Zeit
mit Teichen, Spielanlagen und Staffagebauten ausgestattet. Von 1892 bis 1896
wurde im südlichen Teil des Bürgerparks der 4,5 Hektar große Südteich angelegt. Nach dem Ende des Zweiten Weltkrieges wurde im Zuge des Wiederaufbaus der
stark zerstörten Stadt auf dem ursprünglich zur Villa Salve Hospes gehörenden
Parkgelände, dem so genannten Hollandtsgarten, ein neues Freibad eröffnet.
Doch schon vor dem Zweiten Weltkrieg war der Bürgerpark beliebter Ausflugsort
für Badende und besaß mehrere Badeanstalten in und an der Oker. Ende der
1960er Jahre wurde auf dem Grundstück des ehemaligen Wasserwerks im Bürgerpark
das „Freizeit- und Bildungszentrum Bürgerpark" erbaut, dessen Betrieb Anfang
2002 eingestellt wurde. Der Hof des leerstehenden Gebäudes wird seitdem von
Skatern genutzt. In der Nähe befindet sich der „Wasserturm", der zu einem im
Zweiten Weltkrieg fast gänzlich zerstörten Wasserwerk gehörte, das Ende des
19. Jahrhunderts als erstes Wasserwerk der Stadt erbaut worden war. Noch heute
befindet sich im Bürgerparkgebiet ein abgezäuntes Wasserschutzgebiet mit un-
terirdischem Wasserspeicher. In den 1970er Jahren wurde der nördliche Teil
des Parks, der damals noch bis zum Bruchtorwall reichte, trotz Bürgerproteste
mit der Konrad-Adenauer-Straße durchbrochen und der Park wenig später westlich der Oker erweitert. Im und am Bürgerpark befinden sich heute das Messe-
gelände der Stadt, Kleingartenanlagen, Sportanlagen, verschiedene Vereins-
heime, die Volkswagen Halle Braunschweig, das Freibad Bürgerpark, das Hallen-
bad „BürgerBadePark" (das ehemalige „Stadtbad") sowie in den Sommermonaten
ein Beach Club namens „Okercabana". Von Wohngebieten umgeben, ist der Bürgerpark ein beliebtes Naherholungsgebiet, das Braunschweiger Radfahrer aus den
umliegenden Stadtteilen als Abkürzung fernab der großen Straßen auf ihrem Weg
in die Innenstadt nutzen.

The Bürgerpark, situated to the south of the city centre, is one of the oldest and with an area measuring 42 hectares - the fourth largest park in Braunschweig.

The extensive grounds of the park were built in 1886 on the Oker water meadow according to plans already submitted in 1868 by the landscape architect Friedrich Kreiß (Ducal Promenade Inspector from 1884) and was furnished with artificial lakes, playgrounds and decorative buildings according to the prevalent tastes of the time. Between 1892 and 1896, the large "Südteich" or artificial lake measuring 4.5 hectares was constructed-as its name suggests-in the southern part of the park. In the course of post-war reconstruction of Braunschweig, which had been heavily destroyed in World War II, a new open-air swimming pool was opened in 1950 on the grounds originally belonging to Villa Salve Hospes, the so-called Hollandtsgarten. However, before the war the Bürgerpark was a much-favoured resort for bathers and had various facilities for swimming located both in and beside the Oker. At the end of the 1960s the "Bürgerpark Leisure Centre" was built upon the site of the former waterworks in the Bürgerpark and was finally closed down in 2002. Skateboarders have been using the site of the disused building since then. Situated nearby is the "Water Tower", which belonged to the waterworks that was almost completely destroyed during World War II and which had been first erected in the 19th Century as the city's first facility of its kind. In the overall area of the Bürgerpark there is to this day a fenced off water preservation area with an underground reservoir. In the 1970s the northern section of the park that extended as far as the Bruchtorwall, was traversed by a main thoroughfare (the Konrad-Adenauer-Straße) despite civil protestation from the local populace, and some time later was extended to the west of the Oker. Nowadays the trade exhibition site, garden allotments, sports facilities, various sports club, the Volkswagen Halle Braunschweig, the Bürgerpark Lido, the indoor pool "Bürger-BadePark" (the former "municipal city baths"), as well as a beach club during the summer months called the "Okercabana", are all located in and around the Bürgerpark. Surrounded by residential areas, the Bürgerpark is a much loved local resort preferred by cyclists heading for the city centre as a short cut from outlying environs to avoid the traffic of the large roads.

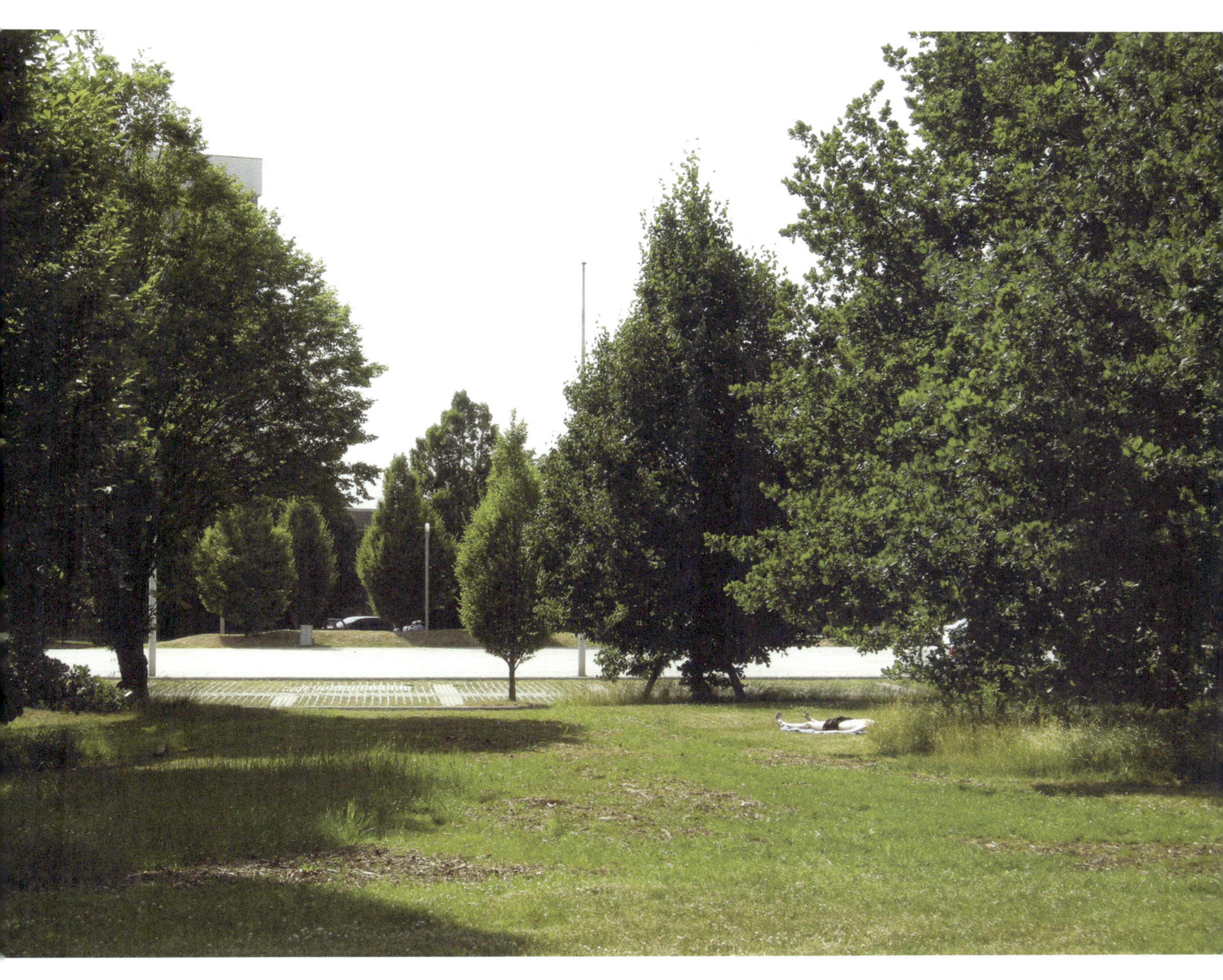

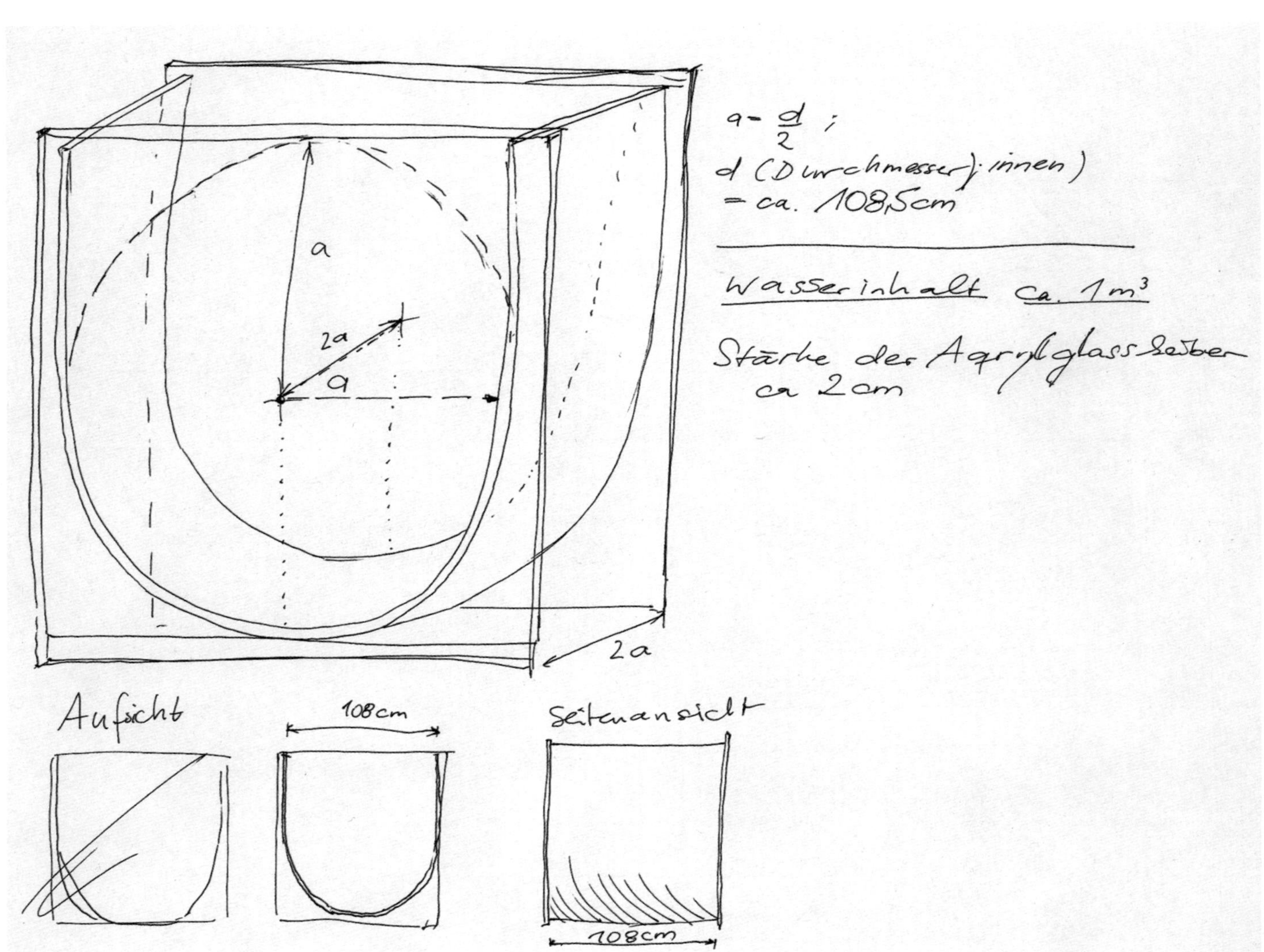

Dræbergoble
Mnemiopsis Leidyi

rechte Seite / page right: Dokumentationsmaterial – Quallenfang in der Warnemünder Bucht, 2008. / Documentation material – Catching of comb jellies in the waters of Warnemünder Bucht, 2008.

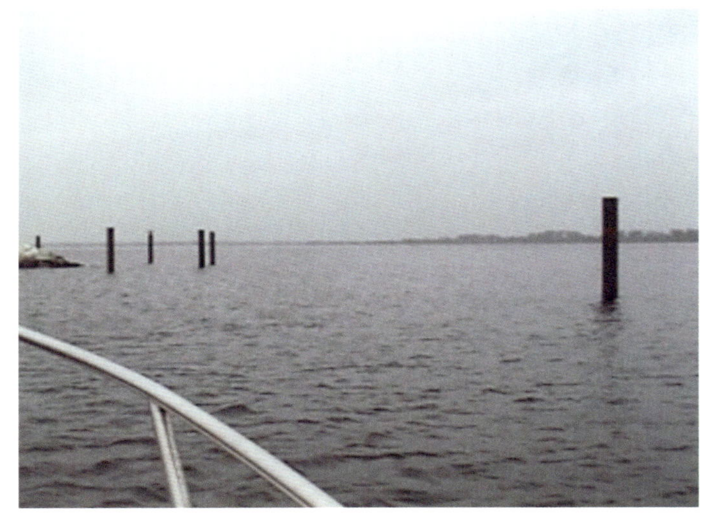

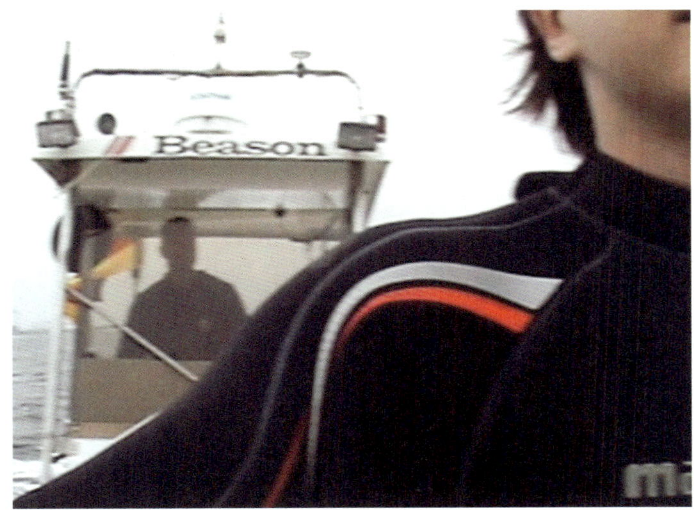

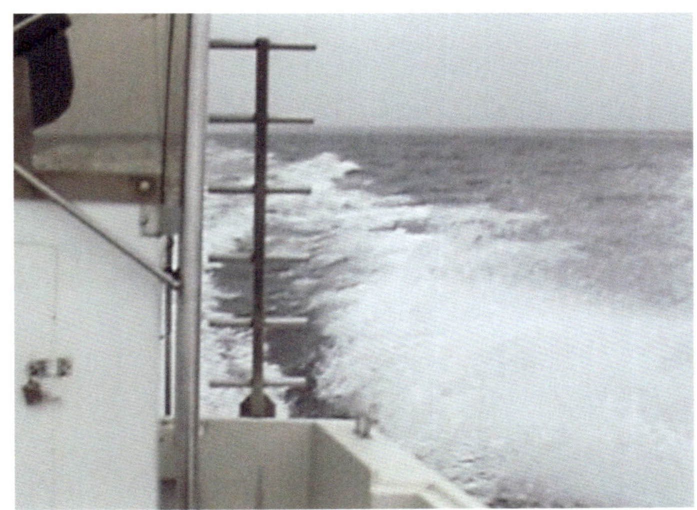

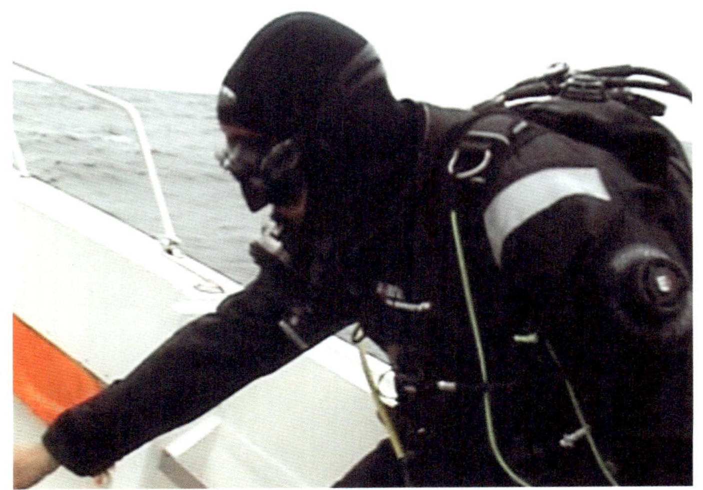

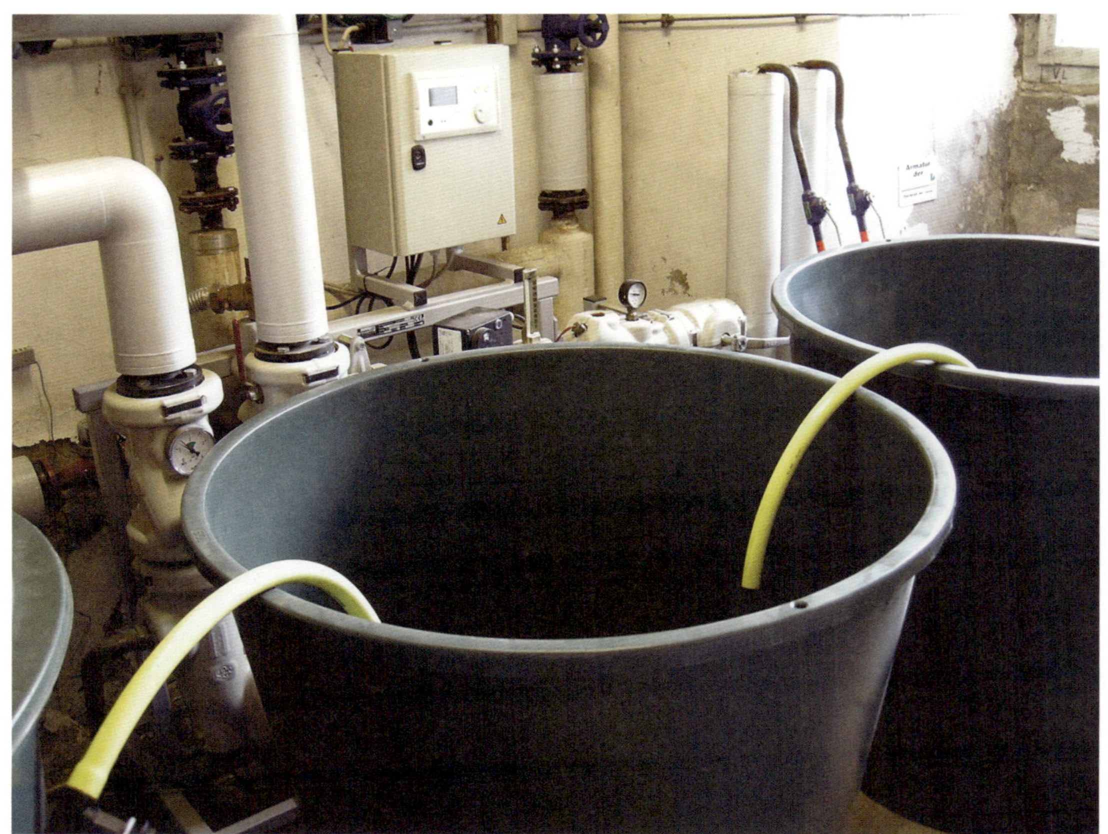

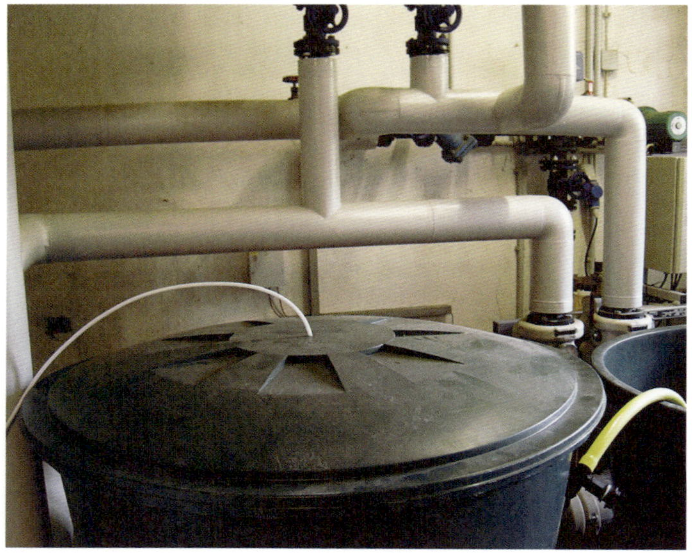

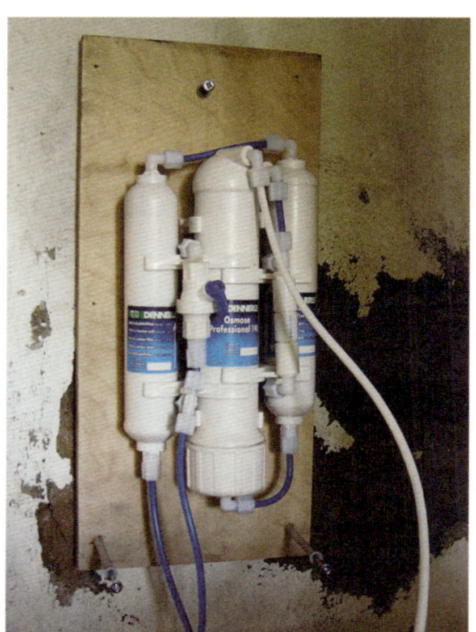

Um das Braunschweiger Leitungswasser für das Quallenaquarium brauchbar zu machen, wurde temporär eine Osmoseanlage im Keller des Kunstvereins installiert. / In order to make Braunschweig's tap water useable for the comb jellies aquarium, a osmosis machine was temporarily installed in the basement of the Kunstverein.

132

Der Begriff *Umkehrosmose* beschreibt ein physikalisches Verfahren, dessen Ziel es
ist, die Konzentrationsdifferenz zwischen zwei chemischen Lösungen zu erhöhen,
die Osmose, den Konzentrationsausgleich zweier unterschiedlich konzentrierter
Stoffe in Richtung einer semipermeablen (halbdurchlässigen) Membran, also um-
zukehren. Dies geschieht über eine Erhöhung des physikalischen Drucks auf der
für die gelösten Stoffe nicht durchlässigen Seite, so kann das Lösemittel zwar
die Membran durchdringen, die gelösten Stoffe werden jedoch zurückgehalten.
Der physikalische Druck muss demnach größer sein als der osmotische. Ein großes
Anwendungsspektrum bietet hier die Wasseraufbereitung, wobei die größte Bedeutung wohl der Trinkwassergewinnung aus Meerwasser zugesprochen werden muss,
welche bis vor kurzem allgemein noch als Umweltsünde galt. So wurde jedoch
2007 eine schwimmende, nach Angaben der Universität der Ägäis, vollkommen um-
weltfreundliche Meerwasserentsalzungsanlage vor der griechischen Insel Iraklia
installiert, die nebenbei ihre benötigte Betriebsenergie aus Wind- und Sonnen-
energie bezieht. Aber auch in der Aquaristik nimmt die Aufbereitung von Wasser
einen wichtigen Stellenwert ein. So ist osmotisch aufbereitetes Wasser für die
gängigen Aquarienbewohner nicht von Bedeutung, werden jedoch Arten mit speziellen Anforderungen, wie geringe Gesamthärtegrade oder einer speziellen
Zusammensetzung der gelösten Ionen gehalten, dann ist der Einsatz einer Umkehr-
osmoseanlage beim europäischen Leitungswasser oft unerlässlich. Nachträglich
müssen dann die benötigten Ionen, wie zum Beispiel Natrium-, Kalium-, Magne-
sium- und Mangansalze in der richtigen Menge wieder hinzugeführt werden, um
die Wasserwerte des Heimatgebietes der gehaltenen Art zu simulieren. /

The term *reverse osmosis* describes a physical process whose purpose is to increase
the difference between the concentrations of two chemical solutions, in other
words to reverse the osmosis, i.e. the equalization of the concentrations of
two substances with varying concentrations in the direction of a semi-perme-
able membrane. This occurs through an increase in the physical pressure on
the side which does not allow the dissolved substances to pass through it, so
that the solvent can penetrate the membrane while the dissolved substances are
held back. The physical pressure must accordingly be higher than the osmotic
pressure. There are a wide range of applications in the field of water treatment, with the highest importance being assigned to the abstraction of drinking water from sea water, something which until quite recently was considered
to be an environmental taboo. But in 2007 off the coast of the Greek island
Iraklia, a floating desalinization plant was installed which, according to the
University of the Aegean, is one-hundred percent environmentally friendly and
which, in addition, derives its required operating energy from wind and solar
energy. But in aquarium-keeping as well, water treatment plays an important
role. Osmotically prepared water is irrelevant for the typical inhabitants of
aquariums, but for species with special requirements such as a low degree of
water hardness or a specific composition of the dissolved ions, then the utili-
zation of a reverse-osmosis processor often proves to be indispensable with
European tap water. The required ions - for example sodium-, potassium-, magne-
sium- and manganese-salts - must subsequently be added in the correct amounts
in order to simulate the water values of the native area of the kept species.

Lutz Postel, senior scientist at the Leibniz Institute for Baltic Sea Research, Rostock-Warnemünde, Germany, and lecturer at Rostock University.

A Matter of Time and Temperature: The Spread of *Mnemiopsis leidyi*

The proliferation of alien jellies in northern European waters is causing alarm. The potential for serious harm to the ecosystem has been acknowledged, but *Mnemiopsis leidyi's* (A. Agassiz 1865) introduction might be not have the severe consequences that led to the collapse of the Black Sea anchovy industry in the 1980s.
Lutz Postel and Sandra Kube call for the evaluation of possible environmental and economic impacts that the comb jelly could have, but emphasize that currently lower abundances put the potential damage into perspective.

The incursion was unexpected: Clear signals of imminent danger had been misinterpreted. Initial reports of the lobate ctenophore *Mnemiopsis leidyi* appeared in 2006, with first sightings along many coastal areas of northern Europe, from the southern North Sea to the southwestern Baltic Sea. Although ctenophores native to the middle and surface (pelagic) waters of these areas had never seriously affected the foodweb, this alien invasion had unfortunate precedents in the Black and Caspian seas.

A black day
Mnemiopsis leidyi was first sighted in the Black Sea in 1982, following its probable transfer from the Atlantic coast of North America via the ballast waters of oil tankers. In Black Sea waters, full of nutrients and low in oxygen, *M. leidyi* found ideal feeding conditions, and the absence of a natural predator along with optimal reproduction temperatures allowed *M. leidyi* to spread massively. Within ten years, the zooplankton mass of the Black Sea had been drastically reduced, and the fishing industry, based on the already extremely exploited European anchovy (*Engraulis encrasicolus*) stocks, collapsed.

In 1999, *M. leidyi* was sighted in the southern Caspian Sea and, over the next few years, it spread northwards. Again, the zooplankton biomass decreased massively (by almost tenfold from 1998 to 2000), and from 2000 to 2004, catches of the anchovy kilka (*Clupeonella engrauliformis*), the most abundant species of fish in the Caspian Sea, dropped fivefold (Shiganova, 2002; Daskalov and Mamedov, 2007).

An appetite for reproduction
These ctenophores have two major characteristics that should cause concern in northern European waters: their remarkable nutritive demand and their large reproductive capacity.

When feeding, *M. leidyi* ingests any organism that it can capture in its oral lobes, including mainly planktonic crustaceans, such as the minute cladocerans and crustaceans, as well as fish eggs and fry. However, as it grows towards maximum size, it feeds on fish eggs and fry. When food is abundant, it continues feeding, despite a full "stomach" (stomadeum), then regurgitates excess undigested food in a bolus of mucus. Conversely, it can survive starvation periods, during which it might undergo a two- to threefold reduction in size in as little as two weeks of starvation. However, it grows to a maximum size of more than 20 cm under ideal conditions.

As all planktonic ctenophores, *M. leidyi* is a self-fertilizing hermaphrodite, with both ovaries and spermatophore bunches. Thus, viable offspring are produced from each adult with the start of egg production, generally considered to indicate the adult stage; this occurs approximately two weeks after spawning and long before they reach their upper size limits. With egg production highly correlated with wet weight (Shiganova, 2002), each adult will produce 600 to 1000 eggs per day on average, with maximum levels of more than 7000 eggs per individual per day.

At the same time, *M. leidyi* demonstrates broad ecophysiological plasticity regarding environmental factors (Kube *et al.*, 2007), mainly sea temperature, salinity, and dissolved oxygen. Indeed, sea temperature is the main factor determining the abundance of *M. leidyi*. It can be found at temperatures from 1°C to 32°C in its natural habitat in North American Atlantic coastal waters (Shiganova and Panov, 2003), although its ideal reproductive temperature starts around 20°C. Similarly, the salinities of its natural habitat can vary from 5 PSU to 38 PSU, and it can survive at very low dissolved oxygen of 0.2-0.3 mg l^{-1}. The success of *M. leidyi* in the eutrophic seas of the eastern Mediterranean is thus closely linked to water temperatures ranging from 4°C to 31°C and salinities of 3 PSU to 39 PSU.

Coming to a sea near you

Although the first North Sea sightings occurred in 2006, it is likely that *M. leidyi* was introduced to the North Sea earlier. Earlier sightings were probably misidentified. For example, in 2001, a mass occurrence of ctenophores was reported in Dutch waters and was attributed to *Bolinopsis infindibulum* (Faasse and Bayha, 2006). On first inspection, these two polymorphic species are similar; however, differentiation is restricted to middle-aged and adult specimens. Indeed, indications are that transfer occurred following a mass occurrence of *M. leidyi* in and around Boston Harbor in 2000, carried in ballast water along the permanent shipping lanes between the US and Rotterdam and Antwerp.

The potential threat of this invasion makes close monitoring of the patterns of spread imperative. After the 2006 sightings and into spring 2007, *M. leidyi* spread from the southwestern Baltic Sea to the southeastern Gotland Basin. Although it was found in the entire water column in Kiel Bight (up to 90 individuals m^{-3} in autumn 2006), it occurred exceptionally below the halocline in the deep stratified central Baltic basins in low concentration. Abundance was less than 1 individual m^{-3} throughout the entire winter/spring period at temperatures around 10°C, salinities between 10 PSU and 14 PSU, and dissolved oxygen between 1-3 mg l^{-1}. Thus, *M. leidyi* clearly survived the 2006/2007 winter in the Baltic Sea and began to extend its distribution range farther into the northern Baltic Sea during 2007 (Kube *et al.*, 2007; Lehtiniemi *et al.*, 2007).

By late summer 2007, *M. leidyi* had spread to the entrance of the Gulf of Finland and the central Bothnian Sea, with the highest densities, including juveniles, found in water layers around the halocline. There were also reports of clusters of *M. leidyi* in a number of locations around the Gulf of Gdansk in the southern Baltic Sea of Poland in October and November 2007 (Janas and Zgrundo, 2007). In December 2007, it was also found in small numbers in the eastern Gulf of Finland (Lehtiniemi *et al.*, 2007).

The earliest reports of *M. leidyi* from Danish waters relied on photographed specimens collected in late summer 2005 and 2006. From early 2007, numerous sightings and some mass occurrences were reported throughout inner Danish territorial waters along the coastal and estuarine areas of Jutland, Funen, and Zealand (Tendall *et al.*, 2007). From 2007 to 2008, *M. leidyi* again overwintered in the southwestern Baltic Sea and in Danish waters (Riisgård *et al.*, 2007). Interestingly, a report in early 2008 also showed *M. leidyi* overwintering in the deep waters of the Åland Sea in the northern Baltic Sea (Lehtiniemi *et al.*, 2008).

There was a considerable west-east gradient in the summer 2007 abundance of *M. leidyi* in the southwestern Baltic, ranging from 500 individuals m^{-3} in Kiel Bight in June 2007 and 100 individuals m^{-3} in Mecklenburg Bay in September 2007 to tenfold to 100-fold lesser abundance east of Darss Sill.

Limiting factors

It is interesting to note that, although some 80% of the individuals from Mecklenburg Bay were juveniles 1-2 mm in size, overall for the Baltic Sea, the adult specimens have been three times smaller than those found in the Black Sea. Owing to the close relationship between food supply and size of *M. leidyi*, this offers some limiting effects on the spread of *M. leidyi* in the waters of northern Europe.

How might this year-to-year spread affect the fishing industries of northern Europe? Although to date, there is little direct data available to define the possibilities with any certainty, initial indications are that the spring spawning of herring (*Clupea harengus*) in the southwest Baltic Sea and cod (*Gadus morhua*) in the Belt Sea should be safe, inasmuch as the distribution of their fry does not coincide with any reported mass occurrences of *M. leidyi*.

Reminiscent of the anchovy industry of the Black Sea, however, the summer spawning of the already highly exploited cod stocks of the central Bornholm Sea could be at risk, as indicated by reports of the co-occurrence of *M. leidyi* and fish eggs and fry in the same water layer near the halocline in central Bornholm Basin in summer 2007 (Haslob *et al.*, 2007). Similarly, although stocks of sprat (*Sprattus sprattus*) are currently high in the Baltic, competing for food with *M. leidyi*, the sprat spawning migration into the Bornholm Basin during spring and early summer could well promote the spread of *M. leidyi* (Huwer *et al.*, 2008).

Although the abundance reported in 2008 for *M. leidyi* in the Baltic has remained low - by a factor of three compared with 2007 - observation of the spread and stock development of *M. leidyi* in these waters must be maintained. With its overwintering in the Baltic Sea now established, and with some reports of great abundance in the warmer and more eutrophic inland areas of coastal Denmark that could well act as donor areas, *M. leidyi* might be capable of spreading into the important fish spawning grounds of the central Bornholm Basin (Huwer *et al.*, 2008).

Considering *M. leidyi's* capacity for physiological and genetic adaptation and the fragility of the foodweb, it is clear that urgent and resolute evaluation of these conditions is necessary. Memories of the Black Sea disaster will impel action.

Literature

Note that all issues of Aquatic Invasions are available free online at www.aquaticinvasions.ru/

Daskalov, G. M., and Mamedov, E. V. 2007. Integrated fisheries assessment and possible causes for the collapse of the anchovy kilka in the Caspian Sea. ICES Journal of Marine Science, 64(3): 503-511.

Faasse, M. A., and Bayha, K. M. 2006. The ctenophore *Mnemiopsis leidyi* (Agassiz 1865) in coastal waters of the Netherlands: an unrecognized invasion? Aquatic Invasions, 1: 270-277.

Haslob, H., Clemmesen, C., Schaber, M., Hinrichsen, H. H., Schmidt, J., Voss, R., Kraus, G., and Köster, F.W. 2007. Invading *Mnemiopsis leidyi* as a potential threat to Baltic fish. Marine Ecological Progress Series, 249: 303-306.

Huwer, B., Storr-Paulsen, M., Riisgård, H. U., and Haslob, H. 2008. Abundance, horizontal and vertical distribution of the invasive ctenophore *Mnemiopsis leidyi* in the central Baltic Sea, November 2007. Aquatic Invasions, 3(2): 113-124.

Janas, U., and Zgrundo, A. 2007. First record of *Mnemiopsis leidyi* (A. Agassiz, 1865) in the Gulf of Gdansk (southern Baltic Sea). Aquatic Invasions, 2(4): 450-454.

Kube, S., Postel, L., Honnef, C., and Augustin, C. B. 2007. *Mnemiopsis leidyi* in the Baltic Sea - distribution and overwintering between autumn 2006 and spring 2007. Aquatic Invasions, 2(2): 137-145.

Lehtiniemi, M., Pääkkönen, J-P., Flinkman, J., Katajisto, T., Gorokhova, E., Karjalainen, M., Viitasalo, S., and Björk, H. 2007. Distribution and abundance of the American comb jelly (*Mnemiopsis leidyi*) - A rapid invasion to the northern Baltic Sea during 2007. Aquatic Invasions, 2(4): 445-449.

Lehtiniemi, M., Viitasalo, S., and Katajisto, T. 2008. Alien comb jelly surviving the Baltic winter. HELCOM News 1/2008: 12.

Riisgård, H. U., Bøttiger, L., Madsen, C. V., and Purcell, J. E. 2007. Invasive ctenophore *Mnemiopsis leidyi* in Limfjorden (Denmark) in late summer 2007 - assessment of abundance and predation effects. Aquatic Invasions, 2(4): 395-401.

Shiganova, T. 2002. *Mnemiopsis leidyi* (A. Agassiz, 1865). www.caspianenvironment.org/biodb/eng/zooplankton/Mnemiopsis%20leidyi/main.htm.

Shiganova, T. A., and Panov, V. E. 2003. Biology of *Mnemiopsis leidyi*. Regional Biological Invasions Centre (RBIC). www.zin.ru/projects/invasions/gaas/mnelei.htm. Invasive ctenophore *Mnemiopsis leidyi* widely distributed in Danish waters, Aquatic Invasions, 2(4): 455-460.

Supplementary reading

Boxshall, G. 2007. Editorial: Alien Species in European Coastal Waters. Aquatic Invasions, 2(4): 279-280.

Faasse, M. A., and Bayha, K. M. 2006. The ctenophore *Mnemiopsis leidyi* (A. Agassiz, 1865) in coastal waters of the Netherlands: an unrecognized invasion? Aquatic Invasions, 1(4): 270-277.

Hansson, H. G. 2006. Ctenophores of the Baltic and adjacent Seas - the invader *Mnemiopsis* is here! Aquatic Invasions, 1(4): 295-298.

Javidpour, J., Sommer, U., and Shiganova, T. 2006. First record of *Mnemiopsis leidyi* (A. Agassiz, 1865) in the Baltic Sea. Aquatic Invasions, 1(4): 299-302.

Oliveira, O. M. P. 2007. The presence of the ctenophore *Mnemiopsis leidyi* in the Oslofjorden and considerations on

the initial invasion pathways to the North and Baltic
Seas. Aquatic Invasions, 2(3): 185-189.

Biographies

Lutz Postel is senior scientist at the Leibniz Institute
for Baltic Sea Research, Rostock-Warnemünde, Germany,
and lecturer at Rostock University. In addition to his
contributions to the ICES Zooplankton Methodological
Manual, his areas of research include space-temporal distribution, decadal-scale variability, metabolic activity and growth of zooplankton, foodwebs, oxygen minimum
zones, neozoa, and jellies.

Sandra Kube is employed at the recently founded Interdisciplinary Faculty of Rostock University, Germany. She
was engaged in a short-term project for monitoring and
assessment of Mnemiopsis leidyi in the southern Baltic
Sea at the Leibniz Institute for Baltic Sea Research,
as well as in EU-funded projects on Changes in Biodiver-
sity (BIOCOMB) and Biological effects of Environmental
Pollution (BEEP).

Chris Berrie, a freelance science writer based in Italy,
contributed to this article.

Pull Quotes

Within ten years, the zooplankton mass of the Black Sea
had been drastically reduced, and the fishing industry
collapsed.
M. leidyi is a self-fertilizing hermaphrodite, with both
ovaries and spermatophore bunches.
Memories of the Black Sea disaster will impel action.

Life history stages of *Mnemiopsis leidyi*

1. Cydippid stage (less than 2 mm in length).
The cydippae have a spherical form without lobes. Newly hatched cydippae (150 – 300 µm) have long catching tentacules (mostly retracted when disturbed). Their comb rows show long cilia (Fig. 1C and Fig. 3). The tentacules disappear in later cydippid stages of 500 – 2000 µm (Fig. 1D and Fig. 4). Lobes start to develope when the individuals exceed app. 5 mm in length.

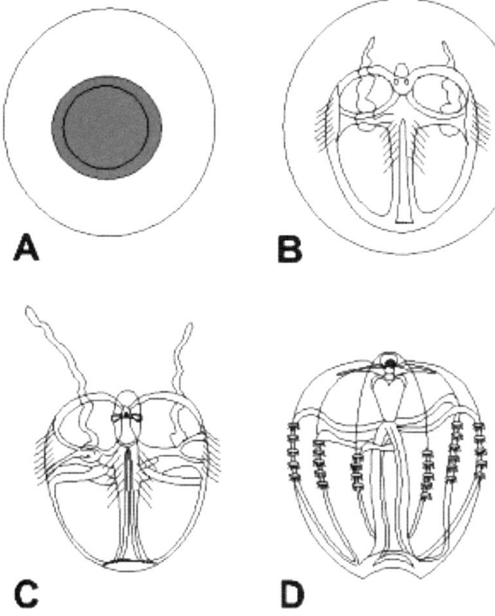

Fig. 1. Early life stages of *Mnemiopsis*. (A) newly laid egg (150-300µm), (B) embryo with tentacles, about 30 hours old, still within the egg envelope, (C) tentaculate, cydippid stage (D) cydippid stage without tentacles, lobes start to develope (after Shiganova 2000).

2. Adults.
Mnemiopsis (Fig.2 and Fig. 5) are lobate ctenophores with two large oral lobes, transparent with white or pink inner structures. The animal moves by means of cilia on rowing membranes. The cilia are directed towards aboral side, so that the ctenophores swim with their mouth ahead. The maximum size of *Mnemiopsis* is 14-18 cm, specimen found in the Baltic Sea were smaller (max. 10 cm).

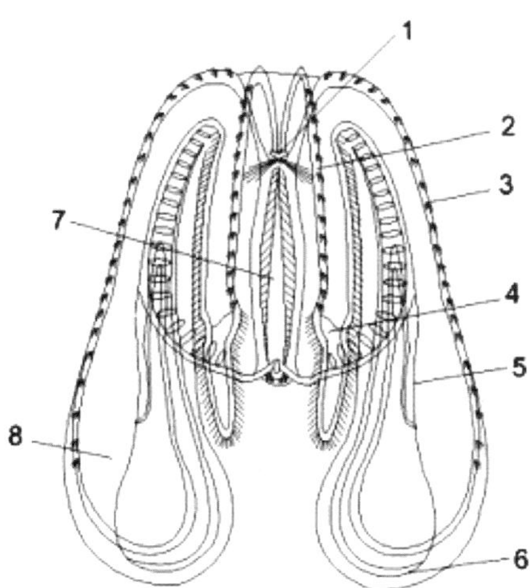

Fig. 2. *Mnemiopsis leidyi*. (1) aboral organ, (2, 3) comb rows, (4) auriculus, (5) subsagital tube, (6) translobal tube, (7) tentacular tube, (8) lobe (from Shiganova 2000).

139

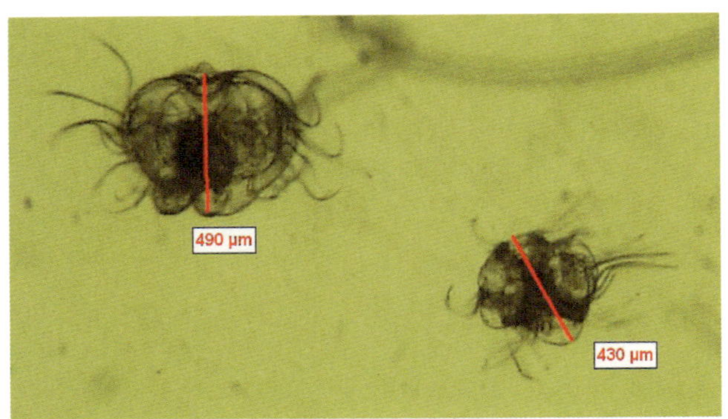

Fig. 3 *Mnemiopsis leidyi*. Early cydippid stage.

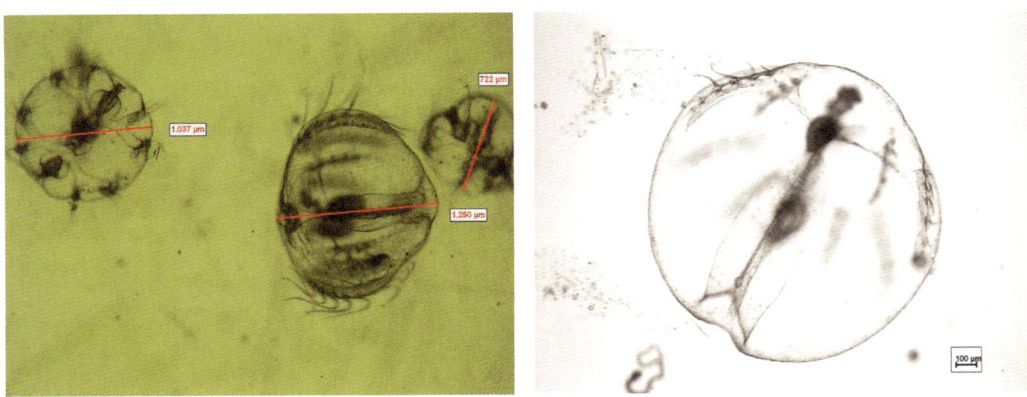

Fig. 4 *Mnemiopsis leidyi*. Cydippid stage.

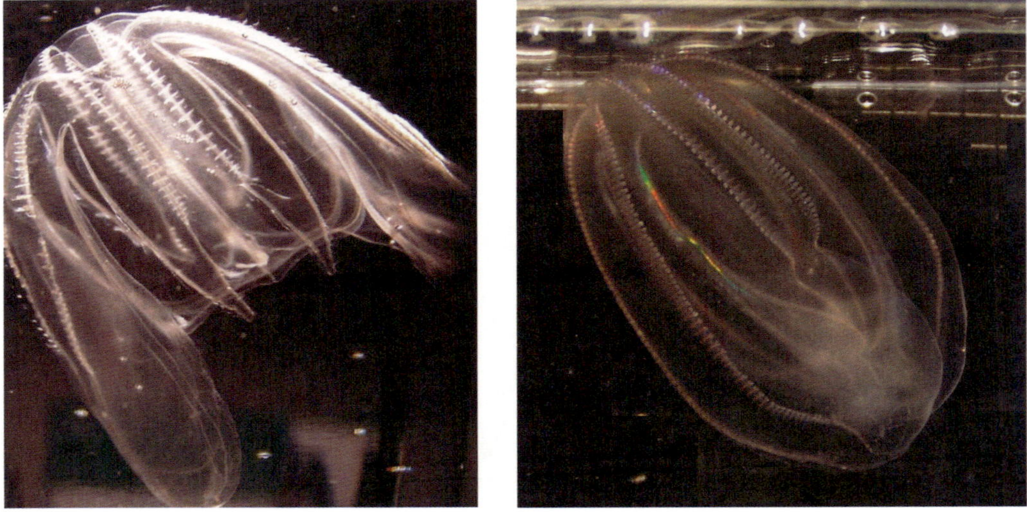

Fig. 5 *Mnemiopsis leidyi*. Adult. Lobes opened (left) and close together (right)

Comparison with other ctenophores of the Baltic Sea

Bolinopsis infundibulum

Life history stages of *Mnemiopsis* are similar to those of *Bolinopsis* (Fig. 6), which occurs occasionally in the western Baltic Sea (Darss Sill).

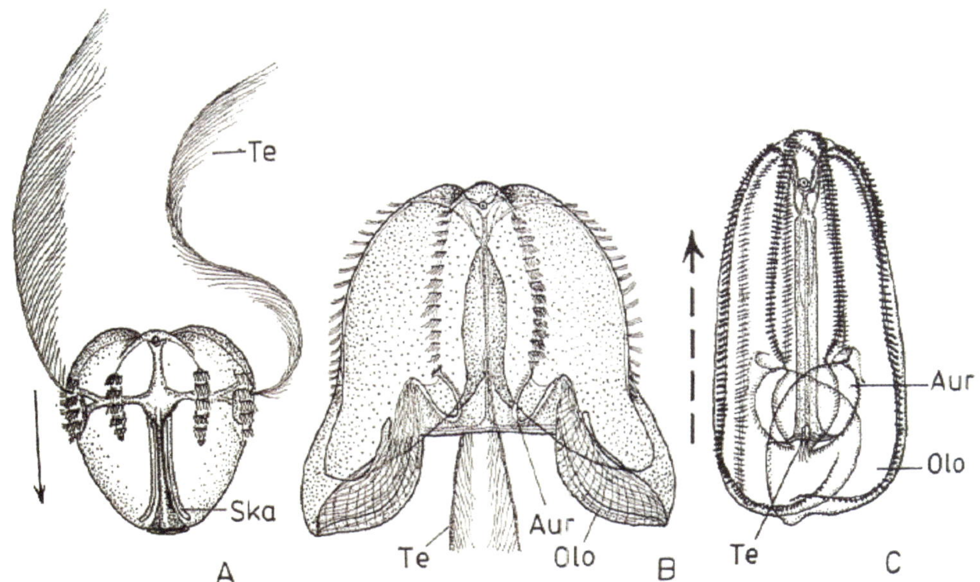

Fig. 6. *Bolinopsis infundibulum* (A) Cydippid stage, 5mm; (B) Lobate stage with opened lobes, 1cm; (C) Lobate stage with lobes close together, 12 cm.

To distinguish between both species, the distance between the aboral pole, the lobe basis and the oral pole has to be considered (Fig. 7). The lobe basis is close to the aboral pole in *Mnemiopsis*, whereas it is closer to the oral pole in *Bolinopsis*.

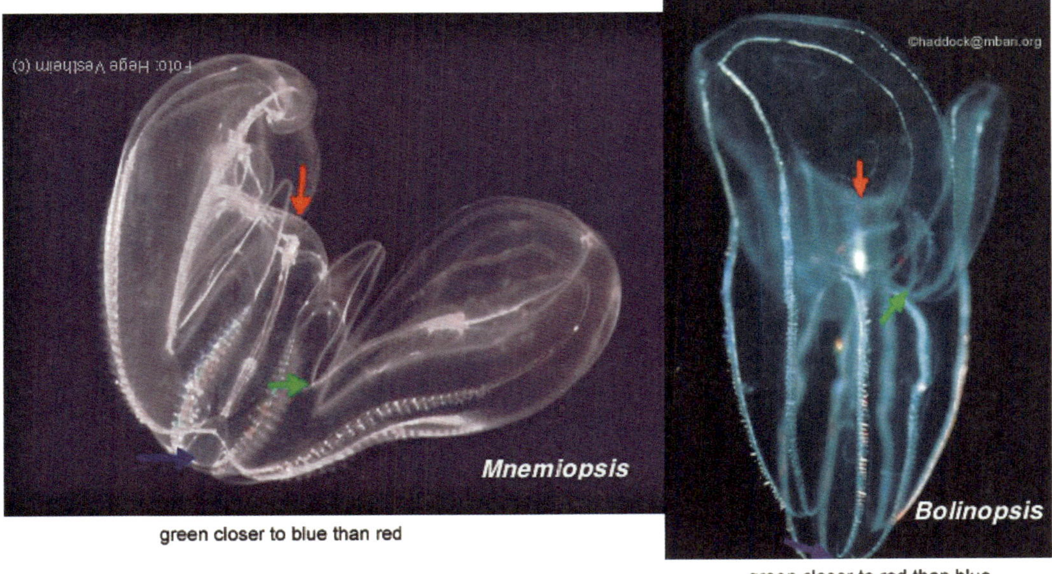

Fig. 7. Comparison *Mnemiopsis* – *Bolinopsis*. Blue: aborale pole, green: lobe basis, red: orale pole.

Die deutsche Bundesanstalt Technisches Hilfswerk (THW) wurde am 12. September 1950 als
Zivil- und Katastrophenschutzorganisation des
Bundes gegründet und untersteht dem Bundesmi-
nisterium des Innern. Seit dem 25. August 1953
ist das THW eine nicht rechtsfähige Anstalt
des öffentlichen Rechts. Die internationale Be-
zeichnung lautet „German Federal Agency For
Technical Relief". Zu den Aufgaben gehören der
Zivilschutz, humanitäre Hilfe im Ausland und
die Hilfe im Katastrophenschutz auf Anforderung
der zuständigen Stellen.

The Bundesanstalt Technisches Hilfswerk (THW)
or "German Federal Agency For Technical Relief"
as it is known internationally, was founded on
12th September 1950 as a federal civil protection and disaster relief organisation directly
under the German Ministry of the Interior.
Since 25th August 1953 the THW has been a public law institution without legal capacity.
Duties include civil protection, international
humanitarian aid and disaster relief at the
behest of the relevant authorities.

Brücke / Bridge

Hilfsbrücke in Waldenbuch, THW Ofterdingen

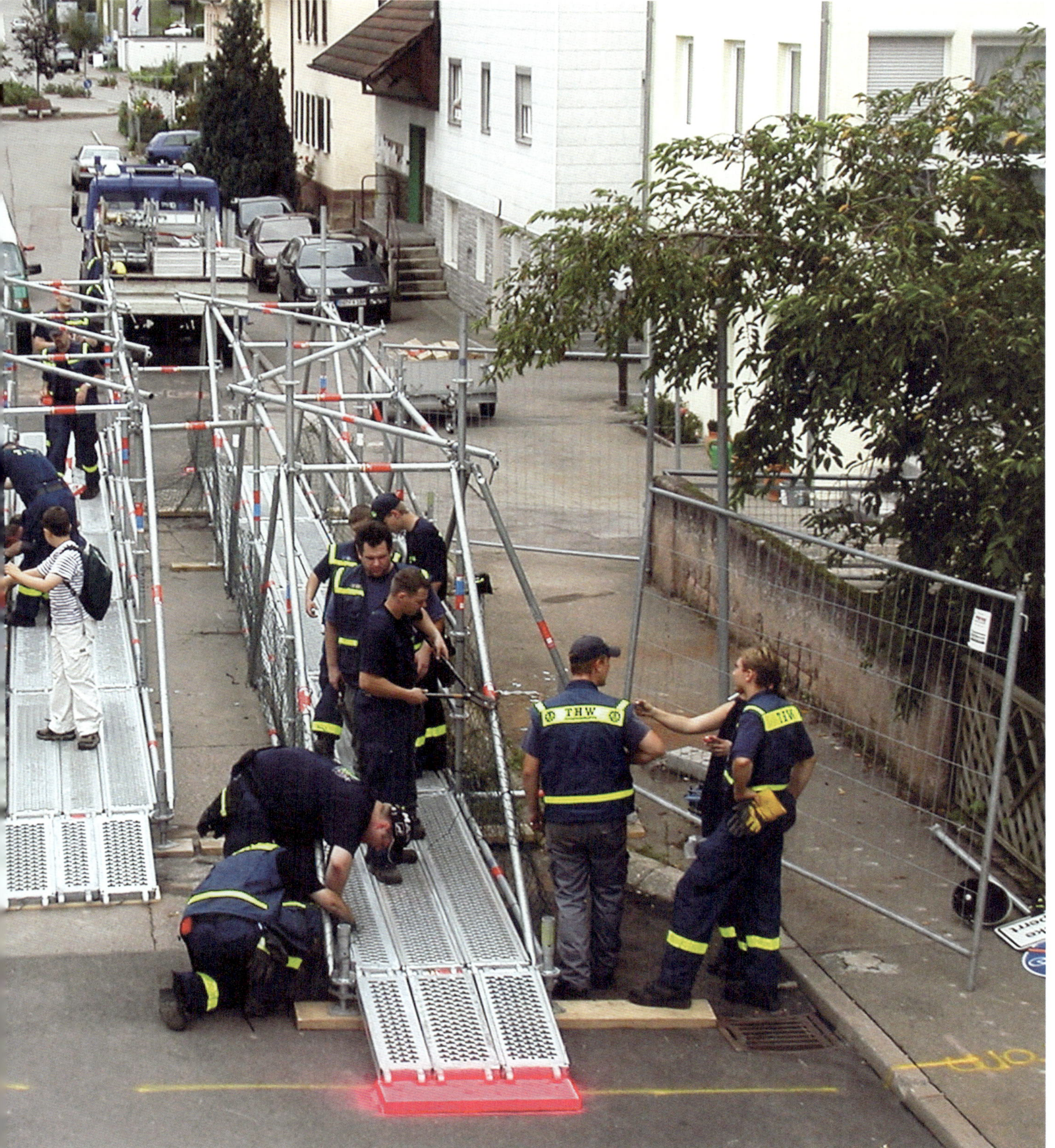

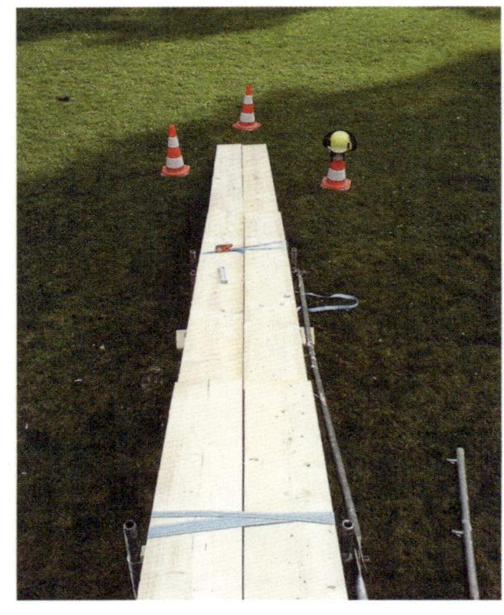 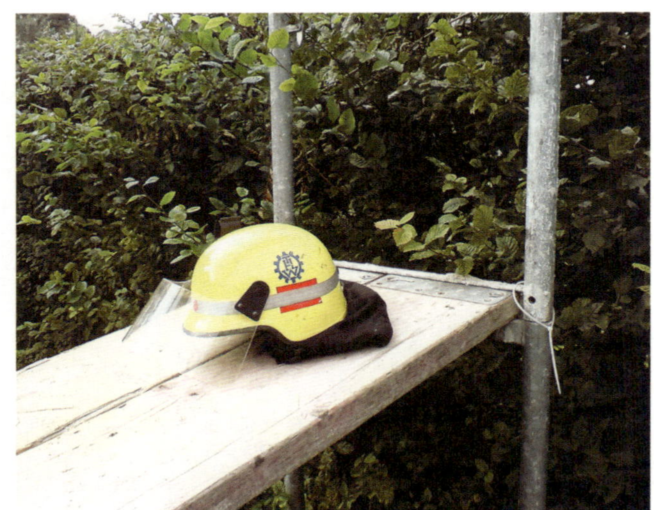

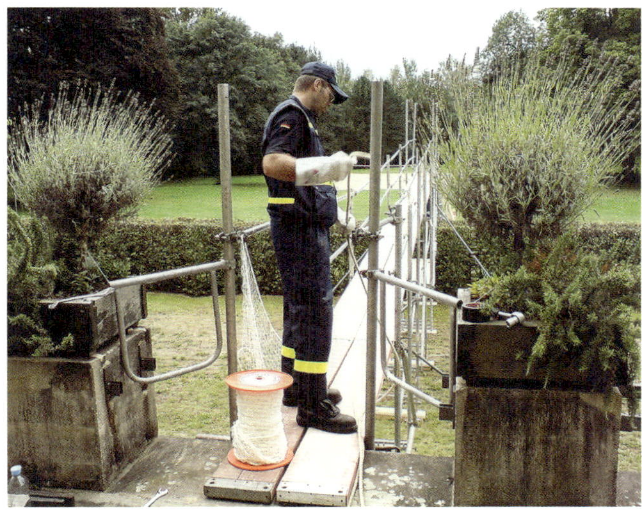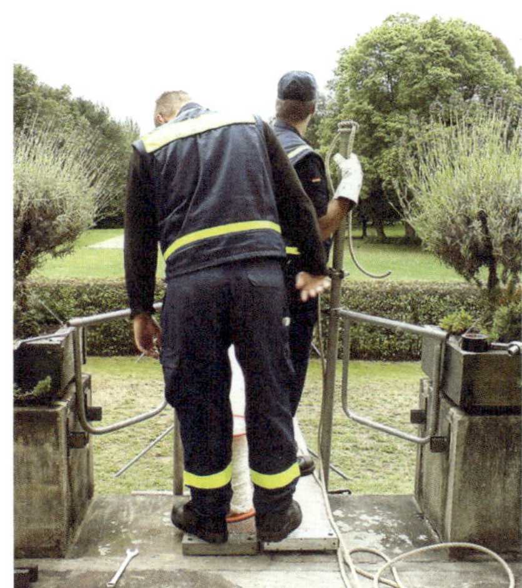

Technische Gefahrenabwehr

- Orten, Retten und Bergen
- Räumen und Sprengen
- Retten aus Wassergefahren
- Bekämpfen von Überflutungen
  und Überschwemmungen
- Beleuchten von Einsatz-
  stellen

Technische Hilfe im Bereich
der Infrastruktur

- Elektroversorgung
- Trinkwasserversorgung
- Abwasserentsorgung
- Brückenbau

Führung/ Kommunikation,
Logistik

- Einrichten und Betreiben
  von Führungsstellen
- Führungsunterstützung
- Einrichtung temporärer
  Telekommunikationssysteme
- Einrichten und Betreiben
  von Logistikstützpunkten
- Verpflegung und Betreuung
  von Einsatzkräften
- Materialerhaltung, Repara-
  tur- und Wartungsarbeiten
  für Einsatzausstattung
- Verbrauchsgütertransport
  für Einsatzbedarf

Technische Hilfe im
Umweltschutz

- Ölschadenbekämpfung
- Wasseranalyse

Versorgung der Bevölkerung

- Strom- und Trinkwasser-
  versorgung
- Abwasserentsorgung
- Errichtung und Einrichtung
  von Notunterkünften und
  Sammelplätzen mit ent-
  sprechender Infrastruktur

Weitere technische
Hilfeleistungen

- technische Hilfe auf
  Verkehrswegen
- Höhenrettung
- Tauchen
- Behelfsmäßiger Straßenbau
- Wartung von Zivilschutz-
  einrichtungen(Notbrunnen,
  Schutzräume)

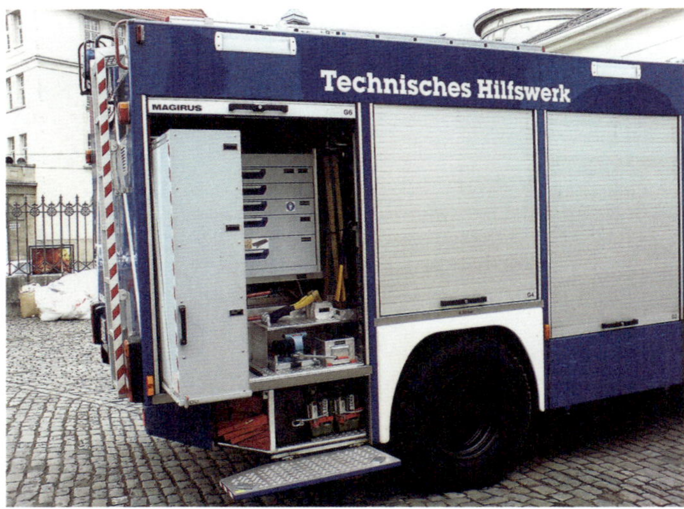 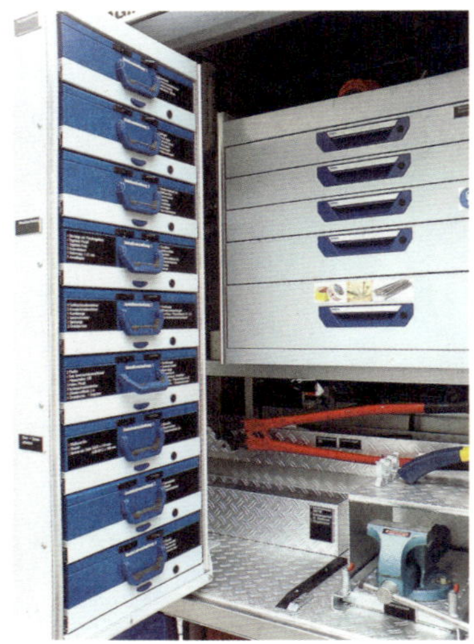

Technical Hazard Prevention

- Locating, search, rescue
  and salvage
- Debris clearance and
  blasting
- Rescue from water hazards
- Fighting floods and inun-
  dations
- Lighting of operational
  areas

Technical Assistance in the Infrastructure Field

- Electricity supply
- Drinking water purification
- Sewage
- Bridge construction

Command / Communication, Logistics

- Establishment and operation
  of command centres
- Command / Communications
  support
- Establishment of temporary
  telecommunications systems
- Establishment and operation
  of logistical bases
- Provisions and support for
  units
- Material maintenance,
  repair and servicing of
  operational equipment
- Consumer goods transport
  for operational requirements

Technical Assistance for Environmental Protection

- Oil spill abatement
- Water analysis

Population Supplies

- Power and drinking water
  supply
- Disposal
- Establishment and organization of emergency accommo-
  dations and meeting places
  with corresponding infrastructure

Additional Technical Assistance

- Technical assistance on
  traffic routes
- Rescues from heights
- Diving
- Makeshift road construction
- Servicing of civil defense
  installations (emergency
  wells, shelters)

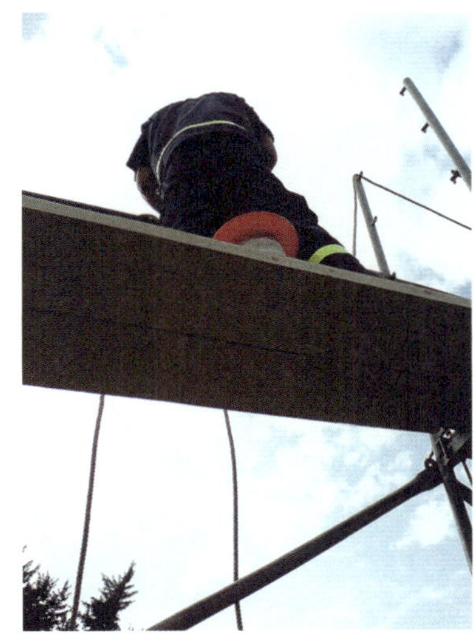
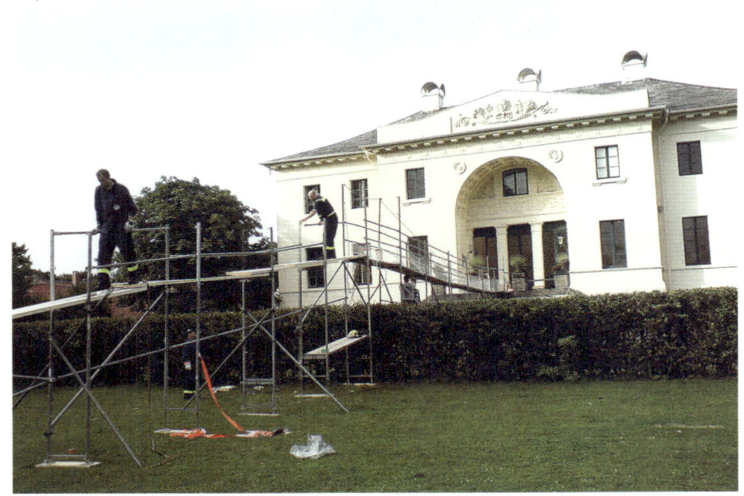
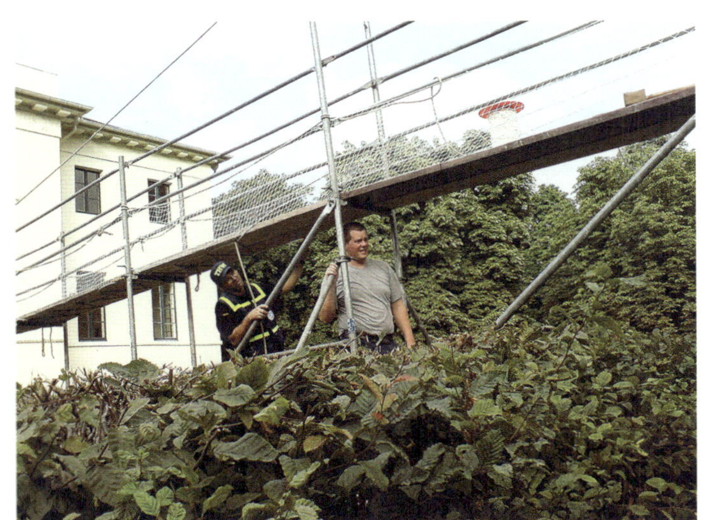
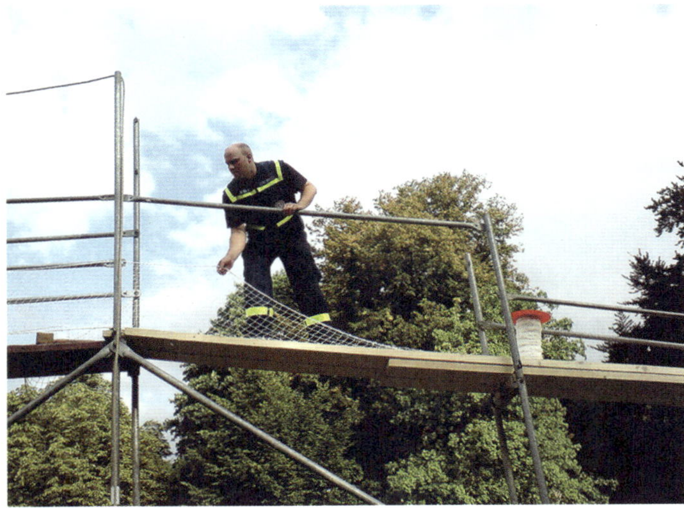

International Forum for Rural Transport and Development

Bridges

Volume 7, Issue 4, May 2000

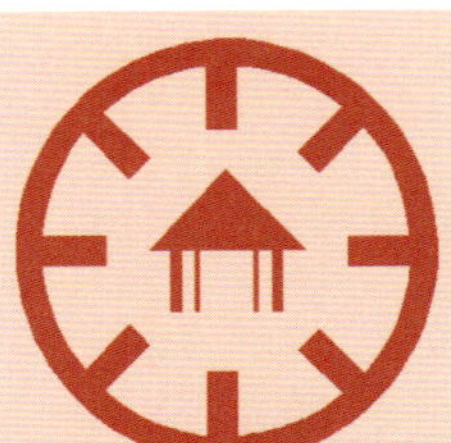

Bridges: linking rural communities to livelihoods

Mushaya is a remote area in the Zaka District of Zimbabwe. The main cash crop of the area is cotton, which is brought by farmers to several loading points along the district roads. To get to these points requires a major effort by subsistence farmers. Inadequate means of transport, poor transport infrastructure and poor access to road networks contribute to the difficulty of transporting agricultural goods.

The problem of access to markets means that farmers have to settle for prices much lower than market value for their goods, a lost profit which is usually reaped by middle men who exploit the situation.

A perennial river runs through Mushaya that separates a number of communities, numbering about 6000 people all together, from a lucrative market where they could sell their products. A secondary school is also located at the far side of the river, as well as a health clinic and the Renco Gold Mine, a source of employment that could provide jobs to many. It is not difficult to see that access to the other side of the river is very important to these communities.

They cross the river with great difficulty during the dry season when it is calm and the water is low. Even then, an average of 6 people is drowned or killed by crocodiles every year. Children and women are particularly vulnerable. Crossing becomes impossible during the rainy season when the current is too rapid. People then have to settle for a distant river crossing point, often at the expense of children not going to school, sick people not getting treatment and less goods reaching the markets.

Many rural households in Zimbabwe and neighbouring countries suffer from similar problems caused by poor access to basic facilities.

Footbridges which require a relatively low amount of investment can have a significant impact on the mobility and welfare of many people in rural areas. They are also useful for pack animals and can lead to the improvement of paths and tracks on each side of the bridge.

Because of what has been observed in Mushaya and other areas like it, the ILO/ASIST in consultation with the government and local authorities in Zimbabwe have engaged in assisting the Government to develop standard designs for suspension footbridges. These have been found to have several advantages over bridges with piers.

- Bridges with piers require more sophisticated designs and technical know-how, concerning the speed of the current and the relative force of the water during the rainy and dry seasons.
- Related to the above is the need for more modern and heavy equipment and machinery to construct them. They also call for more logistical and management skills than those required for suspension footbridges.
- All the above factors lead to greater financial inputs and more expensive materials than is the case for a suspension or suspended footbridge.

Eight standard designs for suspension footbridges have been developed that can range from 20 to 160 metres long. These designs use locally available resources. To address poor existing local capacity, the process has begun to train district engineers. Several district engineers have been trained to construct suspension bridges while being sensitive to the specific access needs of the local population.

Guidelines and manuals for suspension footbridges are also to be developed. These will contain all the necessary technical, legal, organizational and economic information for site selection and survey, procedures for bridge planning, design and construction, cost estimates and necessary instruments, tools and machines. The preparation of these manuals has been carried out in consultation with organizations such as SKAT (Swiss Center for Appropriate Technology) and has taken into account experiences from other countries.

Dr. Fatemeh Ali-Nejadfard, Contact: ILO/ASIST, Harare, Fax: + 263 4 759 427, email: asist@ilosamat.org.zw

In this issue:

1 Footbridges

2 NFG News; Bhutan suspension bridges

3 Bridges in Nepal and Madagascar

4 Secretariat update; Cable car; Malian river bridge; Electronic news

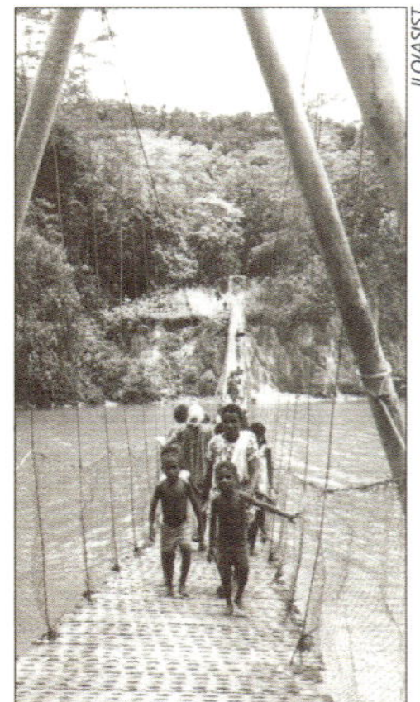

Footbridges – low cost solutions linking people with markets, and more

Three new NFGs have emerged in Asia in recent months.

Nepal

As shown elsewhere in this newsletter, Nepal has its own particular problems of rural access and mobility. Members in the country working in the sector have grouped together to form an NFG. A workshop was held in February and was attended by Mike Noyes from the Secretariat and Ranjith de Silva, ITDG's Senior Transport Specialist. A steering committee has been established and a sub-group is working on developing a programme of activities. ITDG Nepal has offered to serve as the initial secretariat for the Nepal Forum Group.

Contact: Ganesh Ghimire
Fax: + 977 1227 691,
email:
ghimi@ghimi.wlink.com.np

Orissa, India

The state of Orissa in north west India has some of the worst transport problems in the whole country, with only 15 per cent of villages connected to the road network. This fact emerged in a three-day workshop held in March to launch a regional forum group in the state. Bringing together a wide membership of engineers, NGO workers and academics, the group has decided to concentrate on advocacy and on the reconstruction of infrastructure following the devastation caused by the supercyclone in late 1999.

This killed over 25,000 people and severely damaged roads and bridges in the affected area. Chris Donnges from ILO/ASIST Asia participated in the workshop, and hopes to link up with the Forum group for the reconstruction effort through the promotion of labour-based technologies.

Contact: Mr P K Pattanaik
Fax + 91 674 530599,
email: osvswa@hotmail.com

Cambodia

The joint efforts of members of the Ministry of Rural Development and the ILO UPSTREAM project has lead to the establishment of a new National Forum Group in Cambodia. The first meeting was organised in Siem Reap, North West Cambodia under the title 'Rural Transport Infrastructure Forum: Research and Planning'. The results of a series of transport related studies were presented and discussed as well as the use of IRAP planning procedures. Finally, the Accessibility Action Plan in which rural infrastructure investments are prioritized was presented to donors and government officials. A second meeting and workshop is planned shortly.

Contacts: Mr. Mour Kim San, Deputy General Director of Technical Affairs, Ministry of Rural Development, Fax: + 855 23 426 823, email: mrdcsl@camnet.com.kh Mr. Bas Rozemuller, International Labour Organisation, Fax: + 855 23 427 632, email: basr-ilo@bigpond.com.kh

Suspension bridges in Bhutan

The following article was first published by Helvetas (Swiss Association for International Cooperation) in their magazine 'Partnerschaft'. SKAT also included this article in SKAT News.

For over 20 years, the inhabitants of Tading Geog in Tading District have wanted a bridge over the Toorsa River, near Taba Ramtey in Southwest Bhutan. A pedestrian bridge would give the people of the area access throughout the year to schools, hospitals, markets and government offices in the city of Phuentsholing. There, they could sell their cash crops such as tangerines, lemons, nuts and ginger at the city markets.

Each winter a private mining company has been building a temporary track along the riverbank as an access route to a quarry. This track crosses the Toorsa river approximately three kilometres downstream of Taba Ramtey. This crossing provides the local people with a crossing during the dry winter months. At the beginning of the monsoon season however, the makeshift bridges were partially dismantled before being washed away by the floods. People were then forced to take a circuitous eight hour walk to cross the river.

After several fruitless attempts to have a bridge built, The people of Taba Ramtey submitted a formal request to the district authorities in 1995. This request was then forwarded to the Suspension Bridge Unit of the Ministry of Communications, who then sent a survey team to Taba Ramtey in order to select an appropriate crossing place with the local residents, and carry out survey work. After considerable efforts, they identified a viable and safe crossing site.

The project was discussed at a meeting of the heads of Tading District in 1996. They were then told by representatives of the Suspension Bridge Programme that villagers would contribute to the bridge project in the form of unpaid labour. Bhutanese technicians estimated the input for the bridge at 8000 person-days of unskilled work. The location of the selected site gave rise to further discussions, since it was located about 30 minutes walk upstream from the village. People would have preferred the bridge to be built closer to the village, but they also understood that the required span would be far too wide.

In November 1997, construction work began under a Bhutanese technician who had been trained by the Suspension Bridge Programme. After the bridge had been marked out, the foundations were excavated, and local construction material was collected. The villagers crushed and sieved the stones to obtain gravel.

The elected representative of the village organized the villagers. They showed a great willingness to be involved, which reflects the importance they attribute to the project.

The Suspension Bridge Programme managers then organized a training programme at Taba Ramtey for future heads of building projects. Twenty-two participants from all over Bhutan took part in a one-month training course, learning how to build a suspension footbridge in co-operation with the local people.

There had been only a few power tools used, (such as petrol driven drilling hammers), and the steel cables were fitted using a cable-pulling machine. All other work was done manually using very simple tools. In June 1998, the Taba Ramtey Bridge was officially inaugurated.

Today, people of the Tading District benefit from a safe crossing over the Toorsa River throughout the year, and they can take advantage of all facilities in the city of Phuentsholing.

The enormous workload involved in the construction of the Taba Ramtey Bridge has obviously not discouraged the villagers. On the contrary: the inhabitants of Tading District have submitted another request for the construction of a new bridge, this time over a tributary of the Toorsa.

Contact: Juerg Christen, SKAT. Fax: +41 71 228 54 55, email: juerg.christen@skat.ch

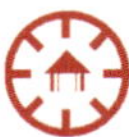

Trail bridges in Nepal: an essential contribution

Socio-economic activities in most Himalayan countries heavily rely upon trails and road transport. Other modes of transport play a minor role.

Local governments in the region have given high priority to the strategic road networks and have intensified road construction over the past 30 years. The aims of these programmes have been to link communities and encourage socio-economic development. However, the rugged topography and countless streams make this extremely difficult. Foot trails and mule tracks, combined with a network of trail bridges, continue to be the only link for many areas.

Against this background, and at the request of the Government of Nepal, the Swiss Government via the Swiss Agency for Development and Cooperation has provided technical and financial assistance for the construction and maintenance of trail bridges.

Bridge building has a long tradition in the hills of Nepal. For centuries narrow gorges have been crossed either with simple logs, bamboo arch bridges or cantilever bridges.

The Bridge Building at the Local Level (BBLL) Programme

Besides bridges along strategic main routes connecting important district and regional centres, there is a tremendous need for local bridges outside this network.

In order to support local bridge building, in 1989 BBLL was initiated. The main purpose of the programme is to develop and implement strategies to reactivate, promote and support local self-help for trail bridge building.

The programme was based on the vast experience in trail bridge building and community involvement of Helvetas (Swiss Association for International Cooperation) in Nepal. The programme focuses on strengthening the organizational and technical capacity of the communities so that bridges can be built with maximum use of local resources.

The approach

BBLL as a project does not itself build bridges, but supports communities building their own. It has to be flexible and responsive, since the circumstances and capacities of communities vary considerably. The approach is based on a few assumptions which have been validated by experience. They can be stated as follows:

- Communities will build their own bridges if the proper level of support is given.
- There is a large demand for local bridges.
- The need for support will be different from area to area.
- Public authorities – notably district offices – do not have the capacities to meet the demand on their own.

The programme offers various support packages and approaches which are adjusted to the situation and the particular needs of a community.

The contributions of the partner are kept flexible as well. The beneficiaries are, in general, responsible for arranging the local material while BBLL contributes with support packages. They include:

- social organization support and advice;
- technical assistance, and
- supply of construction materials that are not within the capacity of the communities or local organizations to provide.

The responsibility for running the project, such as mobilizing labour and financial and technical resources lies with the communities.

Bridge design

BBLL has developed a simple design for suspended trail bridges appropriate where people want to build bridges on their own, after a short training course.

BBLL is in the process of developing a technical handbook which will help users to design and construct reliable bridges. This handbook will be available by the end of 2000.

Since the beginning in 1989, BBLL has supported local communities in 40 hill districts. As a result of this co-operation, approximately 400 bridges have been completed and about 600 user committees have received training. BBLL has also developed appropriate training materials and handouts for local bridge builders.

BBLL is on its way to becoming an institutionally sound, locally and nationally integrated and sustainable initiative.

Contact: Juerg Christen, SKAT. Fax: +41 71 228 54 55, email: juerg christen@skat.ch

Simple timber bridges for Madagascar

In Madagascar there is a desperate need for low-cost bridges to cross the many streams and rivulets which are the main obstacles to the transportation of agricultural produce to the city centres. Governments and development agencies are becoming increasingly aware of the pressing need to apply appropriate engineering solutions.

In 1997, the Swiss development agency *Intercooperation Suisse*, started a project with the Swiss School of Engineering for the Wood Industry (SWOOD) aimed at developing a low-cost, small-span bridge for rural and semi-rural areas in Madagascar. An important precondition was that the structure should be simple enough to be erected by local artisans using engineering supervision. The task was given to engineering students in the form of a project. Two qualified engineering technicians from Madagascar were flown to Switzerland for a five-month stay to gain practical experience with a Swiss timber construction company and to assist in the development of the bridge.

In April 1998, the two technicians returned to Madagascar accompanied by one of the SWOOD students who had helped to develop the bridge. Their task was to build a real bridge. Their work was a complete success, thanks not least to the support of the local artisans and local inhabitants. The involvement of the local NGO *Foi et progress* also proved especially beneficial.

The substructure of the bridge, comprising the abutments and the central column, was entirely made with gabions filled with hewn rock blocks. Erosion protection was provided with rocks and also by planting mimosa bushes on the slopes. The bridge superstructure was made in timber: pinus *keysia* for the main beams and the stiffening, and *eucalyptus robusta* for the surfacing. Old lorry tyres protected the main beams from the water. The height of the main beam was attained by connecting three ordinary timber beams with hard wood dowels.

In February 1999, the SWOOD student returned home. In the meantime, the task of building more bridges has been handed over to the two technicians, who have founded a consulting office. At the time of writing (February 2000), they have already built another two bridges in different areas just outside the capital city. There have been contacts with government officials and with development agencies.

The simple timber bridge project is still in its infancy, but the chances are that more bridges of this type may be built in rural and semi-rural Madagascar and perhaps elsewhere.

Contact: Maurice Brunner, SWOOD. email: brm@swood.bfh.ch

150

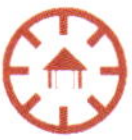

An affordable cable car in Colombia

In Guatocò, Colombia, a pilot project using a self-propelled cable car system is being implemented. The aim is to ease the transport of people and goods between the community of Santa Rita and Guatocò, and provide better access to health and education services.

At present, people from Santa Rita have to make a hilly journey that takes about 35 minutes one way, without carrying a load.

The cable car will have a ten person capacity including the driver, or 650Kg total weight, when it is up and running. It will take three minutes to cross the river. The total cost of the pilot project is 400 million pesos – about US \$200,000. It is being funded by the joint efforts of the community, who provided the land and labour; the University of Antioquia, which provided technical advice; the Division of Cables of the Secretariat for Public Work of the Department of Antioquia, who contributed 84 million pesos towards the cost; and nearly 20 private enterprises, including FEDECAFE and INCUBADORA. The cost per trip will be 500 pesos (about 25 US cents), which is affordable by users, and enough to cover maintenance costs, including a salary for the driver. It is expected to benefit the whole of the Santa Rita community (about 1,000 people) and also the population from neighbouring areas.

Expected impacts of the project, among others are:

- an increase in the production and trading of coffee and fruit,
- improved access to health and education services, and
- demonstration of a successful low cost local technology.

Contact: Mr Martin Jaramillo, Incubadora Elite S.A.
Fax: 57 4 311-8520.
email: elite@incubadora.org.co

Transporters and community link to solve a shared problem

The market in Dognoumana is thriving and well stocked, popular with the many women traders who make the 40km trip from the capital, Bamako, to stock up with cereals, vegetables and dairy products. This has not always been the case. A branch of the River Niger interrupts the earth road from Dognoumana and used to cut off the district completely during for several months of the year. Improvised bridges of wood, stones and earth used to be washed away by the flood or were damaged by lorries using a crossing designed only to carry donkey carts and bicycles

IADS, a Malian NGO, was approached by community leaders who wanted to tackle the problem. The local residents alone were unable to fund the work required, so additional funding worth 20 million CFA Francs (about US\$30,000) was obtained from the Canadian Embassy. IADS and community leaders persuaded the local transporters union to get involved in the project. This lead to the creation of a project committee made up of residents, transporters and the NGO.

During construction, the local population provided labour and assistance to the skilled team building the bridge. What was novel was the participation of lorry operators in supplying sand, stone and gravel for the site, dropping of loads when going to or from the market.

Since the bridge was completed, the bridge project committee continues to meet to ensure the maintenance of the bridge and approach roads. Income generated from a toll on the bridge on market days provides the necessary funds for this work.

Contact: Aboubacrine Maiga, IADS
telephone + 223 21 95 17
iads@datatech.toolnet.org

Electronic news

The Latin American Forum has been producing a 'virtual' newsletter since January 2000. Most articles are in Spanish with a few in English. Its contents vary from reports on special rural transport events, roads funding, new strategies, rural transport programmes, the structure of current loans from the World Bank and Interamerican Development Bank; technical issues, events announcements and many other issues.

You are welcome to contribute with articles, or you can subscribe to it by sending an email to Joaquin Caraballo at: *foro_lac1@usa.net* or find it on IFRTD's website, Latin America section.

The start of the new century has been a busy three months for the Forum Secretariat, balancing support to the membership and new NFGs with the issue that seems to have dominated all our time since the Christmas and New Year break – finding new offices. We visited what seemed like hundreds of potential office spaces, and have found a 'new home' about 1km from our previous premises. We finally moved in on March 27th. Although any post sent to our old address will be forwarded for a few months, please take note of our new details at the end of this update and amend your records.

Another major development of the past quarter has been the agreement by the Department for International Development here in the UK to contribute to the core funding of the Forum, complementing the long-term commitment of the Swiss Agency for Development and Cooperation (SDC). The support of these two donors means

Secretariat update

by Mike Noyes

that the work of the Forum is secured for the next two years. Furthermore, thanks to ILO/ASIST, the proceedings of the *Balancing the Load* workshops have now been published and distributed to participants. If any members would like to receive a copy, they are available from the Secretariat.

Priyanthi has been unable to travel for health reasons in the past few months, so I have had an opportunity to travel in her place and gain a greater understanding of rural transport issues in Asia, participating in workshops arranged for the launching of new Forum groups in Nepal and India (see NFG News for more details). Priyanthi is currently recuperating, but should be back to full strength soon.

Meanwhile, Ana Bravo has been visiting London for meetings with donors and to participate in a course on web design. Those of you with internet access should look out for big changes to our site in the near future. If you have any suggestions about the site, or there are any other matters you wish to raise, please don't hesitate to contact us – at the new address of course!

Our next addition, Forum News 8.1, will be about **Animal-based Transport**.

Contact: Priyanthi Fernando and Mike Noyes, IFRTD Secretariat,
2 Spitfire Studios,
63–71 Collier Street,
London N1 9BE, United Kingdom
Tel: +44 20 7713 6699
Fax: +44 20 7713 8290
email: ifrtd@gn.apc.org
http://www.gn.apc.org/ifrtd

Ana Bravo, IFRTD Latin America,
Av Garzón 852, Lima 11, Perú
Tel/fax: +511 431-1754
email: ana.bravo@mcmail.com

Edited by Ros Patching
Typeset by My Word!

151

****

SUSPENSION BRIDGE OVER CHIBOK RIVER AT NENGMANDALGRE UNDER SAMANDA DEVELOPMENT BLOCK, EAST GARO HILLS, MEGHALAYA

Suspension Footbridge over Chibok river was constructed in between Nengmandalgre and Bolkinggre villages under Sampoorna Grameen Rozgar Yojana (SGRY), 2004-05. The length of the bridge is 70 metres. The total fund earmarked for the project was Rs.1.75 lakh only. As per SGRY guidelines, out of the total amount allotted for the project, 60 percent constitutes wages component. In other words, out of Rs. 1.75 lakh, Rs. 1.05 lakh was used for generating wages for rural people of the area.

The bridge was constructed with RCC abutment, RCC pillar, Wire Rope and Wooden Flooring of 1.0 metre width trackway.

This suspension bridge connects more than 15 (fifteen) villages, i.e., Nengmandalgre, Bolkinggre, Chachatgre, Asabibra, Rapdikgre, Ganingbibra, Dorengkigre, etc., thereby serving as a vital link among the aforementioned villages especially during rainy season and even during dry seasons.

Most of the people of the area are farmers. Many depend on permanent cultivation while others practice shifting cultivation. However, more and more people are taking interest in horticulture now. But absence of market at the nearby place makes the plight of farmers difficult as they have to bring their agriculture or horticulture produce all the way to Williamnagar Bazar crossing two mighty rivers, viz. Simsang and Chibok rivers. During the rainy season the condition become worse especially when the rivers get inundated and people cannot cross the rivers easily as they flow through hilly terrain and rocky places.

Another reason for selecting the project is from economic point of view. There is a Secondary School and an Upper Primary School at Bolkinggre village, which caters to the needs of the area. In fact, the village has become centre of education to those villages residing at the other side of mighty Simsang river since there is no other Secondary or Upper Primary Schools in the area. During the months of June and July most of the schools conduct half yearly examinations. When the students cannot cross the river, they missed their precious examinations and consequently there is high rate of school dropouts in the area thereby giving golden opportunity for anti-social elements to breed in. The construction of suspension footbridge was the need of the hour.

The SGRY Scheme is meant to provide additional wage employment, infrastructure development and food security in the rural areas. In most of the villages, literacy rate is low and hence there is more demand for land whereas the supply of land is limited. With relatively high growth of population, labour force has led to an increase in the volume of unemployment and poverty in rural areas.

The suspension footbridge over Chibok river was completed in the same financial year. It has been handed over to the village Headman (commonly known as Nokma) and his council in the month of May, 2005. The villagers themselves are maintaining the bridge properly. Since the people have experienced its benefits, they are keen to maintain it in proper form.

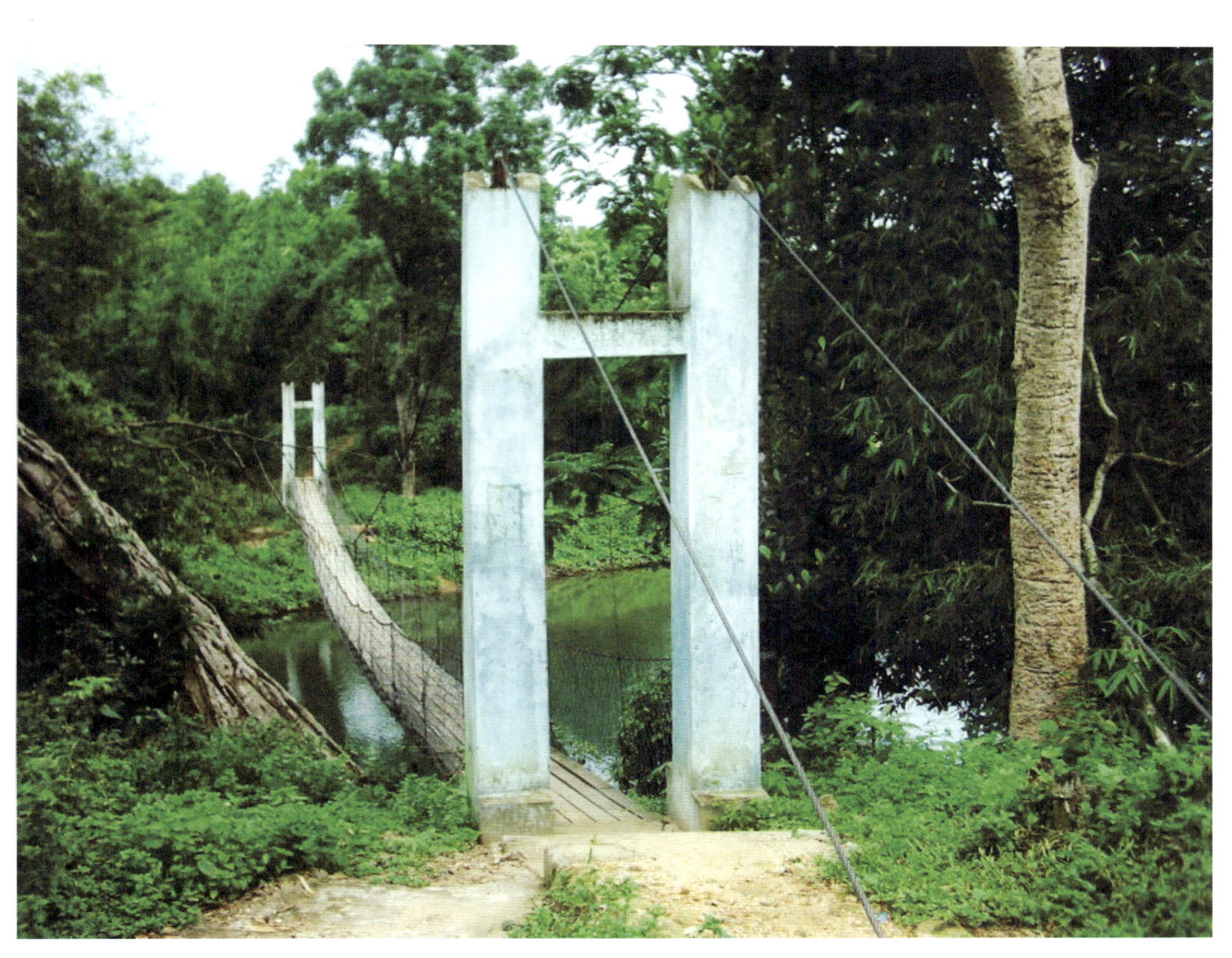

An overview of the Suspension Footbridge over Chibok river at Nengmandalgre

153

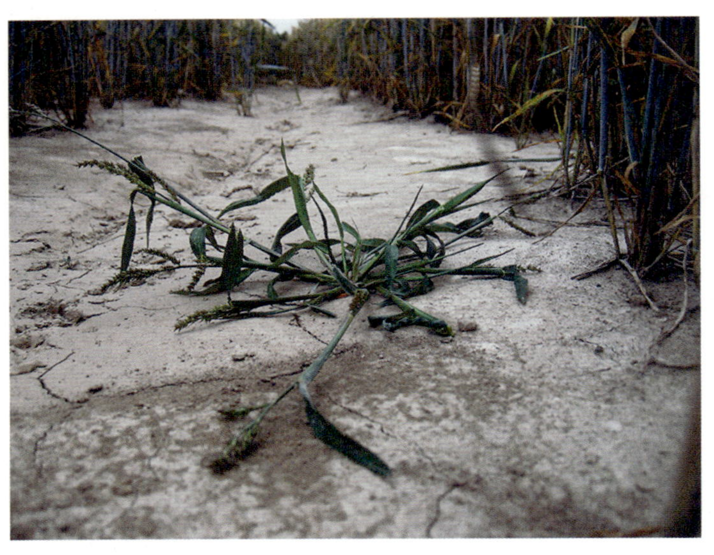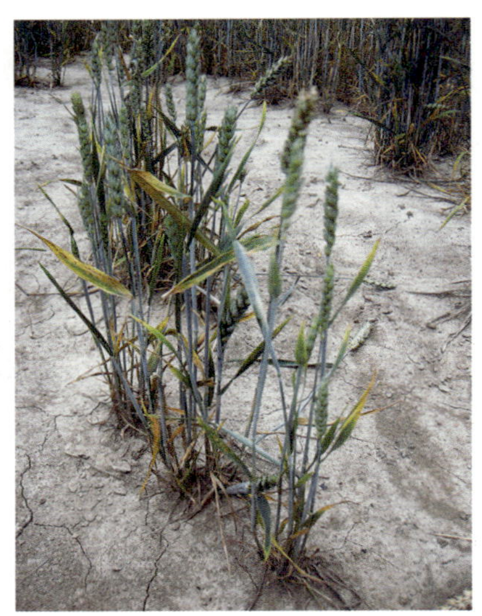

Pestizidspur /
Pesticide trace

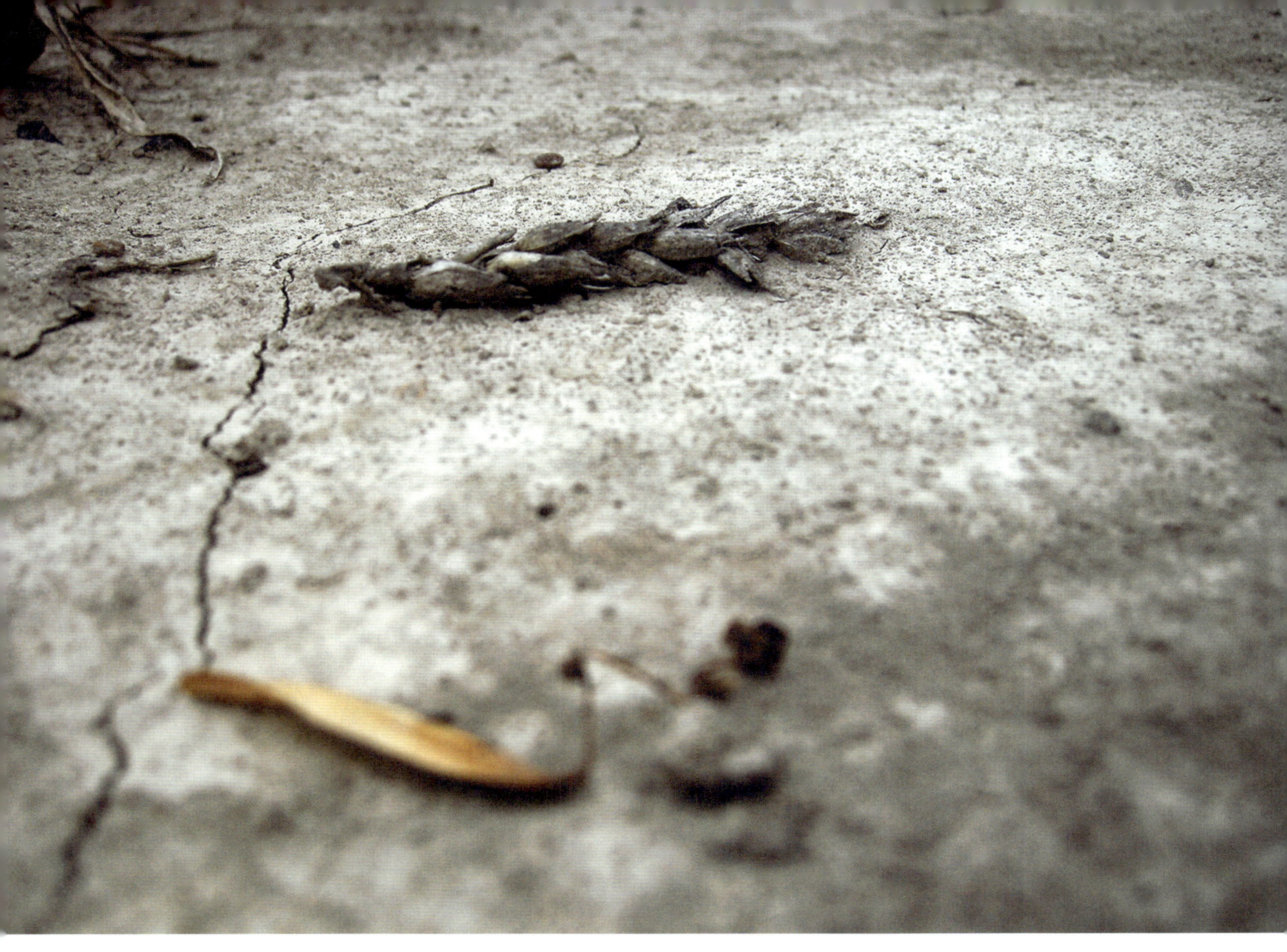

<u>Pflanzenschutzmarkt 2007
kräftig gewachsen</u>

„Die Pflanzenschutz-Industrie in
Deutschland blickt auf ein gutes Ge-
schäftsjahr zurück". Das berichtete
der Hauptgeschäftsführer des Indus-
trieverbands Agrar e. V. (IVA), Volker
Koch-Achelpöhler, auf der Pressekon-
ferenz des Verbands in Frankfurt/M..
Die Mitgliedsfirmen des Industriever-
bands Agrar erzielten 2007 einen Net-
to-Inlandsumsatz von 1,23 Milliarden
Euro, ein Plus von fast elf Prozent
gegenüber dem Vorjahr (1,11 Mrd.).

Die Exporterlöse lagen mit 2,64 Milliarden Euro auf dem hohen Niveau des
Vorjahres (2,66 Mrd.). Der Gesamtum-
satz erreichte damit 3,87 Milliarden
Euro (Vj.: 3,77 Mrd.).

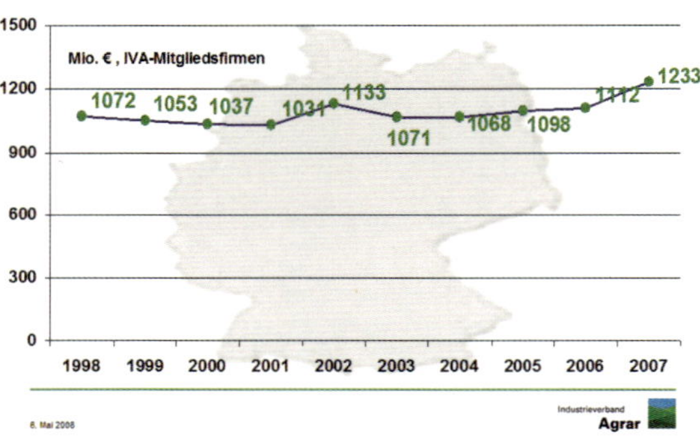

<u>Der deutsche Pflanzenschutzmarkt:
Intensitätssteigerung sorgt für
Wachstum</u>

„Bei steigenden Agrarpreisen ist es
für die Landwirte wieder interessant,
ihre Kulturen sorgfältig zu pflegen.
Das drückt sich natürlich im Umsatz
mit Pflanzenschutzmitteln aus", erklärte Koch-Achelpöhler. Wegen des

Bioenergiebooms wurde zudem im Herbst
die Aussaatfläche bei Weizen zu Las-
ten von Raps ausgeweitet. Die Rücknah-
me der Flächenstilllegung verstärkte
diesen Trend. Auch der nasse Sommer
begünstigte die Umsatzentwicklung.

Der Umsatz mit Herbiziden ist 2007
um 7,3 Prozent auf 557 Millionen Euro
gestiegen. Ein starker Unkrautdruck
im Frühjahr machte höhere Aufwandmen-
gen und Nachbehandlungen erforderlich.

Fungizide gingen wertmäßig im Vergleich zum Vorjahr um 2,7 Prozent-
punkte auf 436 Mio Euro zurück. Die
Gründe hierfür sind vor allem in der
Trockenheit im Frühjahr zu sehen. So
wurden ab Mitte April die Getreide-
behandlungen abgebrochen. Ab Mai führ-
ten dann allerdings vermehrte Nieder-
schläge dazu, dass Fungizidbehand-
lungen zunahmen. Ein besonders hoher
Krankheitsdruck war bei Kartoffeln
zu beobachten. Der nasse Sommer löste
extremen Phytophthora-Befall aus. In
der Folge stieg der Fungizideinsatz
bei Kartoffeln deutlich an.

Einen ungewöhnlich starken Umsatzan-
stieg von knapp 85 Prozent auf 159
Millionen Euro verzeichneten die In-
sektizide. Verstärkt auftretende Re-
sistenzen hatten die Landwirte veran-
lasst, im vergangenen Jahr neue, hoch-
preisige Produkte einzusetzen. Zudem
mussten Blattläuse und Zikaden be-
kämpft werden, die gefährliche Virus-
krankheiten im Getreide übertragen.

Über alle Produktgruppen gerechnet ist
die Absatzmenge der IVA-Mitglieder um
knapp neun Prozent auf 32.200 Tonnen
gestiegen (Vj.: 29.580 t). Die IVA-
Mitglieder decken rund 95 Prozent des
Markts ab.

Europa wichtigster Absatzmarkt für
Pflanzenschutzmittel

In den 27 Mitgliedsstaaten der EU
wurde im vergangenen Jahr ein Umsatz
von 6,1 Milliarden Euro erzielt (Vj.:
6,5 Mrd.). Das entspricht 25 Prozent
des Weltpflanzenschutzmarkts. Der
weltweite Umsatz mit Pflanzenschutzmitteln wird für 2007 auf 33,2 Milliarden Dollar geschätzt, ein Plus
von knapp acht Prozent gegenüber dem
Vorjahr (30,8 Mrd.).

Jetzt fasst sie wieder Tritt", so
Koch-Achelpöhler. Das gilt insbeson-
dere für Russland, Weißrussland und
die Ukraine. Osteuropa hat im vergangenen Jahr wieder einen Weltmarktanteil von sieben Prozent erreicht,
nach fünf Prozent im Vorjahr.
Der Markt in diesen Ländern hat demnach innerhalb eines Jahres um rund
40 Prozent zugelegt.

Quelle: Industrieverband Agrar, Frankfurt a. M.,
6. Mai 2008

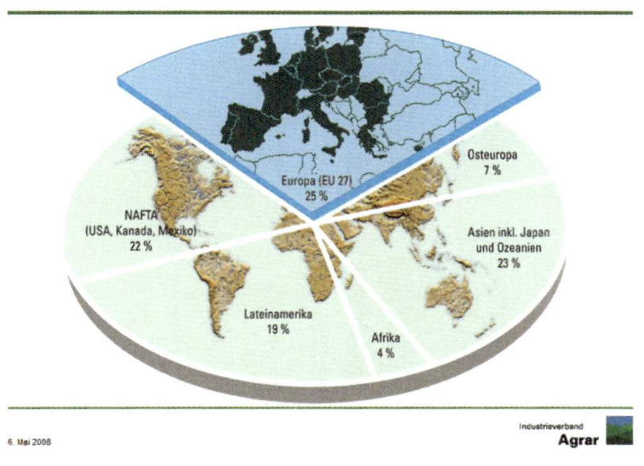

Zum Wachstum hat vor allem Latein-
amerika beigetragen. Die hohen Soja-
preise und die starke Nachfrage nach
Mais und Zuckerrohr für die Bioetha-
nolerzeugung waren für die Landwirte
ein Anreiz, ihre Ernteerträge durch
sorgfältigen Pflanzenschutz zu opti-
mieren. Der Weltmarktanteil der
NAFTA-Region ist dagegen auf rund 22
Prozent zurückgegangen, vor allem,
weil dort weniger Baumwolle und Soja
angebaut wurde. In Asien sind vor
allem die Märkte in China und Indien
gewachsen. Der Anteil von Afrika be-
trug wie im Vorjahr vier Prozent.

„Die Landwirtschaft in Osteuropa hatte
mit dem Ende der Sowjetunion einen
regelrechten Zusammenbruch erlitten.

157

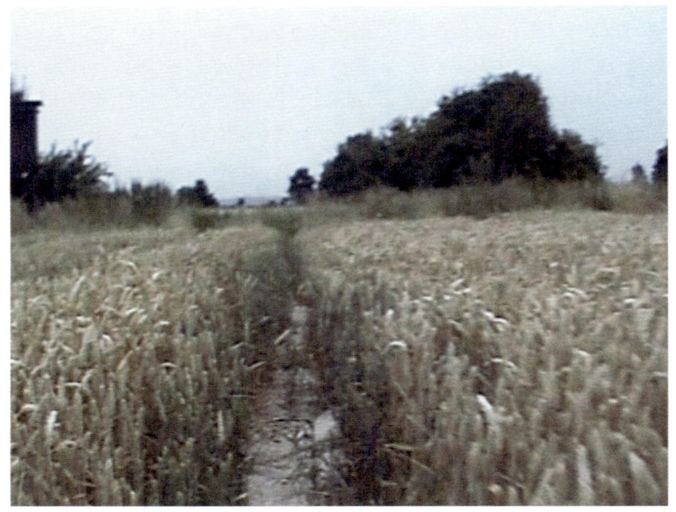

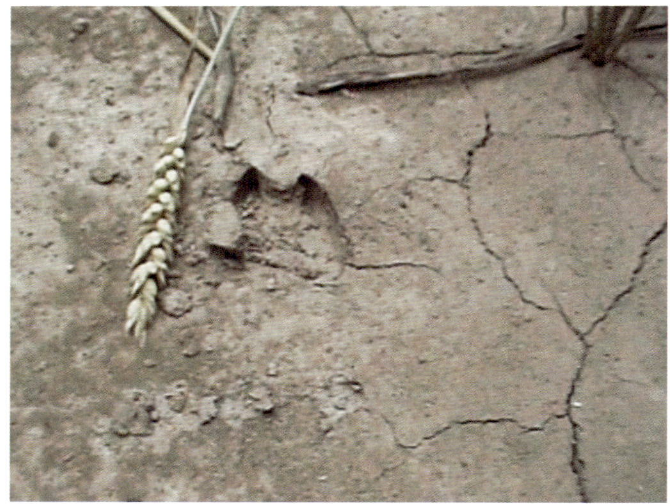

Videoinstallation (Pestizidspur), Stills / Video installation (Pesticide trace), stills

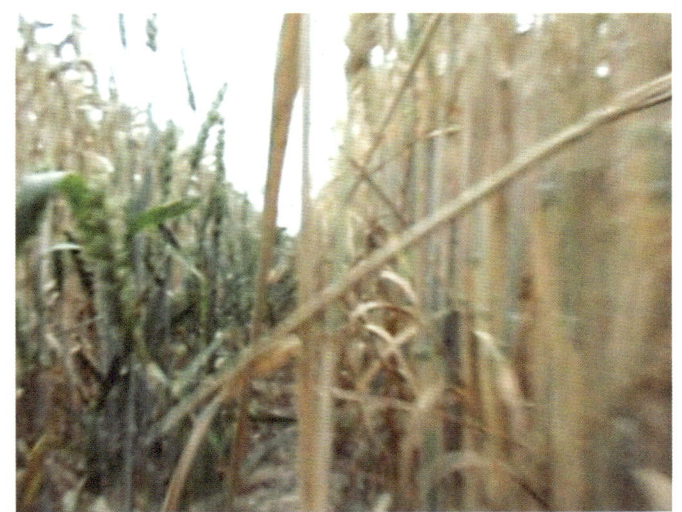

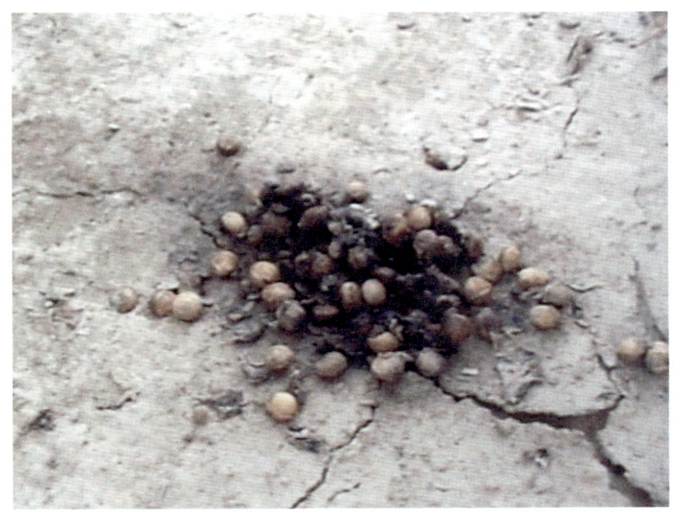

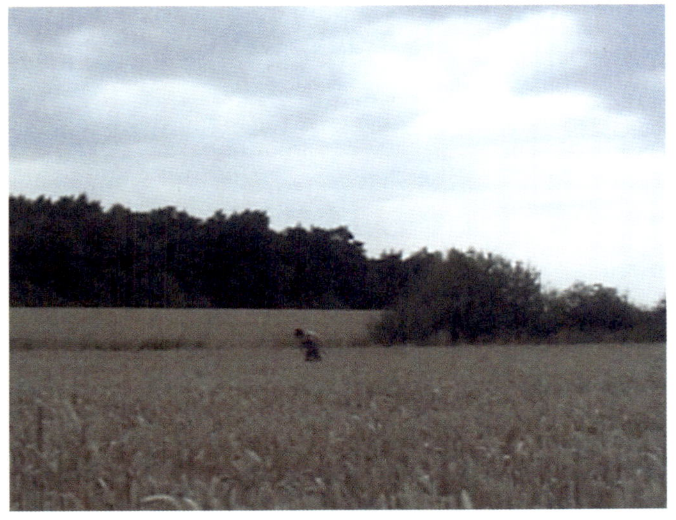

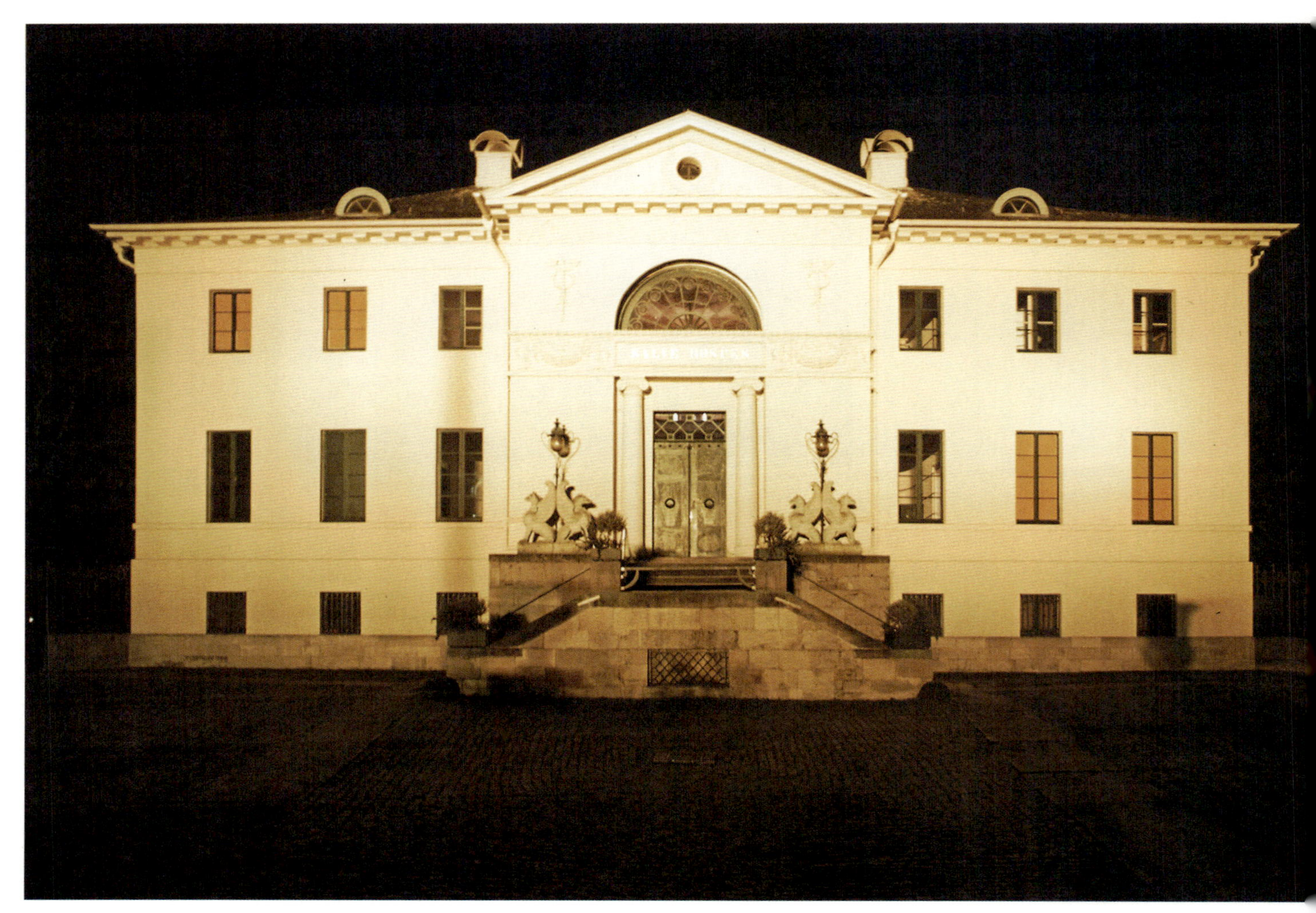

Fassadenbeleuchtung /
Facade illumination –
Public Private Partnership

Angeblich neutrale Consulting-Agentur soll PPP-Projekte vorantreiben

Das globalisierungskritische Netzwerk Attac kritisiert die Pläne der Bundesregierung, die Gründung von Öffentlich-Privaten Partnerschaften (Public Private Partnerships / PPP) in Deutschland weiter voranzutreiben. Derzeit gründet das Bundesfinanzministerium im Auftrag der Bundesregierung die „Partnerschaften Deutschland Gesellschaft" (PDG), eine Consulting-Agentur, die Kommunen, Bundesländer, Anstalten des öffentlichen Rechts sowie den Bund angeblich neutral über PPP-Projekte beraten soll. „Tatsächlich kann von neutraler Beratung keine Rede sein", betonte Werner Rügemer, Privatisierungsexperte im Wissenschaftlichen Beirat von Attac und Autor des Buches „Heuschrecken im öffentlichen Raum: Public Private Partnership – Anatomie eines globalen Finanzinstruments".

So soll die PDG gemäß den Vorgaben des Finanzministeriums den PPP-Anteil an den Investitionen der öffentlichen Hand nach dem Vorbild Großbritanniens bundesweit um 15 Prozent steigern. Zudem wird die PDG als öffentlich-private Aktiengesellschaft gegründet: 49,9 Prozent der Anteile sollen private Investoren übernehmen. Knapp die Hälfte (45 Prozent) der privaten „Lose" sind der Finanzwirtschaft vorbehalten, der Rest verteilt sich auf die Branchen „Berater und Planer" und „Einrichtung und Betrieb". „In der angeblich so neutralen Beratungsgesellschaft werden also jene Unternehmen sitzen, die selbst das größte Eigeninteresse an den PPP-Projekten haben und von ihnen profitieren wollen", stellte Werner Rügemer fest.

Am Donnerstag, 31. Juli, soll der Deutsche Städtetag als erster öffentlicher Partner einen Rahmenvertrag mit der PDG abschließen. Attac forderte den Städtetag auf, den Kontrakt nicht zu unterzeichnen. „Leider haben viele Politiker immer noch nicht verstanden, dass PPP-Projekte die öffentlichen Haushalte auf Dauer nicht entlasten, sondern im Gegenteil den nachfolgenden Generationen immense Schuldenberge hinterlassen", sagte Rüdiger Heescher von der bundesweiten Attac-Arbeitsgruppe Privatisierung. Wichtige Bereiche der öffentlichen Daseinsvorsorge würden mit PPP-Projekten jeglicher demokratischer Kontrolle entzogen und allein den Profitinteressen der privaten Investoren unterworfen.

In PPP-Projekten überträgt die öffentliche Hand einem privaten Unternehmen für einen langfristigen Zeitraum von oft mehr als 25 Jahren den Betrieb oder die Bewirtschaftung einer Immobilie oder Einrichtung. Das Unternehmen verpflichtet sich, die in dieser Zeit notwendigen Investitionen zu übernehmen und erhält dafür einen festgelegten regelmäßigen Betrag. Beispiele sind etwa das

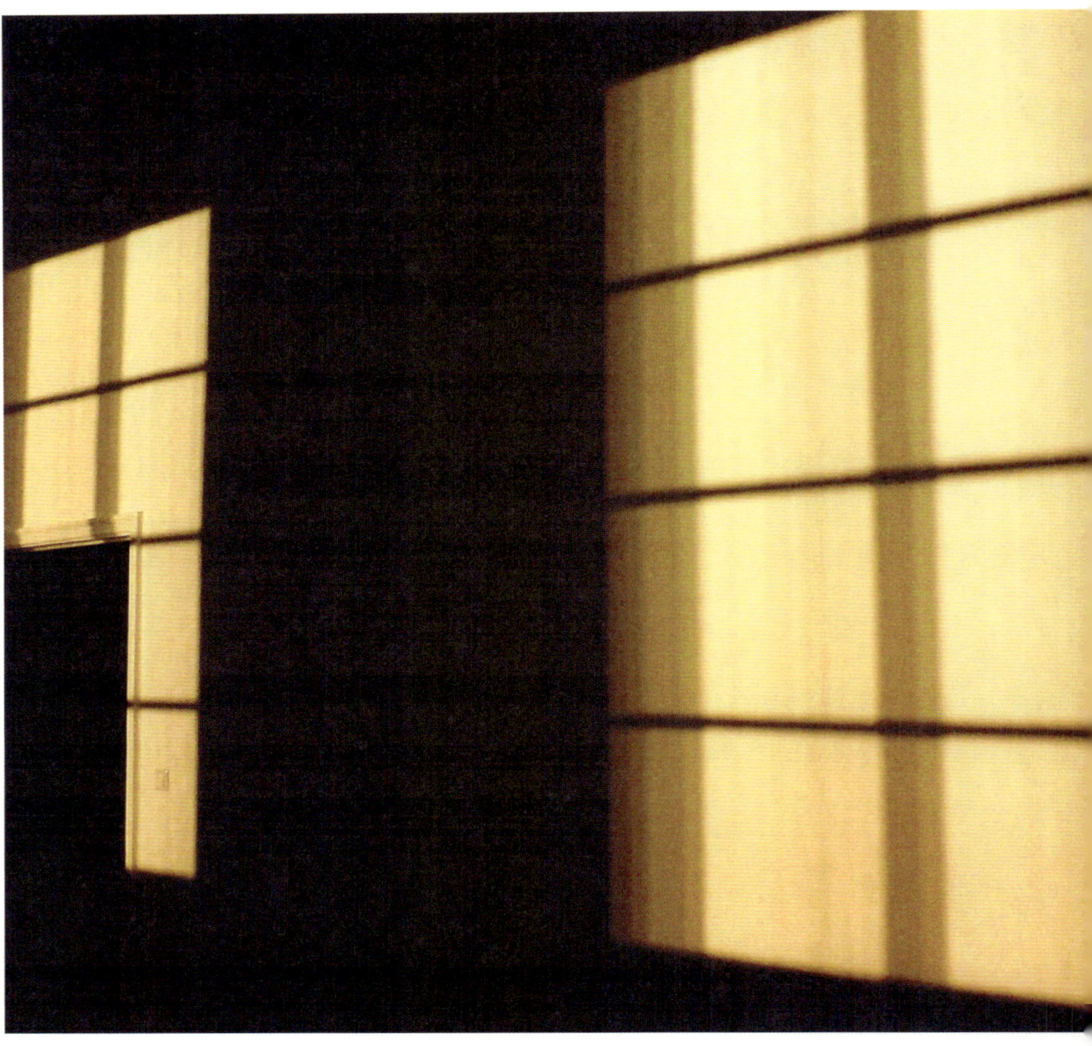

Lkw-Maut-System Toll Collect, die Bewirtschaftung von Autobahnabschnitten, der Betrieb von Gefängnissen und Finanzzentren oder die Bewirtschaftung von Schulgebäuden. Dies führt zu kurzfristigen Entlastungen in den Vermögenshaushalten der öffentlichen Hand. „Langfristig zahlen die Kommunen, Länder und der Bund durch die Knebelverträge aber drauf. Die Jahrzehntelangen Zahlungen an die Investoren belasten die Verwaltungshaushalte über Gebühr und führen so direkt in die Schuldenfalle", sagte Rüdiger Heescher.

Attac forderte die Bundesregierung auf, die Gründung der PDG nicht weiter zu betreiben sowie das für den Herbst geplante 2.PPP-Beschleunigungsgesetz nicht in den Bundestag einzubringen. Notwendig sei ein Umdenken mit dem Ziel, öffentliche Daseinsvorsorge wieder in öffentlicher Hand zu organisieren und nicht den Profitinteressen privater Investoren zu unterwerfen.

http://www.attac.de/aktuell/presse/detailsicht/datum/2008/07/

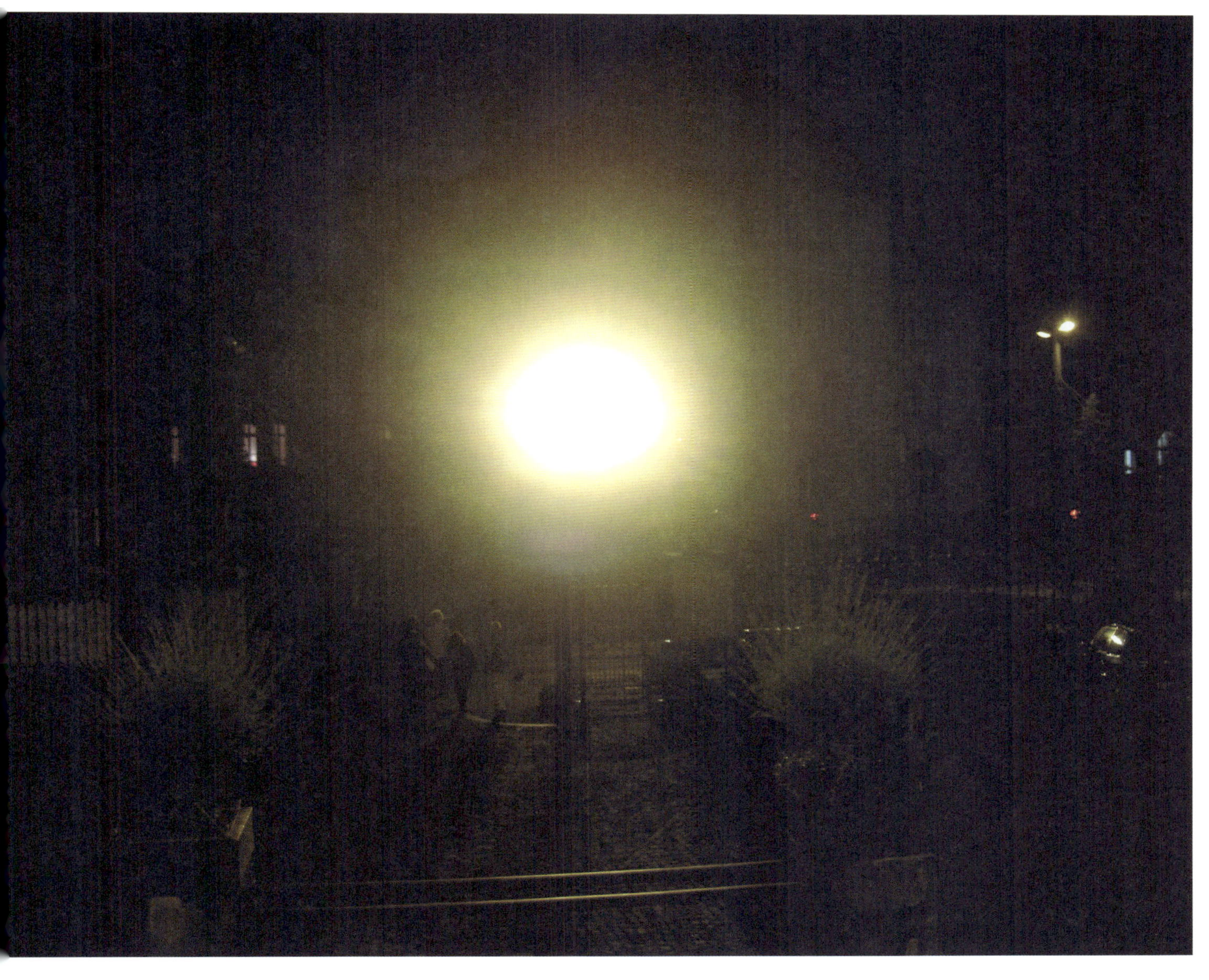

Vom Schwimmbad bis zur Messehalle: Deutschlands Städte verscherbelten das kommunale Tafelsilber an amerikanische Investmentfonds. Die hoch riskanten Finanzgeschäfte versprachen anfangs hohe Erlöse, sie führen in der Tat aber zu immensen Verlusten. Autor: Werner Rügemer, taz 23.10.2008

Ein Märchen
wird zum Albtraum

Allmählich dringen einige Informationen durch: Seit Monaten schon verhandeln Kämmerer und Oberbürgermeister hektisch hinter verschlossenen Türen mit Versicherungskonzernen und Banken. Teure US-Anwälte werden eingeschaltet. Der Ruhrverband, der 2001 seine Kläranlagen an einen US-Investor verkaufte und seitdem zurückmietet, gestand ein, dass er bis jetzt schon 4,5 Millionen Euro „aufgrund notwendiger Umstrukturierungen in der Finanzkrise" bezahlen musste. Auf die Bodensee-Wasserversorgung mit 180 angeschlossenen Gemeinden - sie haben ihr Trinkwassernetz verkauft - kommen sogar „mehr als 10 Millionen Euro" an Kosten zu, berichtet die Stuttgarter Zeitung.
Cross Border Leasing (CBL) hieß der Geheimtipp, der den chronisch klammen Kommunen Geld in die Kassen bringen sollte, wenn sie US-Investoren beim Steuersparen helfen. Es hörte sich damals vor zehn Jahren so schön an wie ein Märchen: Europäische Städte konnten ihre Kanalisationen, Trinkwasser- und Schienennetze, Messehallen, Müllverbrennungsanlagen, auch Schulen an US-Investoren verkaufen. Die bekommen dafür in God's own Country einen riesigen Steuervorteil, die Städte mieten ihre Anlagen zurück, werden mit einigen Millionen Cash dafür belohnt und können so nebenbei ihre Haushalte sanieren. Kämmerer und Oberbürgermeister flogen frohgemut auf Investorenkosten über den großen Teich und unterzeichneten in Anwaltsbüros an New Yorks Fifth Avenue dicke Verträge. Bei der Rückkehr konnten sie ihren Bürgern strahlend von den Millionen berichten, die sie mit ihrer Cleverness für die Stadtkasse herbeigeschafft hatten. Etwa 600 Städte und staatliche Unternehmen in Westeuropa haben solche Verträge gemacht, in Deutschland sind es etwa 150. Kein Bereich der öffentlichen Infrastruktur war sicher. Bis 2004, als der US-Kongress das Steuerschlupfloch schloss und neue Verträge verbot, verkloppten Recklinghausen, Ruhr- und Wupperverband, Stuttgart, Bochum, Schwerin und andere ihre Kanalisation an US-Investoren und mieten sie seitdem zurück. In Ulm, Böblingen und Wuppertal ging es um die Müllöfen, in Berlin, Leipzig und Köln um die Messehallen, in Essen und Düsseldorf um das Schienennetz, in zwei Dutzend Städten um die Straßenbahn. Nun erfahren die Städte, dass das Märchen ein schlechtes Märchen ist. Was den Gutgläubig-Cleveren nicht so genau gesagt wurde: Bei CBL handelt es sich um ein hochkompliziertes Finanzprodukt, eine „strukturierte Finanzierung". Um zu verstehen, wie kompliziert, reicht ein Blick in die Verträge, die mehr als 1.000 Seiten umfassen, nicht ins Deutsche übersetzt wurden und eine strafbewehrte Geheimhaltungsklausel enthalten. Dazu kommt die Vielzahl an Vertragsparteien: Da gibt es den Investor, der für die Abwicklung einen „Trust", also eine Briefkastenfirma in einer Finanzoase gründet, den Treuhänder des Trusts,

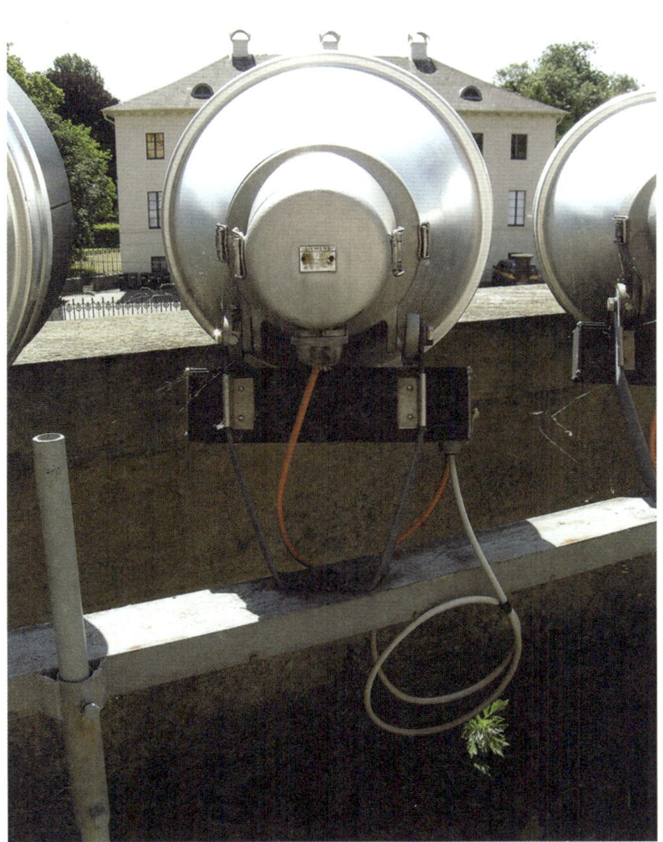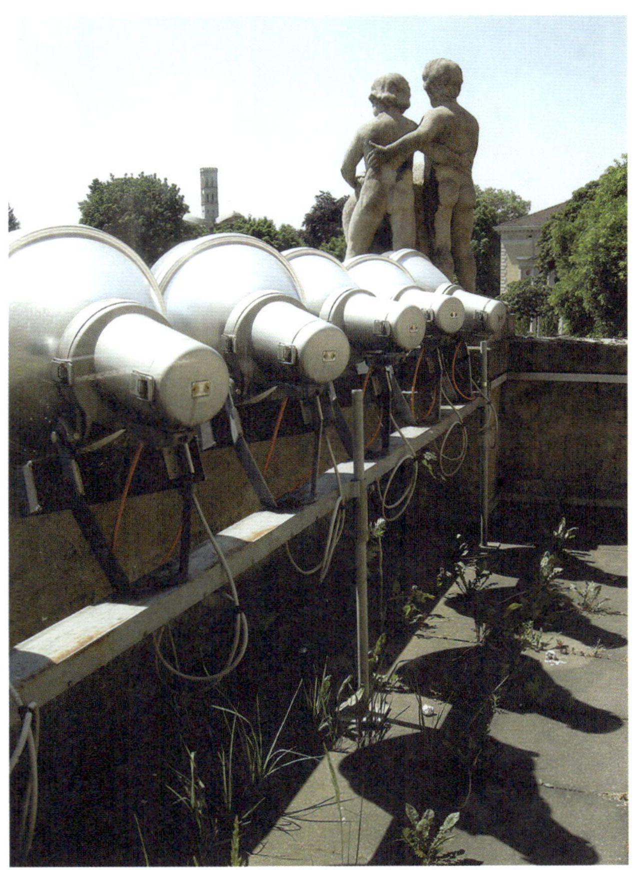

zwei Darlehensbanken, bei denen die Briefkastenfirma die Kredite in dreistel-
liger Millionenhöhe aufnimmt, zwei Schuldübernahmebanken, eine Depotbank und
ein Versicherungsunternehmen. Alle haben ihre eigenen Steuerberater, Wirt-
schaftsprüfer und Anwälte. Und dann gibt es da noch irgendwo die Kommune.
Ähnlich ist es mit der eigentlichen Idee, die stets als ganz einfach ange-
priesen wurde: Die Stadt verkauft ihre Infrastrukturanlage für 99 Jahre und
mietet sie bis zur ersten Kündigungsoption erst mal für 30 Jahre zurück. In
Wirklichkeit ist die Stadt vom ersten Tag aus allen Geldflüssen abgekoppelt.
Der Kaufpreis - je nach Wert der Anlage zwischen 100 Millionen und 1,5 Milliarden US-Dollar - wurde gar nicht ausgezahlt. Nur 4 bis 5 Prozent davon gingen als einmalige Cashzahlung („Barwertvorteil") an die Kommune. Der ganze
Rest wurde sofort treuhänderisch an zwei Schuldübernahmebanken und eine Depotbank durchgereicht. Die Ersteren sollen namens der Stadt von diesem Geld 30
Jahre lang die Leasingraten an die Briefkastenfirma des Investors auf den Cay-
man Islands überweisen, damit die Stadt die verkaufte Anlage weiter nutzen
kann. Die Depotbank soll aus der ihr übereigneten Summe genug erwirtschaften,
damit die Stadt nach 30 Jahren die Anlage zurückkaufen kann.
Als die Verträge abgeschlossen wurden, verbreiteten die Befürworter den Glau-
ben, dass „renommierte" Banken, Versicherungen und Investoren ewig leben.
Gleichzeitig aber haben sie sich präzise und gnadenlos gegen jeden möglichen

165

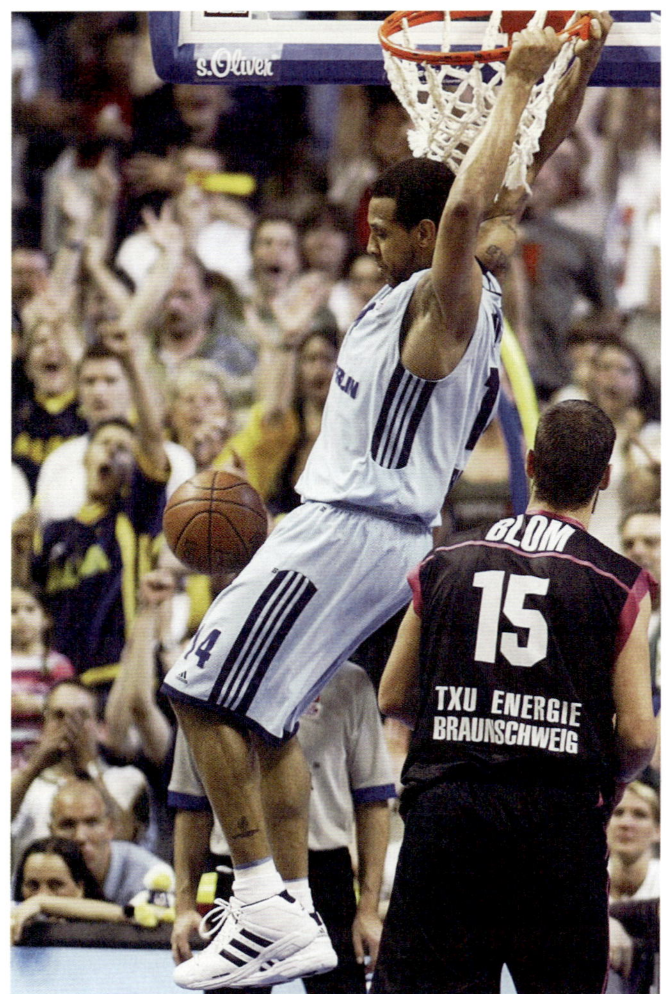 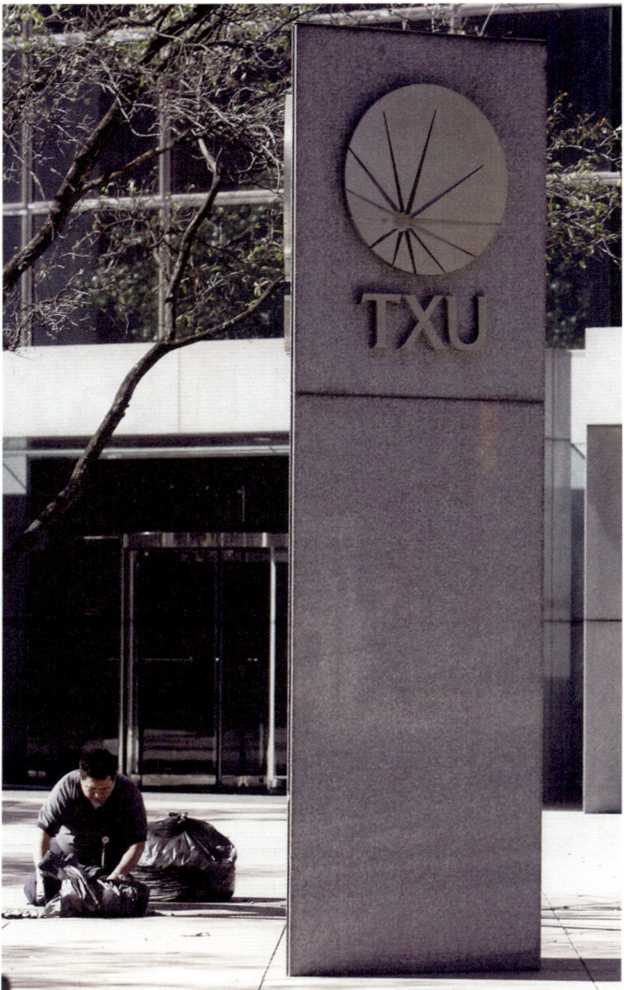

The TXU marketing blitz is still going strong in North Texas, with billboards appearing everywhere and a steady stream of commercials. It's the "new" TXU, as opposed to the "old" TXU that made $2.5 billion in profit last year by being the friendly neighbor we could all depend on for wallet-draining pricing. Anyway, the "new" TXU is lowering prices. But my favorite part of the commercials is when they tell people that "other exciting changes" are on the way. When you're an electricity provider, I'm not looking for exciting. I'm looking for lower prices. Other than that, what changes could be exciting from an electricity provider? Will they offer a plan that features random blackouts so we can add some mystery to our lives? Will they offer a plan that sends out electricity intermittently so we can have a strobe effect in our homes? I can't wait to see these exciting changes.

Matt Wixon, columnist for The Dallas Morning News

166

Ausfall abgesichert. So musste die Stadt eine Versicherung eingehen und ist verpflichtet, laufend das Rating des Versicherungsunternehmens zu beobachten und es binnen 90 Tagen zu wechseln, wenn dessen Bonität sinkt. Dutzende CBL-Geschäfte wurden über den größten US-Versicherer American International Group (AIG) abgesichert, der in den Ratings weit abgefallen ist, nachdem die US-Regierung ihn zuletzt mit Steuergeldern vor der Pleite rettete.

Genauso sind die Städte verpflichtet, auch das Rating der drei Treuhänderbanken zu verfolgen. Wenn deren Bonitätseinstufung durch die in den USA lizensierten Ratingagenturen Moody's, Standard & Poors und Fitch sich verschlechtert, müssen die Städte die Bank ebenfalls wechseln. So müssen nun unter anderem die Schweizer UBS, die britische Barclays, die niederländische ING und die hier besonders aktiven deutschen Staatsbanken: Kreditanstalt für Wiederaufbau (KfW), Sachsen Bank, WestLB, BayernLB und Nord/LB ausgetauscht werden. Das sind gerade in der Finanzkrise aufwendige und teure Prozeduren.

Das sind die „Umstrukturierungen", die den Ruhrverband jetzt schon 4,5 Millionen Euro gekostet haben. Das meiste geschieht im Geheimen. Zwar teilten die Städte Wuppertal und Recklinghausen mit, dass sie „den Austausch von Finanzinstituten vorbereiten", aber „Namen und weitere Details entsprechend den vertraglichen Vertraulichkeitsverpflichtungen" nicht nennen dürfen. Die Kämmerer lassen möglichst gar nichts nach außen dringen, andere versuchen zu beruhigen. „Unsere Gelder sind in US-Staatsanleihen angelegt und liegen sicher im Depot der Bank", heißt es verschiedentlich. Wenn das mal keine Illusion ist. Denn bei diesen „strukturierten Finanzierungen" ging und geht es zu wie bei den faulen US-Hypothekenkrediten: Die Darlehens- und Mietforderungen wurden verbrieft und verkauft, auf die Depots wurden Wertpapiere ausgegeben.

Schon 2005 hatten 25 Städte im Deutschen Städtetag eine stille Notgemeinschaft mit dem unauffälligen Namen „Arbeitskreis Cross Border Leasing" gegründet. Da zahlten sie jährlich ein paar zehntausend Euro ein, um sich gegenseitig über „Strategien der Risikovermeidung" auszutauschen. Das reicht jetzt nicht mehr aus, alle müssen nun zusätzliche Berater engagieren. Der „Barwertvorteil" wird aufgezehrt, die Risiken nehmen zu. Die Finanzkrise ist noch nicht zu Ende und die Verträge laufen noch durchschnittlich 20 Jahre.

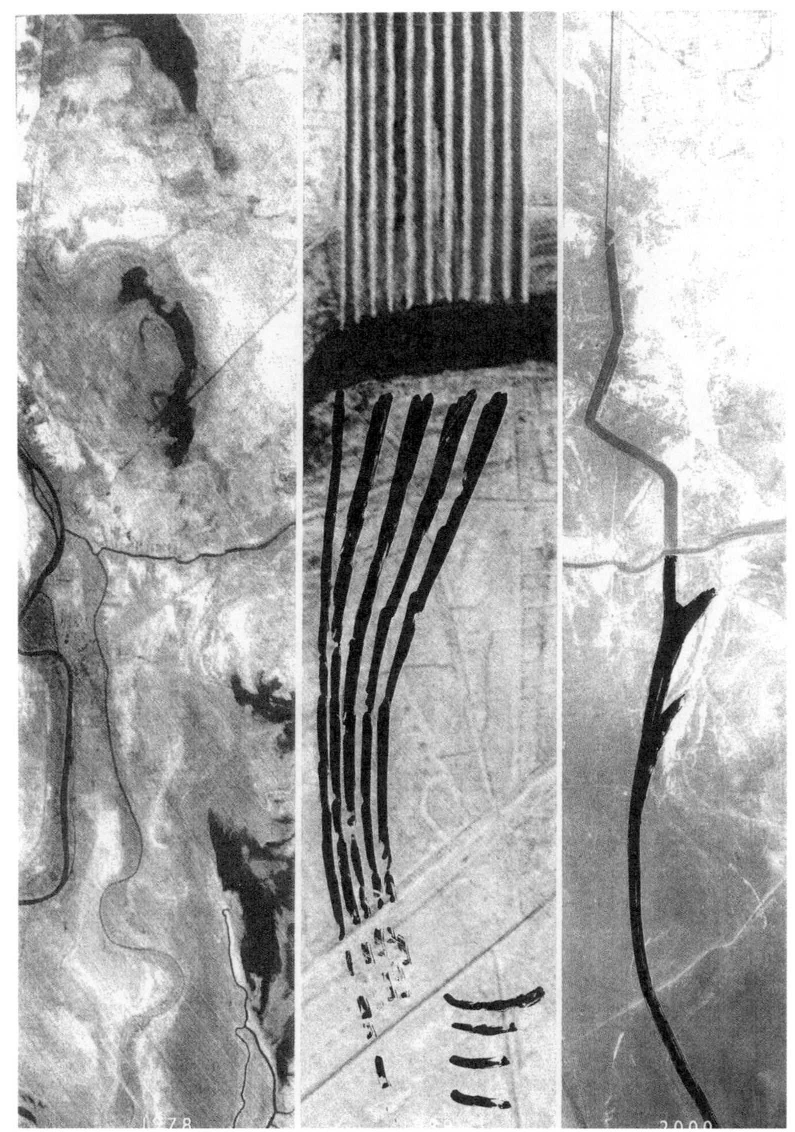

Mother of all Poisons

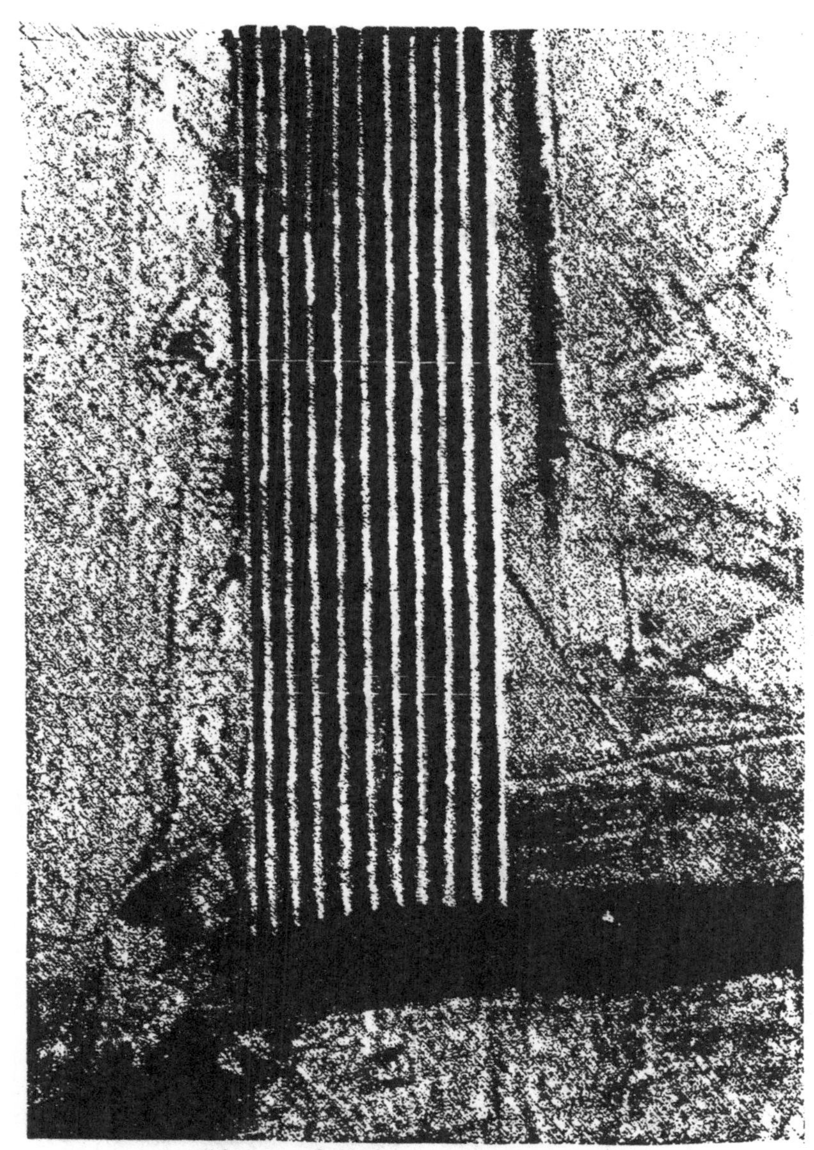

Ocean Earth Construction and Development Corporation - Part of a long-term study of the Persian Gulf area
extending from 1984 to 1990

169

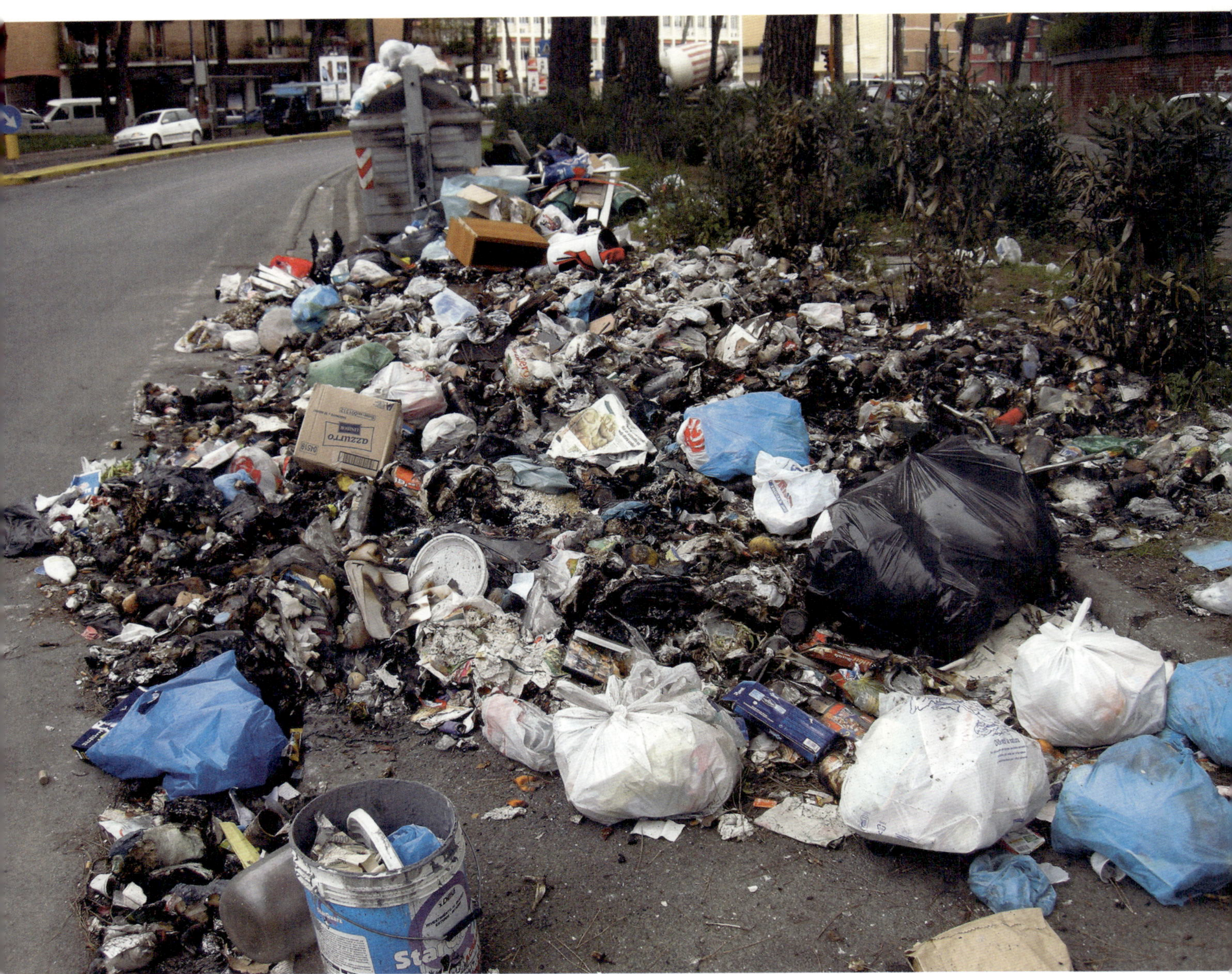

Incineration

Monnezza, 2008, Serie von 9 Fotografien kaschiert auf Alu-Dibond / Series of 9 photographs laminated on alu-dibond
je / each 37,4 x 50 cm

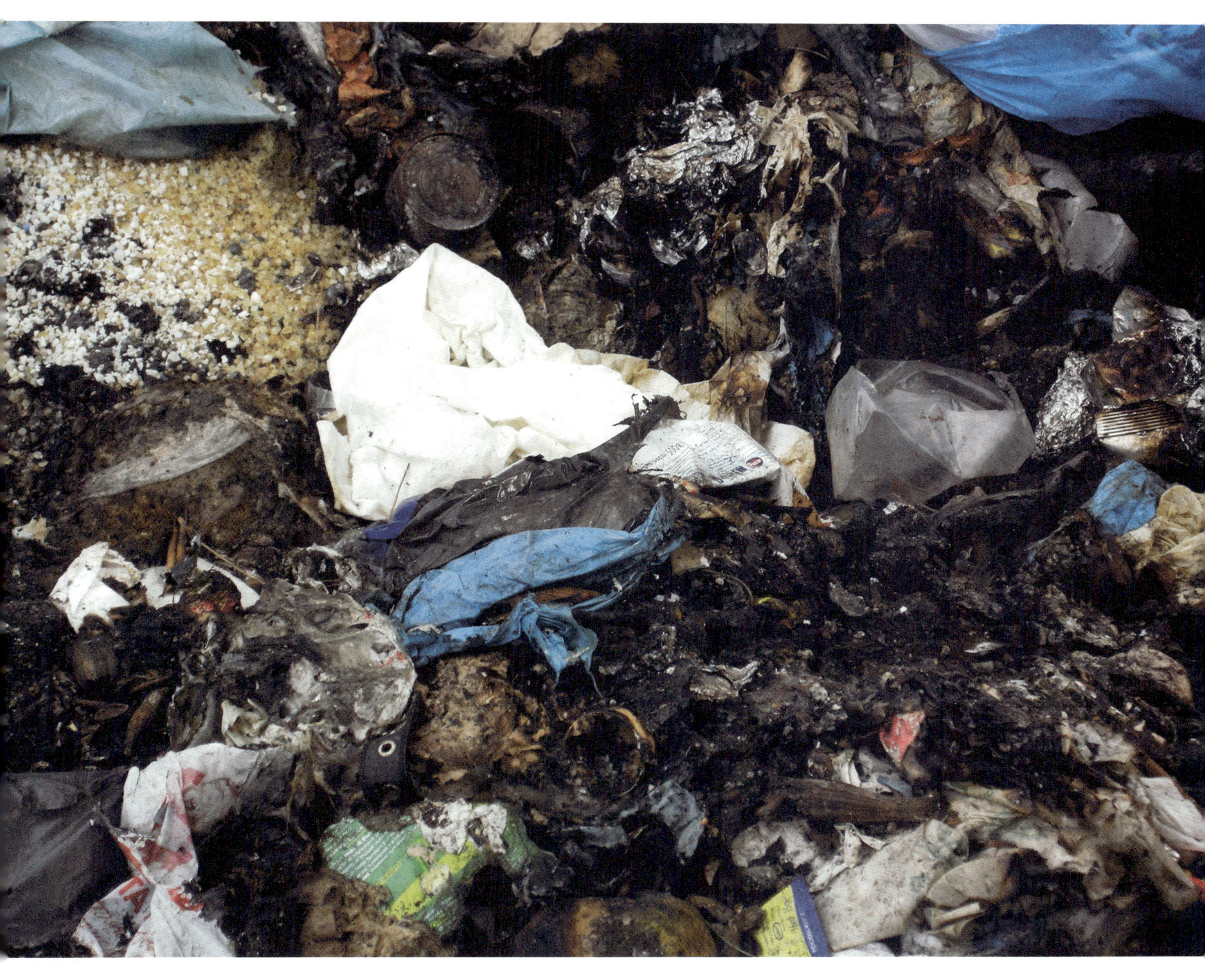

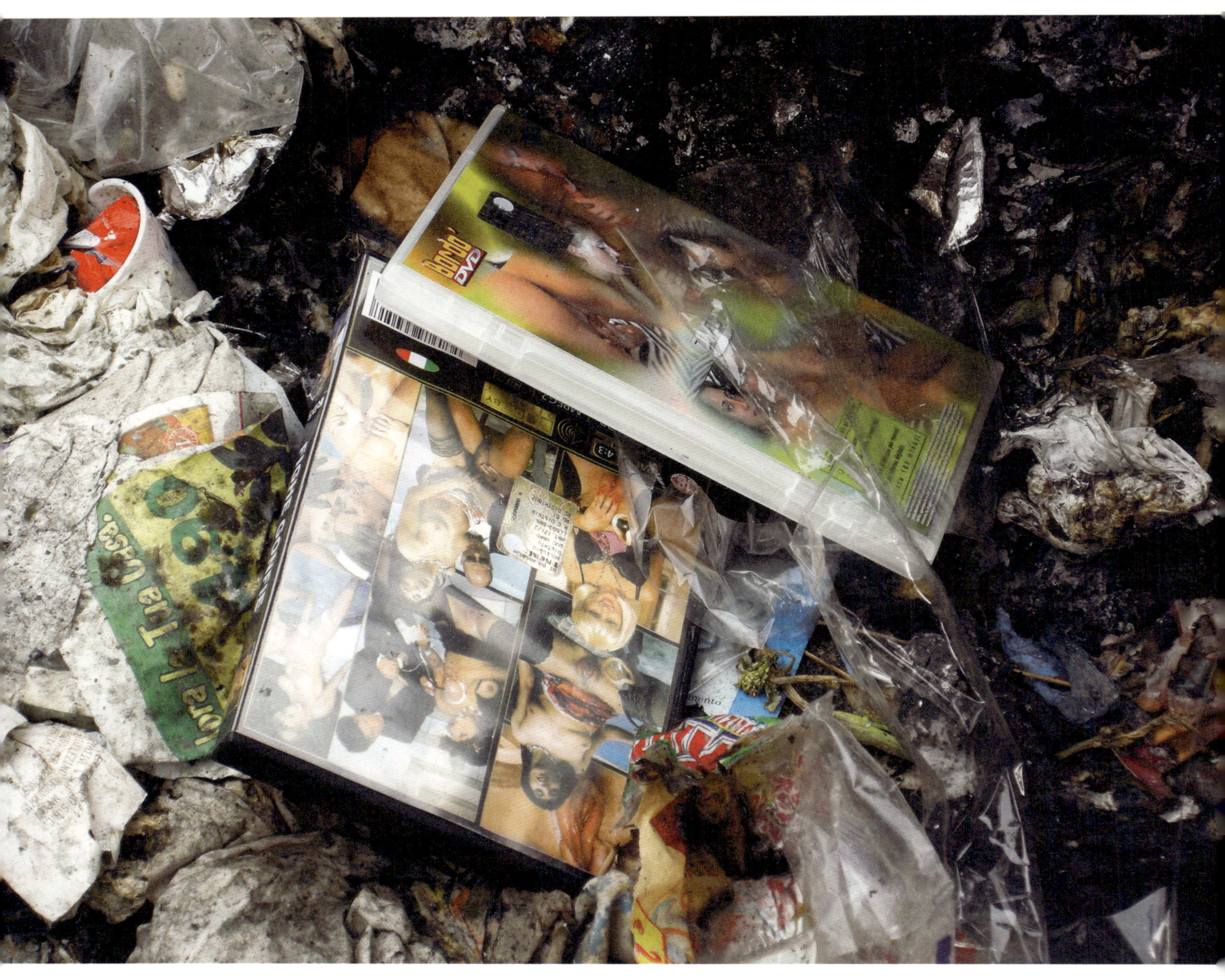

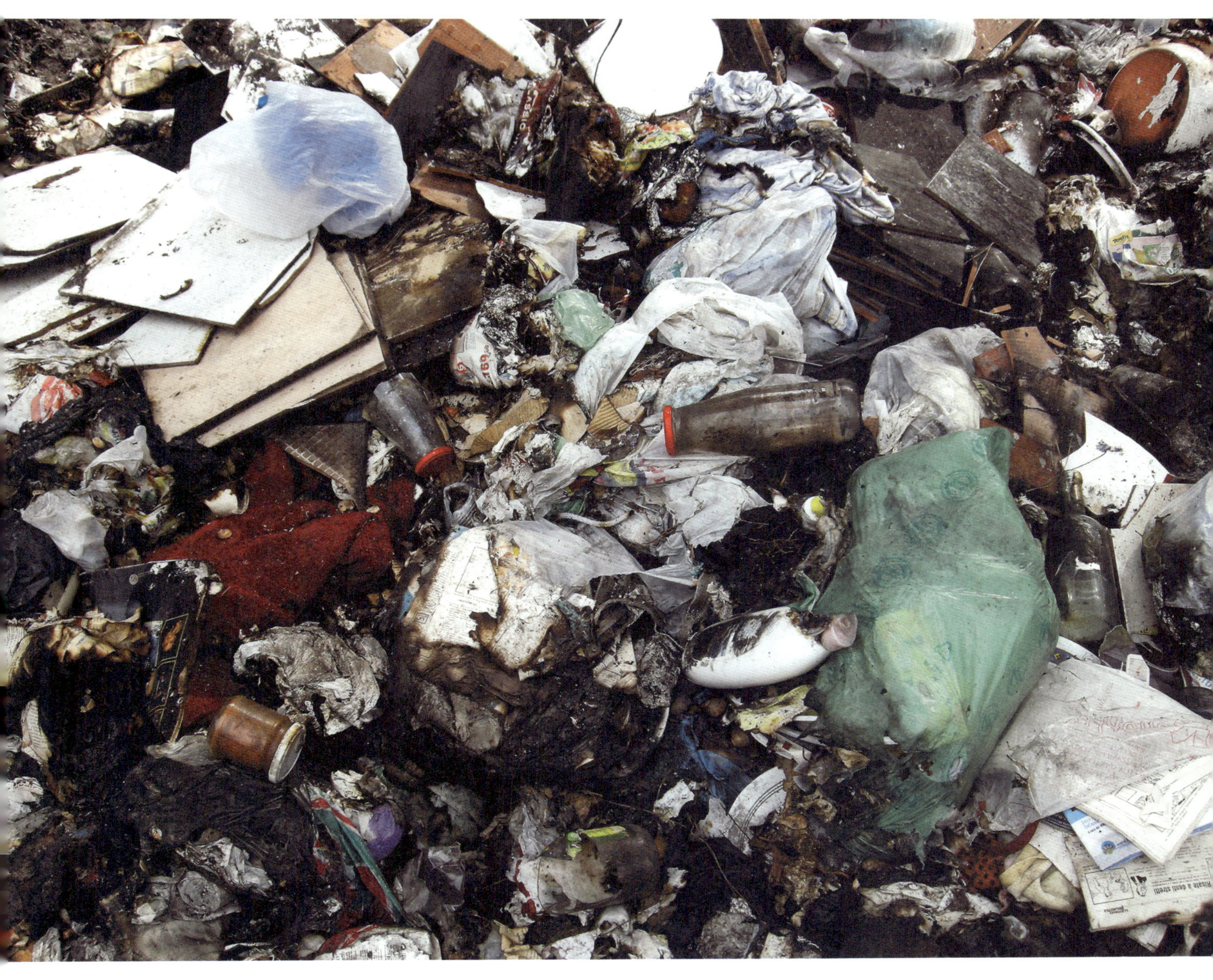

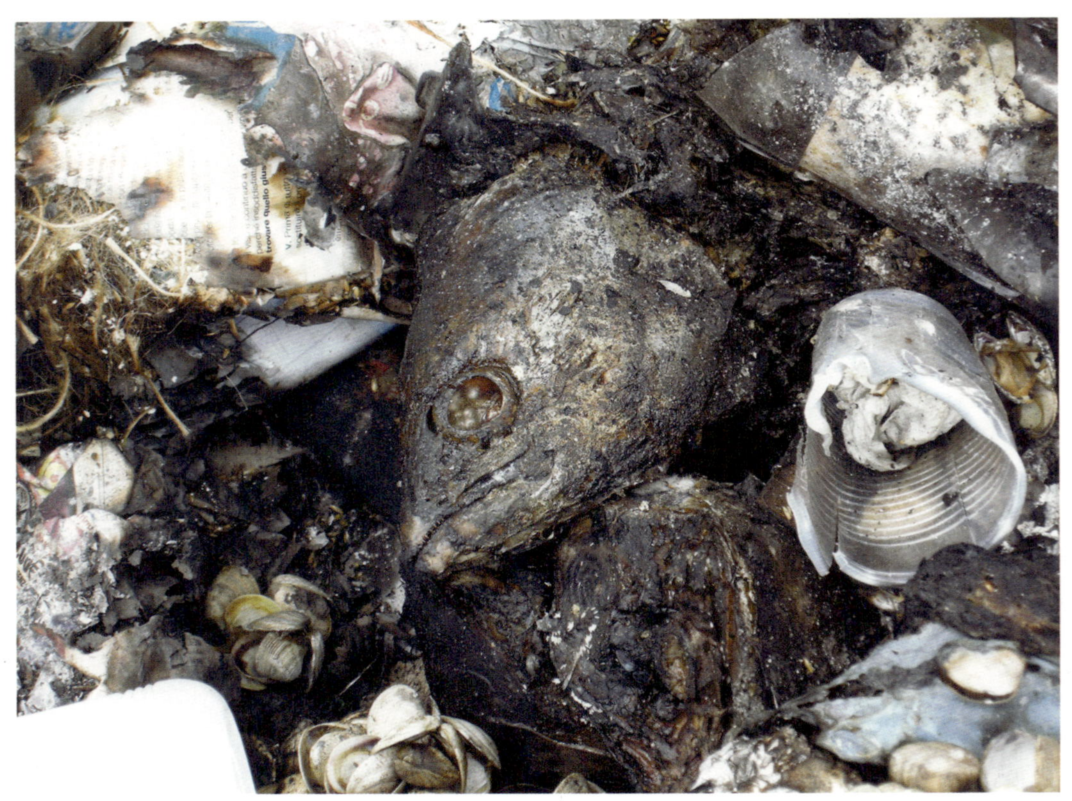

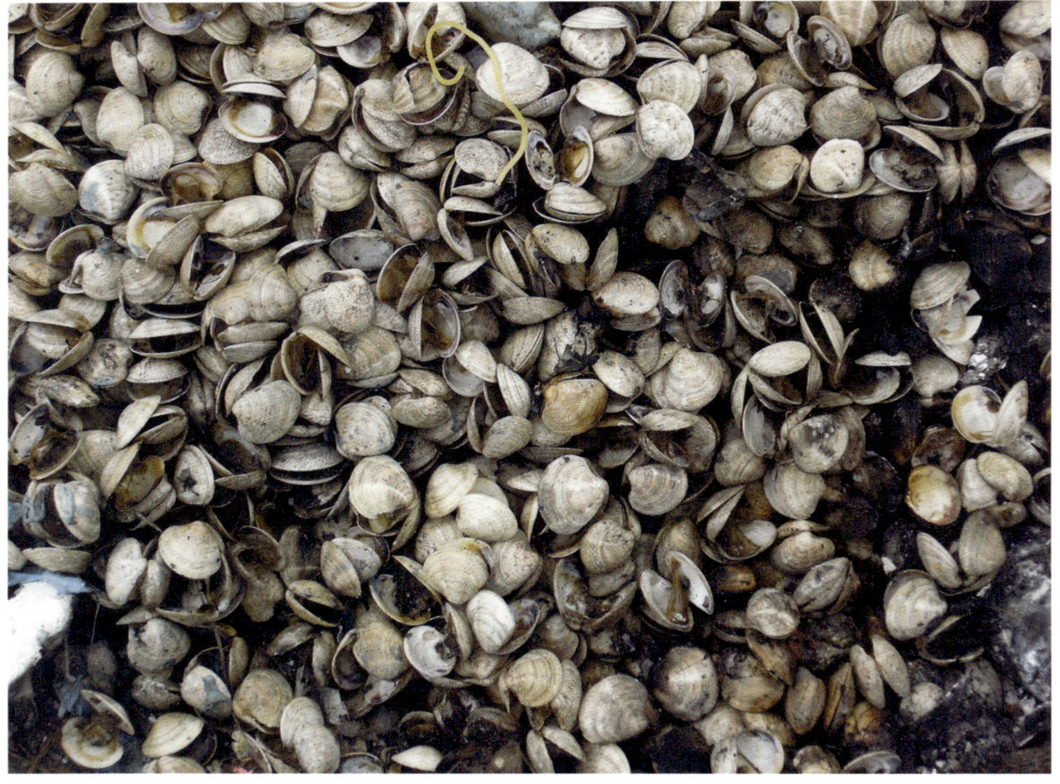

174

Stadt, Müll und Mafia

Das bürgerkriegsartige Chaos, das Neapel derzeit der Welt vorführt, handelt von einem globalen Problem in kleinem Maßstab: Alle machen Müll, aber niemand will mit dessen Beseitigung etwas zu schaffen haben. Nun findet sich in zivilisierten Weltgegenden stets ein Kompromiss für diesen Zwiespalt; in Deponien, Verbrennungsöfen, mit Mülltrennung und Recycling wird eine Gesellschaft des Abfallproblems irgendwann Herr. Dass dies in Neapel nicht so ist, hat mit einer markanten Sonderstellung der italienischen Millionenstadt zu tun: Hier ist staatliches Handeln ohne Auseinandersetzung mit der organisierten Kriminalität unmöglich.

„Für uns bedeutet der Müll pures Gold", zitieren italienische Zeitungen Aussagen jener Clanchefs, die mit der ungeregelten Wegschaffung des Mülls weiterhin Milliarden verdienen. Das funktioniert so: Anstatt eine preisgünstige und möglichst schonende Abfall-Logistik zu nutzen, überlässt die Gesellschaft ihren Müll gegen gutes Geld den Kriminellen. Die müssen sich um Gesetze und Auflagen nicht kümmern und können alles kostenfrei in die Landschaft kippen. Zahllose Seen, Bergtäler, Naturschutzgebiete in Süditalien hat die Camorra durch diese Lösung bereits ruiniert, andererseits aber sauberes Geld mit Dreck verdient.

Dass seit geraumer Zeit neapolitanische Mülltransporte für horrende Summen in deutschen Hochleistungsöfen zu Energie und Asche verarbeitet werden, dass die Riesenprovinz Kampanien weder über eine Verbrennungsanlage noch über nutzbare Deponien verfügt, ist also weniger Ausdruck von Schlamperei als von übermächtigem Lobbyismus. Wenn nun protestierende Anwohner den Bau einer Verbrennungsanlage des Umweltschutzes wegen torpedieren, ist das purer Hohn: Rund um Neapel, vorzugsweise in den armen, von Straßenkriminalität geplagten Vorstädten zwischen Caserta, Afragora und Pianura, brennen die Müllberge vor sich hin. In solch dantesken Siedlungen wie dem neapolitanischen Drogenslum Scampia gehört brennender, giftiger und infernalisch stinkender Hausmüll seit Jahren zum Alltag. Hier fällt die postindustrielle Zivilisation in geplante Barbarei zurück. Es sind diese vor- und antistaatlichen Zustände, in denen die Camorristi gedeihen wie Schimmelpilze im Hausmüll.

Der italienische Staat schickt seit gestern Militär, um die gröbsten Deponien vor Schulen und Krankenhäusern zu beseitigen, und kehrt damit zu einem Remedium zurück, das bereits Benito Mussolini angewendet hat. Nur mit Gewalt - und nicht mit demokratischen Mitteln - konnte der Mafiokratie jemals Einhalt geboten werden. Das ist eine erschütternde Bilanz hundertfünfzig Jahre nach den Kriegen,

mit denen die Piemontesen einst das
Königreich Neapel ihrem italienischen
Staat gewaltsam einverleibten. Die
Truppen, die nun wieder einmal in
Kampanien einrücken, müssen mit er-
bittertem Widerstand auf den Straßen
rechnen: Mütter mit Kleinkindern,
die verbissen ihre Müllberge vertei-
digen; Priester, die auf dem ge-
planten Standort der Deponie Messen
lesen; vermummte Ragazzi, die jedes
Fahrzeug von Polizei, Ambulanz oder
Heer mit einem Steinhagel begrüßen.

Genau hier wird die im Ausland be-
währte Lesart, gemäß deren eine Be-
völkerungsmehrheit von ein paar
zynischen Mafiabossen gepeinigt wird,
überaus brüchig. Wie es der Schriftsteller Roberto Saviano in seinem
internationalen Bestseller „Gomorra"
beschrieben hat, herrscht nämlich
zwischen Demokratie und Camorra kei-
neswegs ein kalter Krieg, sondern
friedliche Koexistenz. Die Bürger,
die jedwede Form legaler Müllbeseiti-
gung attackieren, stellen demnach
keine ökologische Graswurzelgruppe
dar, sondern die Kanalarbeiter einer
Parallelgesellschaft, welche um ihre
Profite und Arbeitsplätze ringt.
Neapel führt der Welt anschaulich
vor, wie eine Demokratie aussieht,
deren Herzstück organisierte Kriminalität heißt.

Italiens Politik und Medien disku-
tieren dieweil, ob Provinzgouverneur
Bassolino oder Bürgermeisterin Iervo-
lino Russo abgesetzt gehören, doch
auch solche Personalfragen sind Ausei-
nandersetzungen unterhalb der eigentlichen Machtfrage. Ermittlungen der
Antimafiabehörde haben immer wieder
gezeigt, dass die Einflussgruppen der
Bosse längst in allen Parteien des
Südens eine solide Basis haben und
in Regierung wie Opposition gleicher-

maßen auskömmlich regieren. An dieser
chronischen Infektion der Demokratie
durch einen Neben- und Gegenstaat mit
eigenen Steuern (sogenannten Schutz-
geldern), eigenen Sozialleistungen,
eigener Infrastruktur, eigenem Ord-
nungsdienst und Geldwesen verschluckt
sich der italienische Einheitsstaat
seit anderthalb Jahrhunderten.

Dieser Befund ist umso tragischer,
als der Bauch von Neapel dem Land immer wieder Schlüsselfiguren schenkte:
den Staatspräsidenten Napolitano, den
Kapitän der Fußball-Nationalmann-
schaft Cannavaro, den Demokratietheo-
retiker Benedetto Croce, den Diri-
genten Riccardo Muti, den großartigen
Schauspieler Toni Servillo oder den
philosophischen Chaoskomiker Totò.
Und doch gehören die Neapolitaner,
die verbissen für die Camorra demons-
trieren, die ihren Müll in Hessen
verbrennen lassen und den Staat als
auszuplündernden Feind verstehen, un-
trennbar zu unserem Europa.

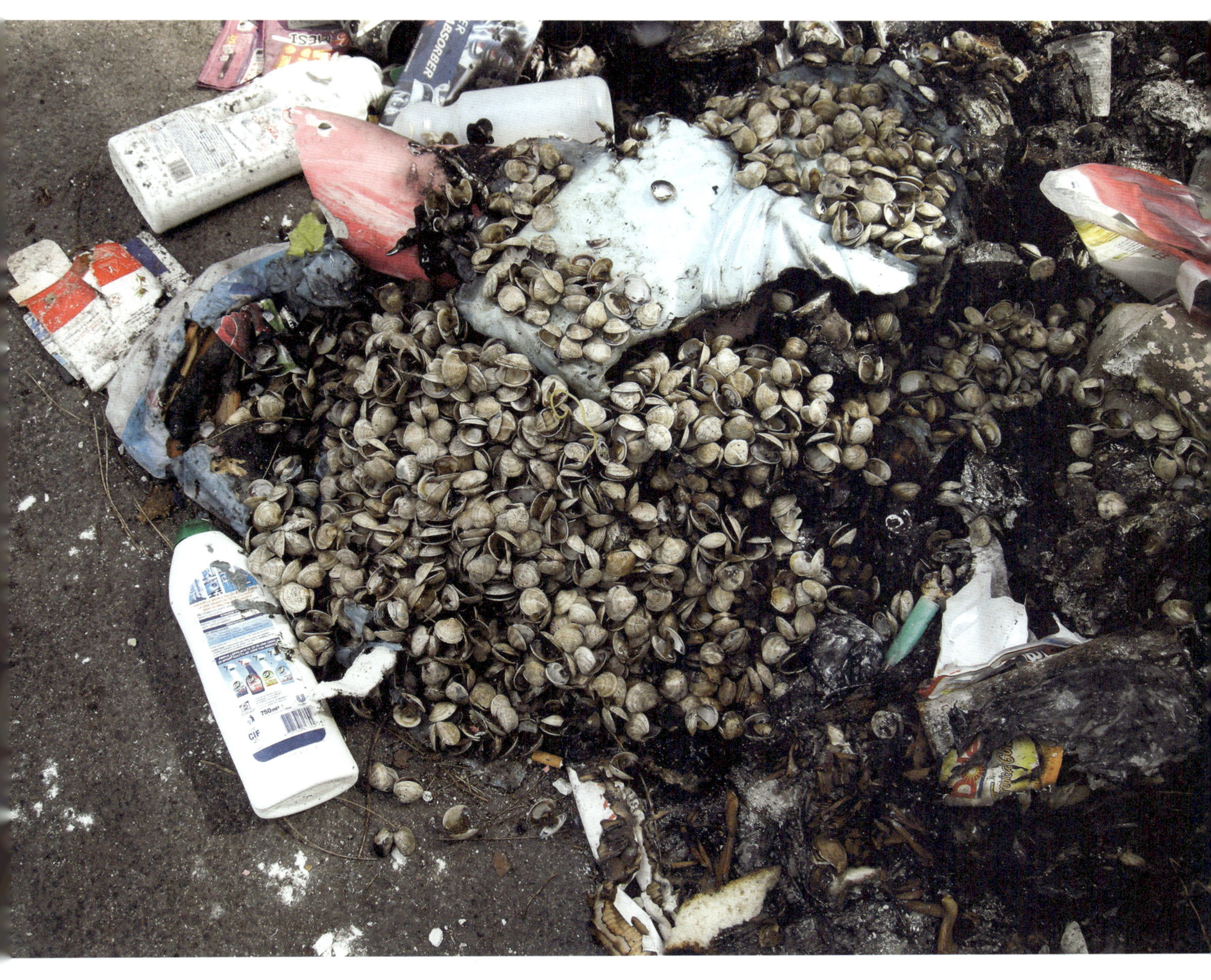

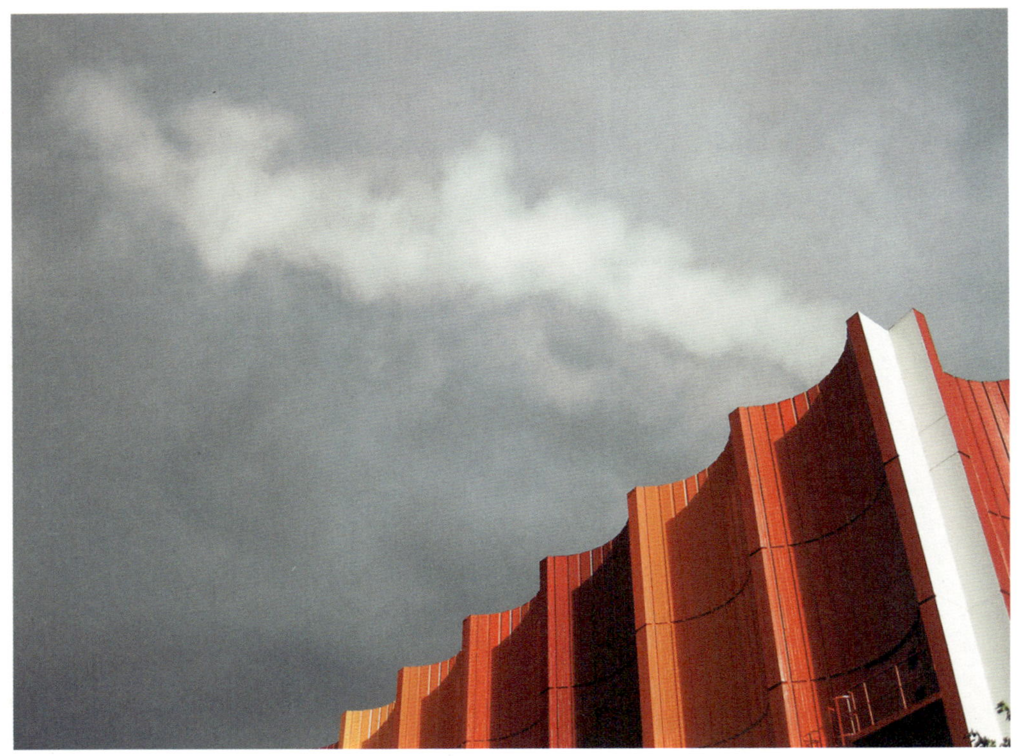

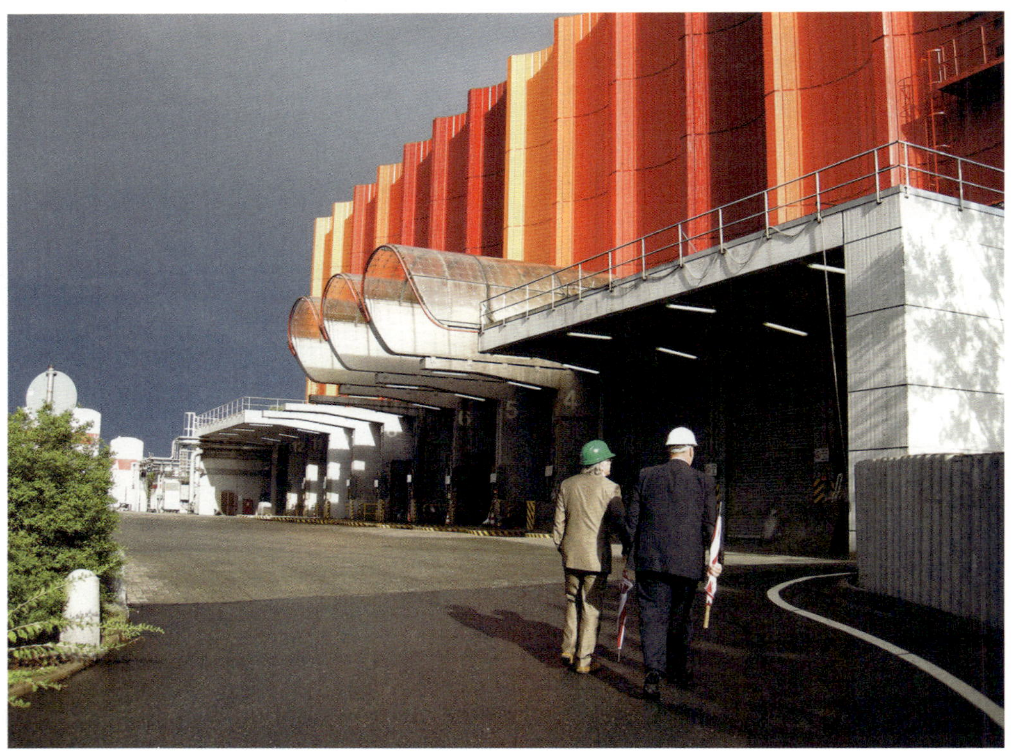

BEG - Bremerhavener Entsorgungsbetriebe / BEG - Bremerhaven Waste Management Corporation

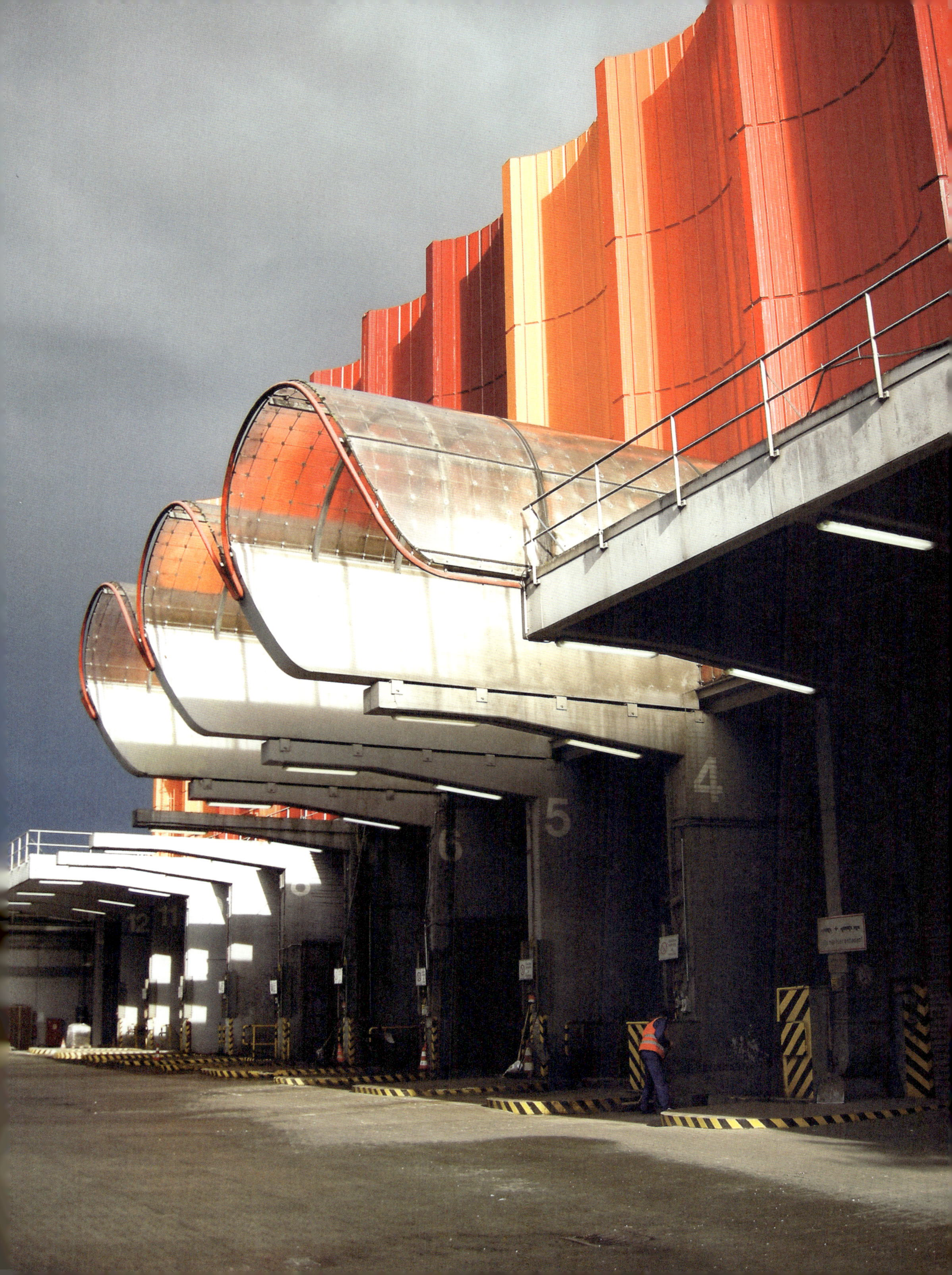

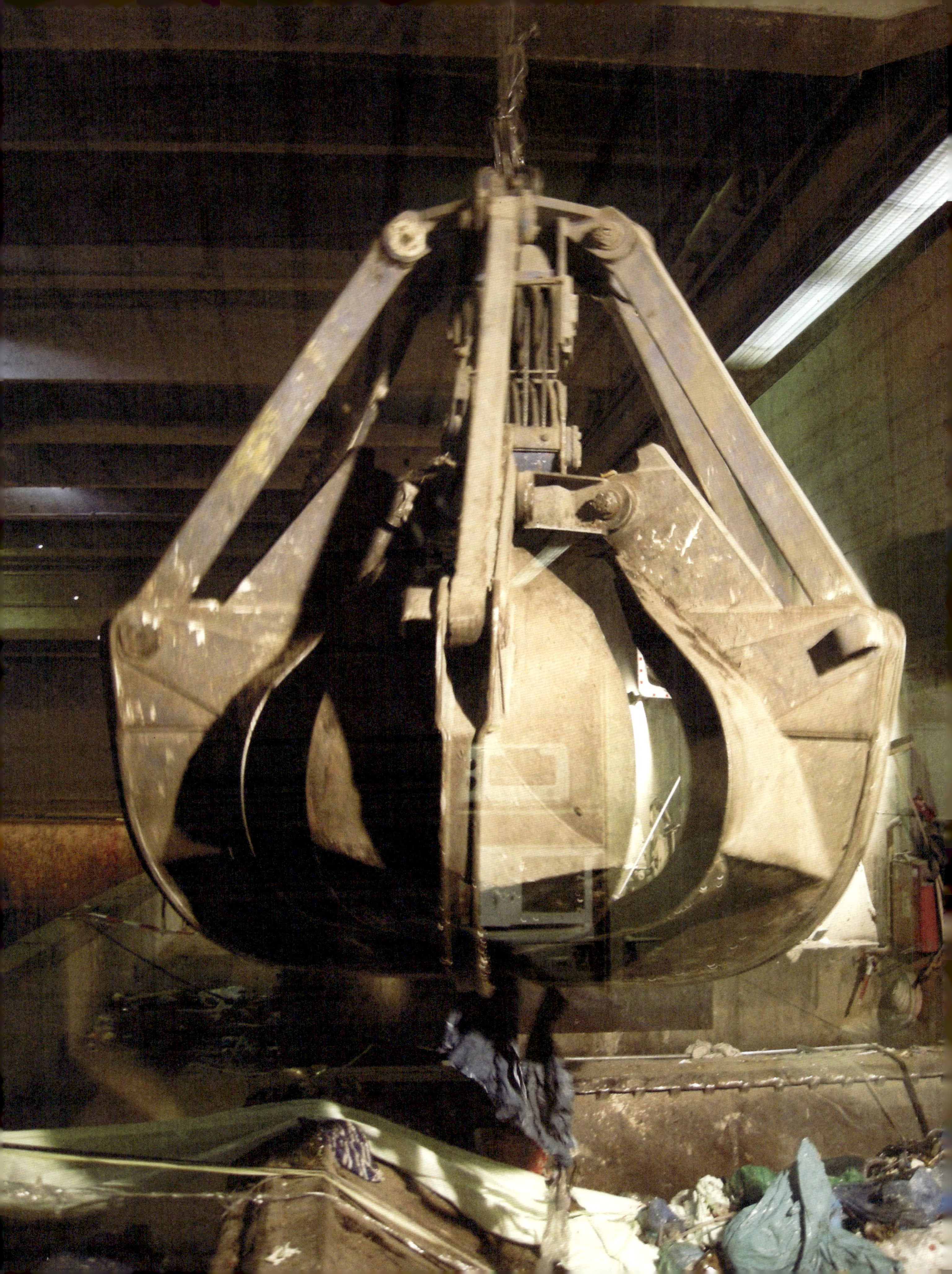

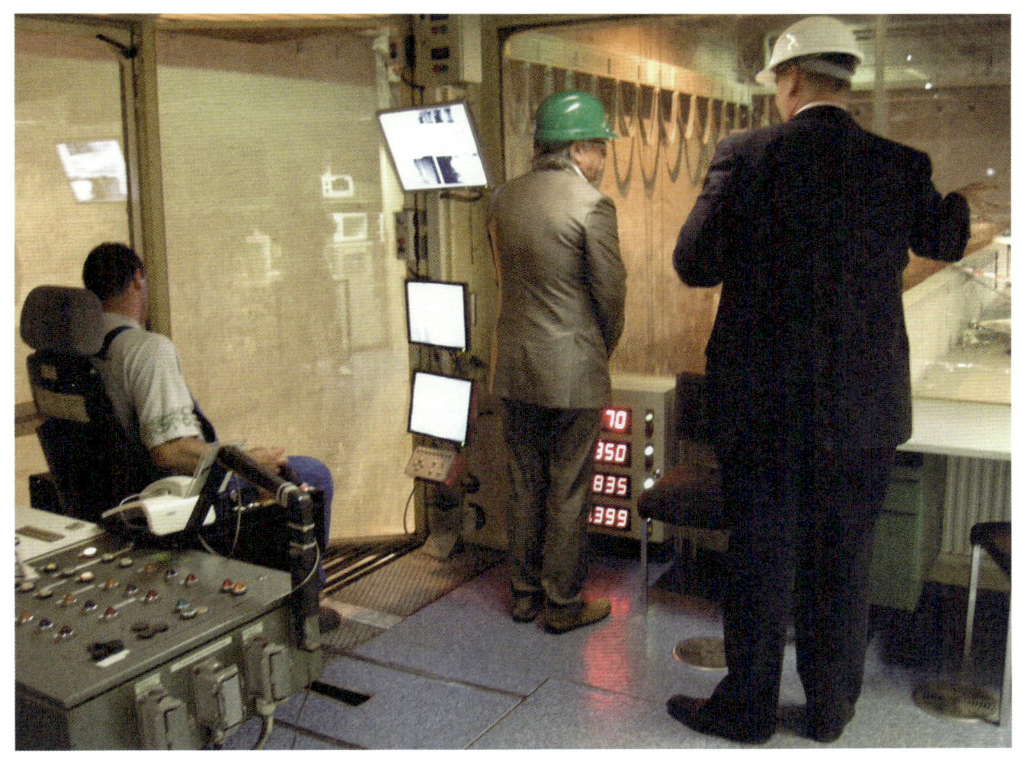

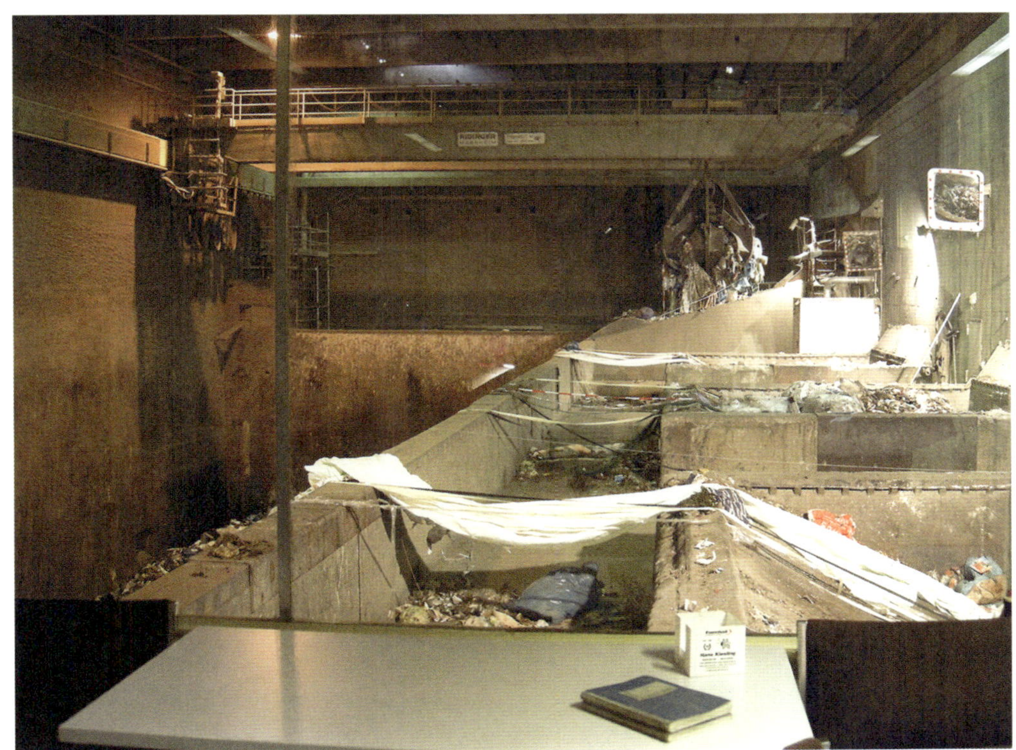

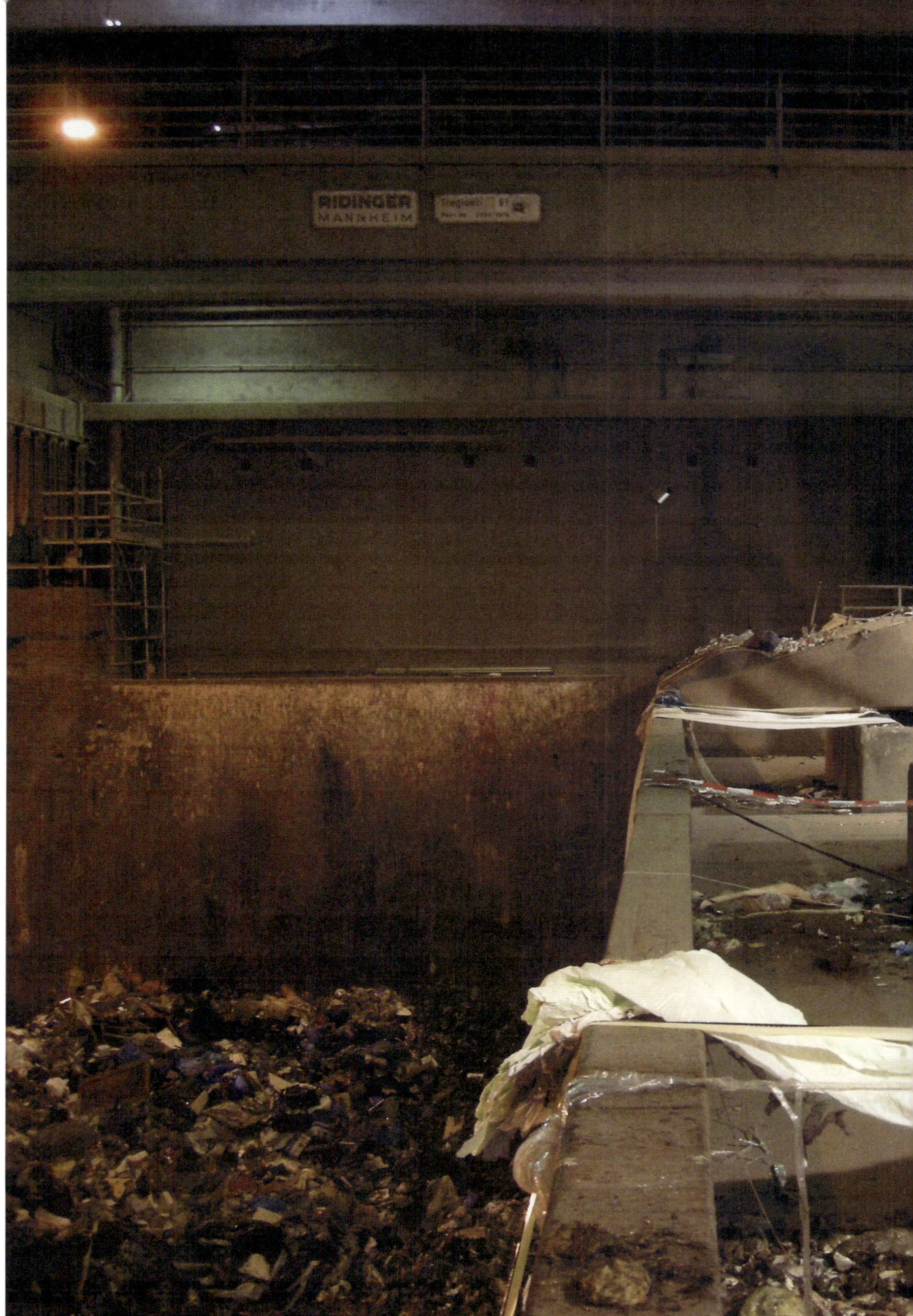
RIDINGER
MANNHEIM

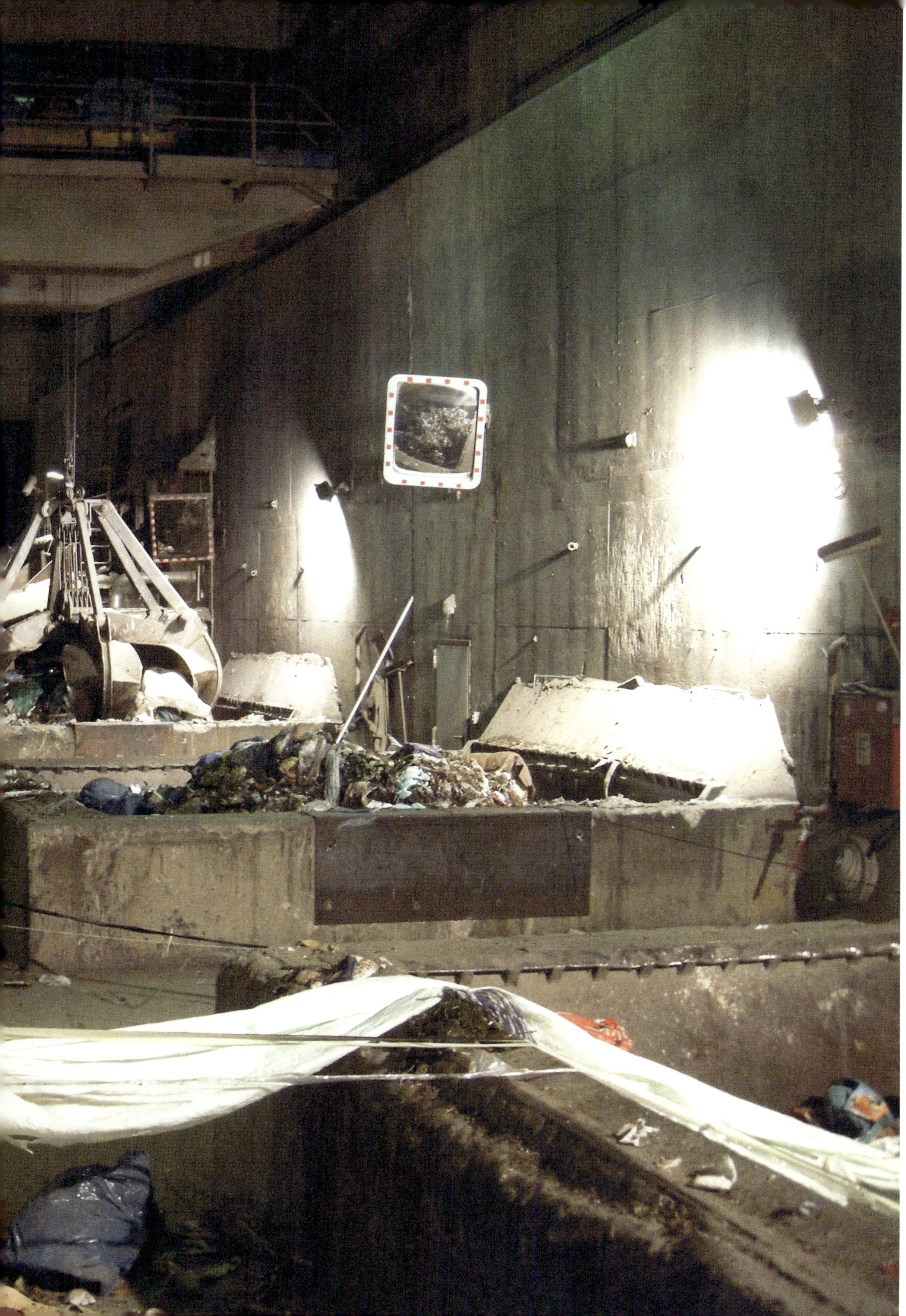

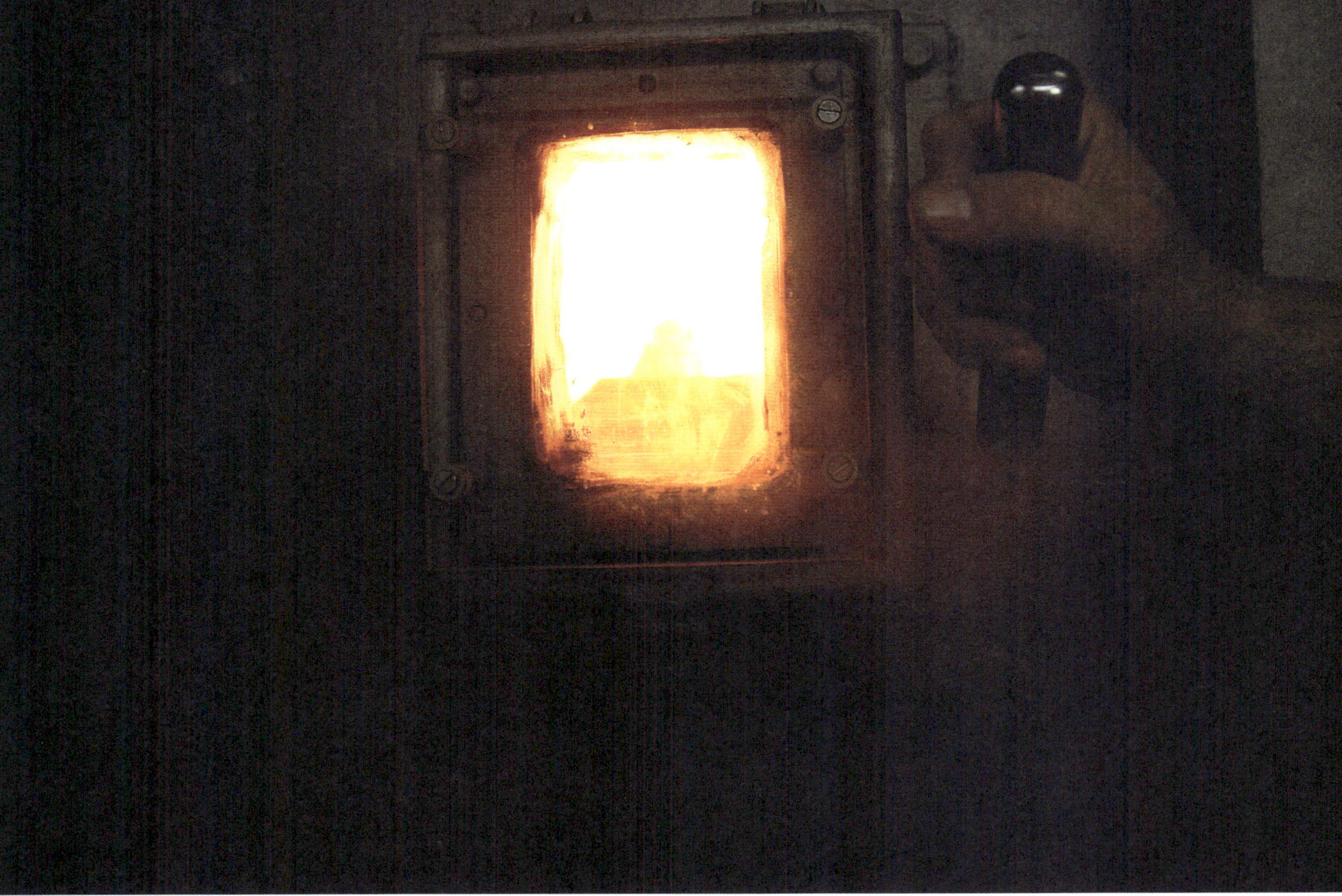

Incineration, 2008, Serie von 9 Fotografien von Verbrennungsöfen der BEG Müllverbrennungsanlage Bremerhaven /
Series of 9 photographs of incineration furnaces belonging to the BEG Waste Incineration Plant Bremerhaven
je / each 120 x 80 cm

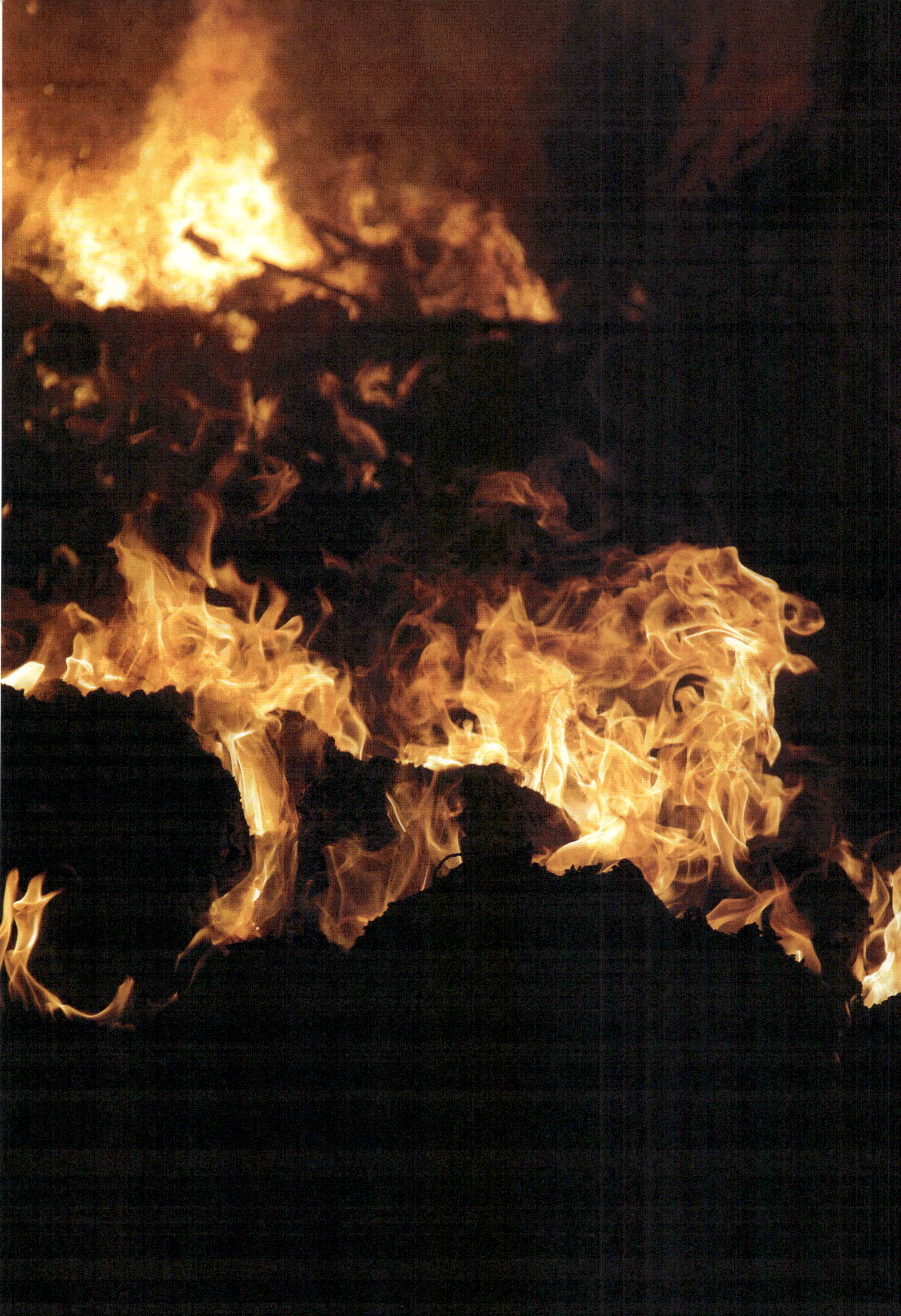

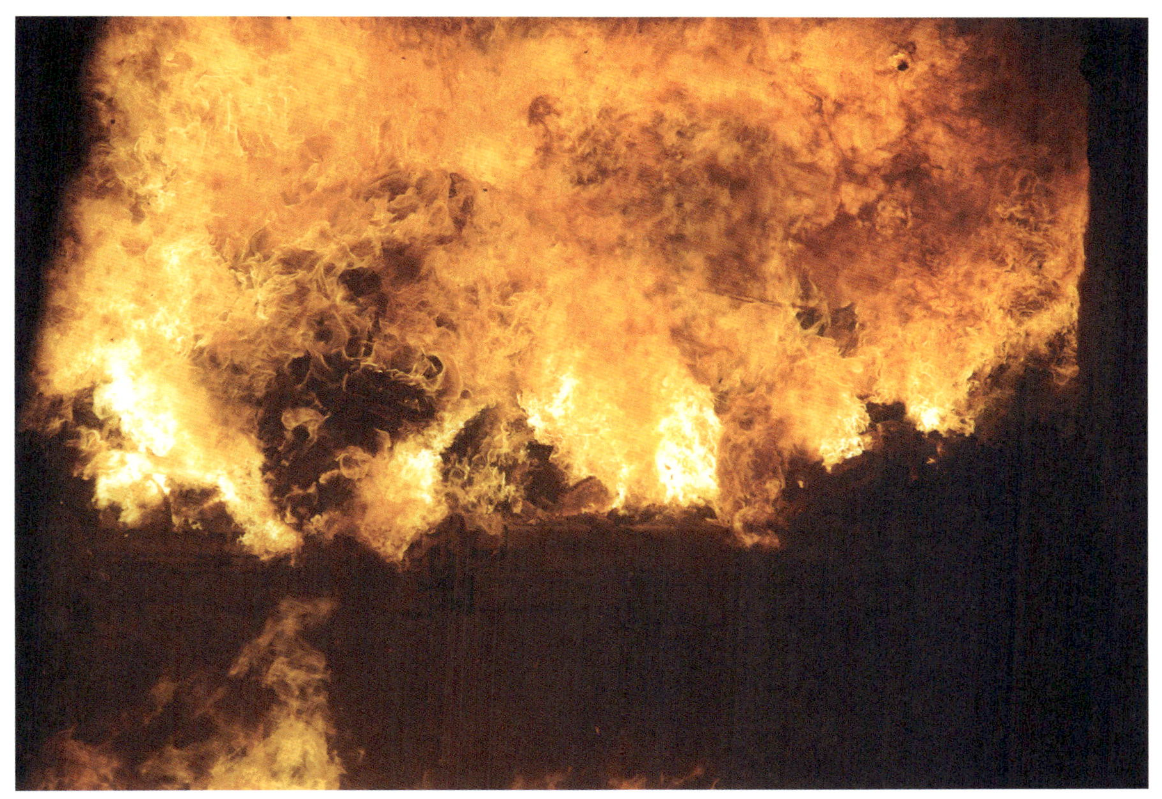

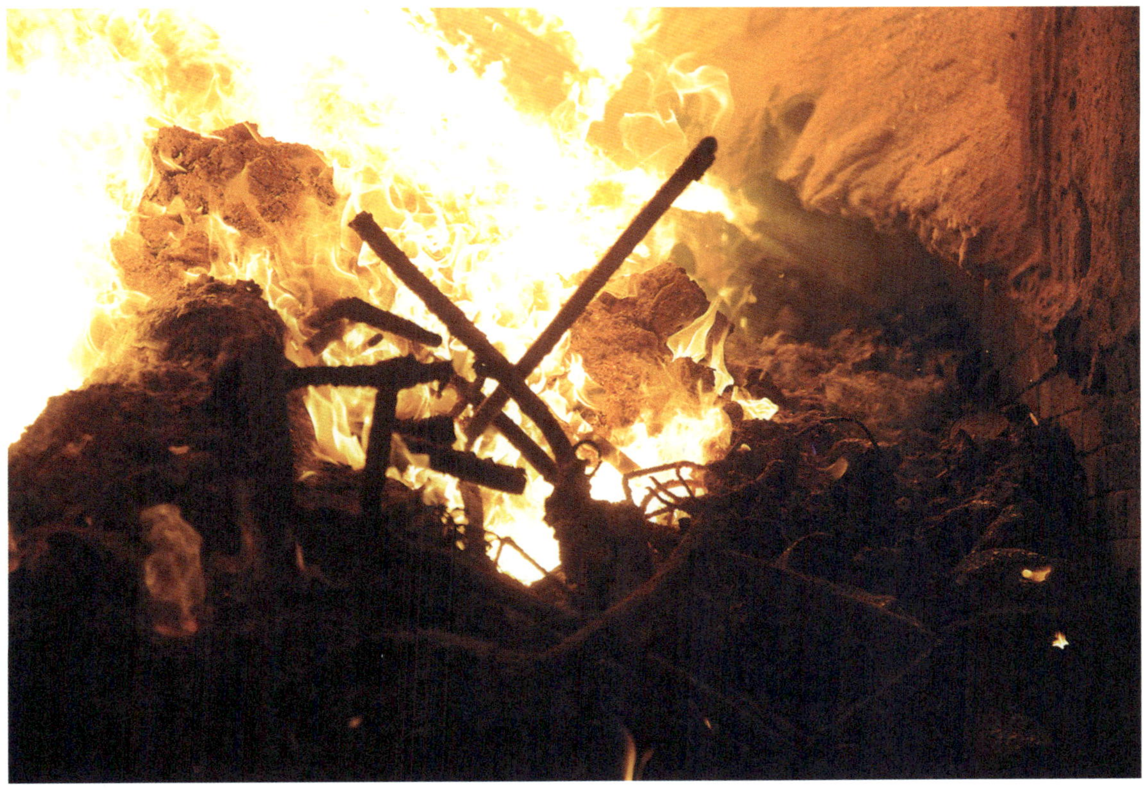

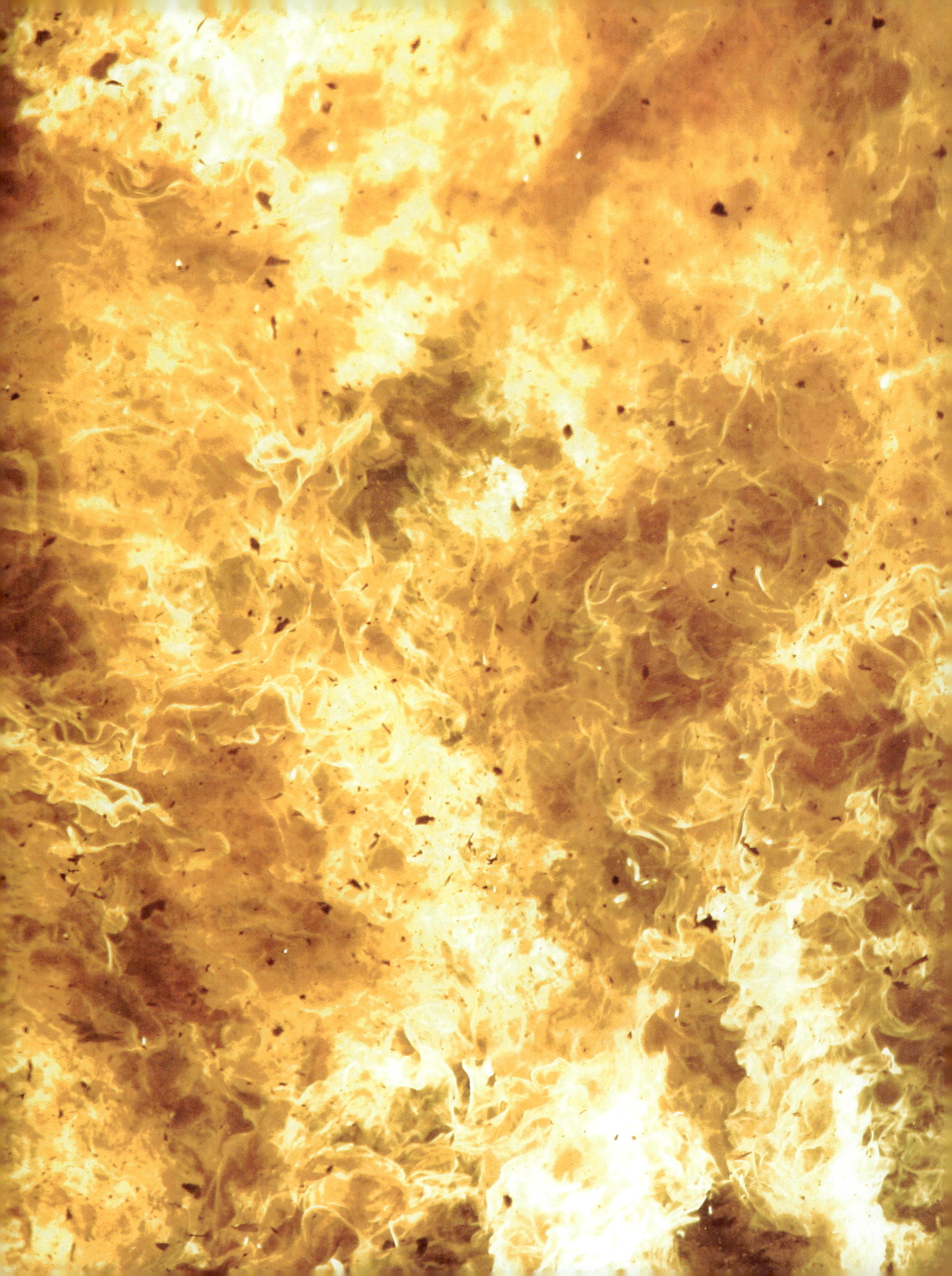

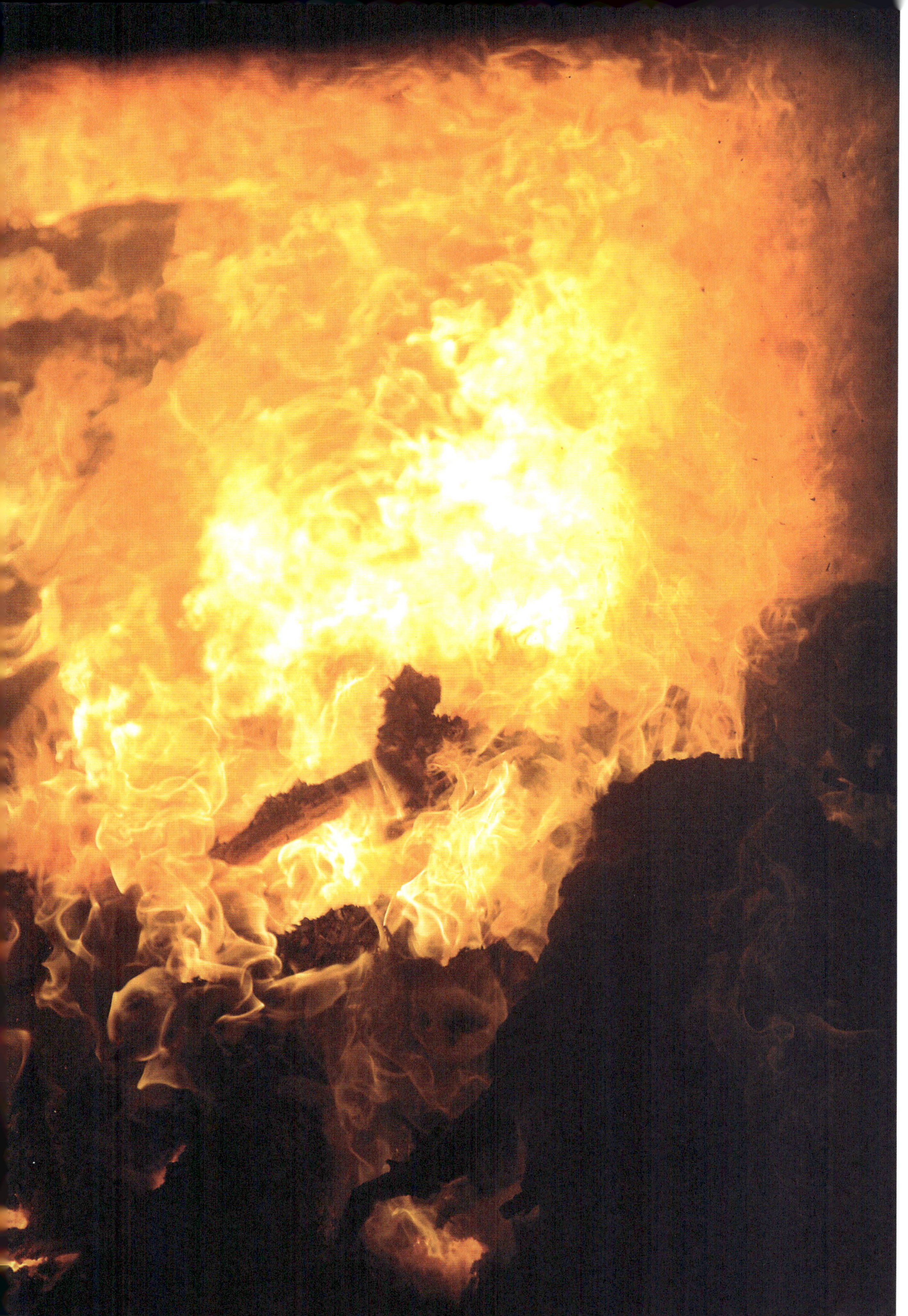

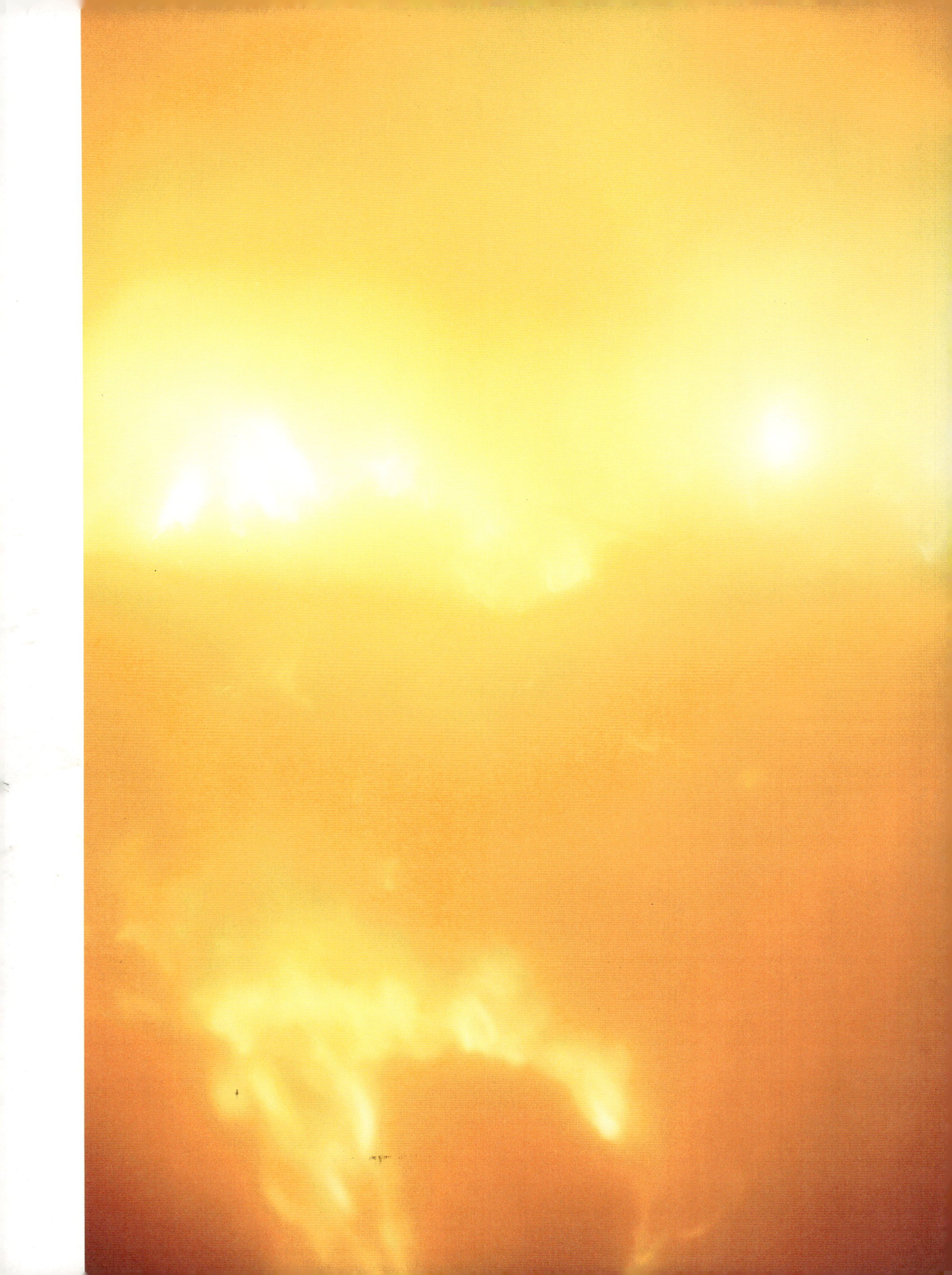